中国禅丛书

禅舍

悟义 著

中国社会科学出版社

图书在版编目(CIP)数据

禅舍/悟义著.—北京：中国社会科学出版社，2018.4（2019.7重印）

（中国禅丛书）

ISBN 978-7-5203-2085-6

Ⅰ.①禅… Ⅱ.①悟… Ⅲ.①禅宗 Ⅳ.①B946.5

中国版本图书馆 CIP 数据核字（2018）第 029672 号

出 版 人	赵剑英
责任编辑	王 茵 孙 萍
插 画	雪山博士
特约编辑	灵 川 灵 禧 灵 和
责任校对	崔芝妹
责任印制	王 超
装帧设计	天 月
特约策划	茶密学堂

出　　版	中国社会科学出版社
社　　址	北京鼓楼西大街甲 158 号
邮　　编	100720
网　　址	http://www.csspw.cn
发 行 部	010-84083685
门 市 部	010-84029450
经　　销	新华书店及其他书店
印刷装订	北京君升印刷有限公司
版　　次	2018 年 4 月第 1 版
印　　次	2019 年 7 月第 3 次印刷
开　　本	787×1092　1/16
印　　张	30.25
字　　数	352 千字
定　　价	99.00 元

凡购买中国社会科学出版社图书，如有质量问题请与本社营销中心联系调换

电话：010-84083683

版权所有　侵权必究

無極

纪录片《中国禅》剧照　　　　　摄影 万青

禅者悟义

中国禅修养传承者及实践者。

主要著作

禅养生系列:《茶密人生》《茶密功夫》

禅文化系列:《茶密禅心》《禅者的秘密·饮食》《禅者的秘密·禅茶》

禅与生命系列:《本能》《生存》《禅》

禅修系列:《莲花导引》《莲花太极》(上、下册)《禅舍》《五心修养》

禅艺系列:《雪山静岩不二禅画释义》《不二禅颂》

禅法系列:《中国禅》《至宝坛经》(上、下册)

禅画美学系列:《高明中庸 修身为本》

"中国禅"讲座系列:《禅问》

《道德经玄机》(上、下册)

"北大、复旦生活禅智慧"讲座光盘

啓明

目录

- 001 序
- 011 楔
- 012 什么是禅舍?
- 024 我们为什么需要禅舍修行?
- 032 我们为什么需要禅修?
- 038 什么是生命?
- 044 为什么需要禅舍?

- 055 第一章 生命禅舍
- 058 概要
- 076 第一节 生命学
- 080 天文学
- 098 人类学
- 106 物理学
- 112 历史学
- 124 医学
- 134 心理学

140　哲学

150　**第二节 生命修**

150　身修、心定、性慧

170　身逍遥和心自在

204　个体生命和宇宙生命

224　超越时空

240　阴性生命和阳性生命

262　**第三节 阳性生命相应的环境——禅舍**

275　**第二章 禅舍修行**

278　**第一节 五心修养**

314　**第二节 六根清净**

334　**第三节 身、语、意修养**

380　**第四节 不二禅观**

420　**第五节 不二中道**

447　**后记**

天機

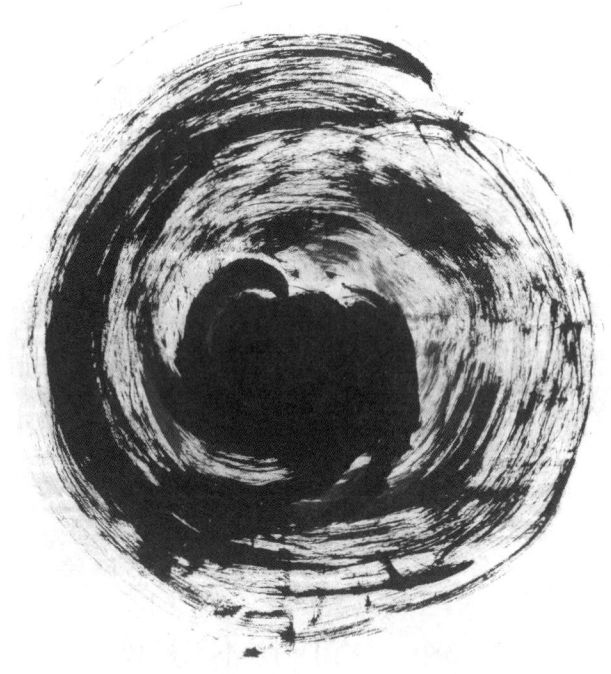

序

我，我们。

谁不是孤单的、独立的个体？

谁又能真正走进爱人的、亲人的心？或者能走进自己的心呢？

凡尘中又有谁，不是迷失的呢？

迷失的生命像不像一片秋天的落叶？起落间根本没有方向？根本不知道方向？也根本无所谓方向？

一阵风起，落叶就随着风忽忽悠悠、飘飘荡荡，不知道该去哪里，也不知道会去哪里，得过且过地随风飘摇。有时是一叶独舞，大多时，好像是纵横交汇的狂欢。我们把起的时候唤作"有出息"，把落的时候叫作"没本事"，人生被风吹着不由自主地起起落落，仿佛这就是活着的"意义"。

有几人能想到？即便在狂欢时，谁又不是孤单的？心能和几人相知？谁的狂欢不是在自建的监狱里舞蹈？

茫茫宇宙中，我们知道自己身在何处吗？知道自己身在何时吗？

落叶是不需要知道自己在哪儿的，也不需要知道现在何时的，因为风会告诉落叶它的时间和位置，"风"一起，它便开始了风中的生。

真有"生"吗？真有"死"吗？树叶是自己"生"的吗？风中的旋舞好像是自己在主导，不知道长袖善舞的"风"躲在背后嬉笑。

我们就像是树叶，在风中迷失，不知起，不知落，不知生，不知死，不知风从何来，不知风往何去，更可悲的是我们竟然不知去思考，不去寻问我们为何不知，也不知人可以通过修行究竟能知。

凡尘中的每个人，就这样被动地从自己哭声中"生"，在他人哭声中

"死",根本也不明白何为"生""死",也不知自、他所哭为何,我们就那么莫名其妙地一代代繁衍生息,糊里糊涂地被动地活着。

一切,都是别人告诉"我"的,一切,都是由"风"带动的,"我"茫然地来到这个世界,用别人的价值观决定了自己的人生,永远为了别人而活,活在别人的认可里,陶醉在别人的羡慕里,恐惧在被别人的冷淡里,可"我"又是什么?

夜晚,"我"躺在床上,似乎卸下了白天的面具,看上去好像是放松了,仿佛回到了真实。可有几人能明白"真实"究竟是什么?

脱了衣服卸了面具,就见真实了吗?黑夜来临,就见光明了吗?不!黑夜来临将会是更深的黑夜,脱了衣服放下伪装不会见真实,反而会陷入更深的梦境。

夜里,"我"早已感受不到入夜的清凉,迷失的人在夜的包裹下,辗转跌入另一场梦之舞,朦胧中满载着妄想和躁动。

梦乡不是故乡,而是另一个游乐场。

黑夜中褪下白天的伪装,却带上另一张面具,黑夜里能进入更刺激的剧情里跌宕,灯红酒绿,歌舞正酣,黑夜掩护着犹如发情期一般的迷乱,使"我"忘了苍天本初的情、大地母亲的怀,忘了初发的心,在夜幕下的"我"和"我们"肆无忌惮地陶醉在彼此的谎言中……

"我"的人生被风吹着起起伏伏,以为这就叫活力。"我"在风里飘飘浮浮、生生死死、起起落落,"我"甚至以为风是自己吹起来的。

风是怎么起的呢?风的背后是什么力量呢?有些人将无法解释的原

力、第一力假名为"神",而禅法中,我们称之为"心""性""佛"。

我们为什么修行?为什么需要一个帮助人能获得清净心的地方——禅舍?因为,总有人不甘当迷失的落叶!总有人想探寻生命的真谛!

人,本具翅膀,一念风起,本可于念中脱开身监,翱翔天地,扶摇直上九万里,为什么甘当树叶被"风"挟持?

为什么您会以为树叶在狂风中发出的呼啸,或在微风中的低吟,便叫高潮和低落?这些声音是树叶自己的声音吗?山谷有回响,是山谷自己在歌唱吗?……

迷失的心,发现不了真相,发现不了身边的真、美、善。

迷失的树叶,风起时就开始了人生,风是因缘,只是"风"为什么起,就不是树叶所能知晓的了。

人生像河流一样流淌,河流像时间一样流逝,逝者如斯夫,一千年前的黄河还是现在的黄河吗?里面流淌的水是过去的水吗?不是过去的水吗?

生命呢?今天的生命和一千年前的生命一样吗?不一样吗?

时间呢?一千年前的时间和此刻一样吗?不一样吗?

一次次循环往复的河流、时间、生命在哪里?"我"存在在哪里?"我"存在在何时?"我"会去哪儿?

凡尘中的"我"渐渐失去了蓝天一样纯洁的心,现实的眼里布满了阴霾,失去了水晶一般透明的笑容,现实的心中充满了欲望;失去了烈火一般对众生的热情,现实中我们管冷漠叫"成熟"。

人类本因不满足而进步,人却因不知满足而失路。

迷失的"我"直到失去了酣甜的睡眠，失去安心，失去从容，失去平淡，失去健康……可还是害怕醒来，还在幻想着风中的舞会，期待下一次赶场。

禅者也会迷失，如果感觉到自己迷失了，会马上惭愧，立即漫溯求索，"道也者，不可须臾离也，可离非道也"，离道之时便是迷失之始。

为什么现代许多人迷失了，反而觉得活得很充实，很不无聊呢？每一分钟都被信息、事情、杂念填满的人生，被全盘娱乐化的人，会有时间去思想吗？会去契道？去慎独？去修身？去利众吗？

物化了的肉体就是一片片忙碌的、孤独的、孤单的、迷失的树叶。一旦没有风的时候，就被恐惧和慌乱所包围，仿佛什么也不做是在浪费生命，不愿意静下来、净下来，听，宇宙万物的声音；感，天地仁和的温暖。

没有"心"的肉体不知自己已病，不承认，也不接受，没时间看看自己已经退化到了何种程度，就是愿意被风吹来荡去，在动荡中感觉自己还活着，仿佛每天没有虚度，却不知道自己早已被"风"奴役，无论高低贵贱，都在劫难逃。

"我"仿佛知道别人喜欢什么，却不知道"我"喜欢什么，需要什么？

就像某一刻遇到一位令"我"心动的异性，许多人便以为自己爱上了，实际上，"我"不知道，所谓"爱"，爱的是那一刻，是那心动的刹那、血脉波动的感觉。这种"爱"，爱的是时间，是这个时间里的感觉，神经被电流刺激后产生的狂乱，才是"我"之所爱，而对方只不过是撩动此感觉的媒介，异性如此，名利亦是。

这是"爱"吗？不，是幻觉，好像吸毒一样，害人上瘾的不是毒品，而是您无法摆脱吸毒后的"极乐"感觉,毒品只是媒介。

如果不摆脱感觉的奴役,戒了这个"毒"又会吸上那个"毒"。

我们迷失在幻觉里,无暇去思考什么是"爱"？什么是"情"？什么是我们带动的？什么是带动我们的。

俯仰之间,生命已成陈迹,迷失者无迹可寻。而此刻读书的您,不是正向真实靠近吗？

"中国禅"光明生动的生命之河,经由书上的文字,经由您的眼,在流入您的心田,滋养着、守护着心中的每一个善念。

上善若水,水是生命的最核心。生命河上灵光闪现,生命河里生机盎然,生命河内绵绵无绝,那么,此刻您的善念有没有被这充满了生动和生机、无绝的灵光唤醒呢？

我们能改变生命吗？我们只能改变命运！"命"是弱者的借口,"运"才是强者可主宰、改变的事实。

生命会因为学习、修行而变得更好吗？生命有不好吗？什么不是完美的生命呢？所谓成长,不是通过学习、修行使生命变得更好、变得更高尚,而是能接近实相。

通过禅舍修行我们能做的,只是接近实相,乃至觉悟。

每一个生命,因觉醒而独立不同,因回归而天下大同。每个人都曾迷失,都会迷失,当然也都有机会觉醒。

我们可以身为一片不迷失的树叶,风起的时候,随风上下飞舞,因为生命有轻盈曼妙;风停的时候,能腐化滋养树根,因为,唯有生命才能唤醒生命、滋养生命、延续生命……

为什么天空中布满了星星还是黑暗的？为什么近处小小的烛火，却比星星显得还要明亮？

难道每个星星的能量不比太阳更大？可为什么却是眼前小小的烛光更能起作用呢？可见是距离决定了作用量。有能量，能发光的星星是事实，但能作用于生命的影响力则取决于两者间的距离。如何超越距离的局限性，凡人对此一无所知，故，对其所能起作用的，只有眼前微弱的烛光。

星星再伟大，也仅在遥远的天空上供人观赏，无法驱除黑暗的笼罩，就像禅门祖师再智慧、禅法再精妙，而您不通过修行使自己靠近，这些智慧也无法点亮您的心灯。

有人以为能量无所谓大小，小小的烛光既然已经能照亮脚下，何必再要去寻找遥远的星星呢？我们要明白烛光是脆弱的，一丝风起就会使得烛光晃动或熄灭，如果您的脚步不局限在眼前，如果您的心中希望和更加稳定的能量体接近，如果您希望不仅照亮自己的脚下还能照亮他人……那么，想办法突破局限，让生命在宇宙里能和星星一起发亮，就是不同的境界和状态了。

但无论有烛光还是有星星，有光照耀的生命还是黑暗的吗？光的大小虽有区别，但越是黑暗，光会越明亮。

禅舍修行的意义便在于此：初期可以让我们不再被无明的风带动着在梦里舞蹈、在黑暗中恐慌；虽然盲人也能活，不过是活在自认为的方向里，没有光明的生活，谁都难免心不安，不知道下一步会去向哪里。

生活、事业、情感中什么是陷阱,"盲"人不见。故,只能习惯性地随着感觉和潮流走,"风"停时,您会不会有无助?无力?无聊?伤感?回忆?担心?难受?失落?……

不见慧光的生命体,是不是和盲人一样呢?

而能同时相应烛光和星星的智慧生命就是觉者了,您是否想知道,同样吃饭、睡觉,同样有欲、有业的觉者和凡夫的生活状态有什么不同呢?

生命既然不会变得更好,只有接近实相。那么,该如何接近呢?就让我们借由"禅舍"开始向上一路的生命之旅吧!

感恩中国禅诸位祖师!

感恩中国禅智慧导师楼公宇烈先生!

感恩恩师雪山博士!

感恩一切发生,一切有缘,一切众生!

2017年4月17日

禅者颂

合道

任性合道一白衣，
当下无喜亦无忧。
悬崖放手心自在，
不度迷人誓不休。

竹林精舎

雪山靜舍

楔

什么是禅舍？

本书名"禅舍",许多人一听这个名字,就以为该是间有禅意的房子,是不是装修得有些"禅意",多用些原生态建材,挂些禅意字画,设计个颇有感觉的茶寮、琴台,庭院里再配上些枯山水,就应该叫"禅舍"了？其实这是误解。

"禅舍",核心是"禅",修法是"舍"。

这是禅修者修正自己及帮助他人转化身心的场所,不是装修个禅意的样子,或者卖禅品的商店,也不是交友结社的会所。

一切禅修、禅学、禅法都只能表禅之相。禅本无相,如果非要给禅整出个大家都认可的"相",再或者有人非要认为这样才算"修禅"……早已离禅甚远了。

"禅舍"是修禅之方便,不是禅修所必需。

不同阶段的禅修者,会有不同的"禅舍"。从外形上说,有些属于有相禅舍,有些则是无相禅舍。但如果认为有相禅舍只是初修者才需要,这么理解又过于偏执。

初修者因不知禅、不解禅,习气深重而不自知,故佛法以"戒、定、慧"三学对治"贪、嗔、痴"三毒,三学之始乃从"戒"门入。对于普通人来说,即需要规定出固定的时间、场所来帮助自己养成修行习惯,重建思维体系,适应新的生活方式。

这种在家修行法,最有效的就是从改变家庭环境或者改变部分家庭环境开始。改变环境的目的不是装修有特色、接待朋友有面子,而是能帮助自己及家人更快契合修禅的语境、思境、修境。

修行一旦稳定后,虽然从禅者自身的角度讲可以无处不禅舍,禅者有能力将对有相禅舍的需要转化成无处不修行的无相禅舍,即"心净则国土净",不过,如果此时陷于必须如此,即再次执著于"无相"这个"相"了。

禅者本是既不拘泥于"相",也不拘泥于"无相"的,如《金刚经》中,佛言:"是诸众生无复我相、人相、众生相、寿者相,无法相,亦无非法相。何以故?是诸众生,若心取相,则为著我、人、众生、寿者。若取法相,即著我、人、众生、寿者。何以故?若取非法相,即著我、人、众生、寿者。是故不应取法,不应取非法。以是义故,如来常说:汝等比丘,知我说法,如筏喻者,法尚应舍,何况非法。"

能随缘自在、当下宁静的人,虽自己可以不需要有相禅舍了,但为了方便学生们往来请教,为了方便教化众生,还是需要有固定场所的。禅者行事的原则是并不以自己的需要为首,而以对方的需求为要,能以众生心为心者,心中哪有有相、无相之别呢?哪里在乎别人怎么看自己呢?

禅舍没有固定的禅相,同样也没有什么固定的修法叫"禅法"。法随人的境界变化而变化,随众生的需求变化而变化,随时代的变化而变化,随发展的变化而变化,这就是中国传统所说的"权""易""变"的智慧,而在这些变化背后,却又有不变的"经""常""不易""执中"在。

中国传统的思维是辩证思维方式,阴阳、经权、易和不易、常与非常相得益彰,然而在佛法中,还有令中国智者更惊叹的思想,龙树菩萨于《中论》开篇即讲的"不生不灭,不常不断,不一不异,不来不去",此"八不中道"智慧,即"不二法门",进一步开阔了智者的心胸,这也是中国在春秋时期虽经百花齐放、百家争鸣,而后于儒、道二家交替兴盛之期,尚能普遍接受佛法的原因。如果佛法尚停留在初期传来被误解的神仙道、宗教性上,就不会有唐宋时期的普及与辉煌。

魏晋南北朝后,大量的士子文人从儒、道启蒙,而终归于佛法,如和罗什大师同期的净土宗初祖慧远大师,本出身于仕宦之家,从小读了大量儒家、道家典籍。据《高僧传·卷六·释慧远传》载,他"少为诸生,博综六经,尤善《老》《庄》",当时的宿儒贤达,莫不叹服他学识之渊博。

晋穆帝永和十年(354年),慧远二十一岁,此时正值石虎被杀后,石赵统治集团内部矛盾激化,互相残杀,又由于东晋连年北伐,中原陷入极大混乱。动乱的社会环境使慧远产生了避世思想,他想学隐居的范宣子,范宣子雅好经术而拒绝做官,名重大江南北,慧远和弟弟慧持很是向往,但由于战争关系令南路阻塞,兄弟二人不能如愿南下。当时,正值佛图澄的弟子道安法师于太行恒山宣讲佛法,慧远兄弟便前往恒山听法。

兄弟二人听道安法师讲了《般若经》,据《高僧传·释慧远传》记载,慧远"豁然而悟",叹息说:"儒道九流,皆糠秕耳!"于是毅然与弟弟慧持转儒为佛。

据南宋释普济撰《五灯会元》"宋徽宗皇帝"条有如下记载:

北宋政和三年(1113年),嘉州奏报,峨眉山一棵枯树被风吹断,树里坐着一位入定的僧人,全身被长发密密覆盖,手脚指甲长得绕着身体。宋徽宗下令将僧人送到开封,京师译经院的三藏大师金总持,鸣磬请僧人出定。僧人说:"我乃庐山东林寺慧远法师的弟弟,名叫慧持。游于峨眉山,到树中入定。"

他向金总持询问:"远公无恙否?"金总持说:"远公是东晋人,距今已经有七百年了。"僧人听完默默不语。

金总持问:"您现在想回归到哪里?"僧人答说:"陈留县。"说完便再入定了。

宋徽宗特地命人绘出僧人像,颁布天下,并作了三首御制诗:

七百年前老古锥,定中消息许谁知;
争如只履西归去,生死徒劳未作皮。

藏山于泽亦藏身,天下无藏道可亲;
为语庄周休拟议,树中不是负趋人。

有情身不是无情,此彼人人定裹身;
会得菩提本无树,不须辛苦问卢能。

这三首御制诗写得很有境界,读者们可以好好参究一下,至于慧持法师入定千年的事迹,多本史书有提及,有兴趣的读者可以去找来细看。

自魏晋后,中国历史上士子、道人转儒为佛、转道为佛的例子不胜枚举,笔者曾多次介绍"中国禅"祖师僧肇法师,他自小爱好玄理,深谙老庄精妙,熟读老子《道德经》后,曾叹曰:"美则美矣,然栖神冥累之方,犹未尽善也。"读旧《维摩诘经》,爱不释手,欢喜顶受,这才有三年后十七岁的他,孤身一人往姑臧,拜被囚禁的罗什大师为师之因缘。

是什么智慧能令这些中国最顶级的知识分子如饮甘醇？这便是"不二法",六祖惠能黄梅得法后在曹溪传法,宣讲《坛经》长达三十六年,他创始的"中国禅",便是继承和发扬了"不二法"并糅合了中国传统中本具的特色儒、道思想,独创出前无古人后无来者的禅风,将印度传来的出世间佛法改革成人间生活禅法,这种特殊的禅法由于在中国出生,故称之为"中国禅"。

"中国禅"改变了中国佛教其他宗派完全遵照印度教义修行之原教旨,自立人间佛法的宗旨,教外别传,禅者修行不由在寺,在家亦得。"中国禅"对佛教进行的一系列大变革,不光在佛教形式和修行方法方面,无论坐禅、讲法、仪式、忏悔、宗教性还是戒律,即使连修者圆寂后的葬法,都完全变革了。过去佛法中僧人灭寂必然是遵照印度传统进行火葬,其中有的修者能留下舍利,而六祖创始了全身舍利,开了直接留下真身千年表法的先例。

由于这一系列惊天骇地的大变革,使"中国禅"在中国经济、军事、文化达到鼎盛状态的唐宋开始兴盛。从唐末开始,中国禅顿悟法门走入生活,"中国禅"普漫天下,万法归禅。

"中国禅"和其他宗派在教学、修行方式上区别甚大,例如禅门祖师担心弟子立佛性为"常",或假名谓之为"这个",或谓之"庭前柏子树""麻三斤"……

如：

有僧问赵州禅师："什么是佛祖西来意？"

赵州答："庭前柏子树。"

僧说:"和尚不要只示出一个境给我。"

赵州说:"我不只示出一个境给您。"

僧于是重问:"如何是佛祖西来意?"

赵州答:"庭前柏子树。"

就这么简单几句话回答了一个大问题,其中所蕴涵的禅机和所运用的禅法,一句经文没有引用,却三世诸佛不离此意,三藏十二部经尽在语中。

禅师的说法如果您用知识去分析,是永远摸不着边的,需当下契入其所言背后非关大脑意识的密意。对于习惯以思维行事、以物为相、以言为说的人,会对这些语言莫名其妙,完全摸不着门路,认为其逻辑混乱,没有道理。是的,禅师讲话本来就没有逻辑,也没有道理,因为禅语是超越逻辑和死理的,一切语言都是在其虚灵清净的自心中应机而出的,为了让当下迷惑的学人顿契禅机,学人如能当下万念泯然,则梦中人被唤醒。

您无法用一个梦去唤醒另一个梦;唤醒梦中人,必然不可用梦中语,所以用习惯性的语言去解读禅话、用思维意识去分析非来自思维意识的语言,早已错失了禅机,也不会解禅意。

过了一段时间那僧再遇到赵州禅师,又问:"柏树子还有佛性也无?"

答:"有。"

问:"几时成佛?"

答:"待虚空落地时。"

问:"虚空几时落地?"

答:"待柏树子成佛时。"

这又彻底完了,还没能够理解庭前柏子树,又来了一堆什么虚空落地、柏树子何时成佛的问题,僧问得快,师答得更快,又紧又密,干净利落,不留一丝余地!

这些回答是把人逼入死地的向死求生法,速道速道!道不出便打三十大棍,道得出也打三十大棍,您若以脑袋尝试去分析,立即便抓狂!这位好问的学僧最终是否悟道,语录中没有记录,然而因他之问引出了"庭前柏子树"这个参禅的话头,也是大功德。

禅师出句大多是迷魂阵,什么是迷魂阵?《坛经》中六祖留下的三十六对是也,师者不摆迷魂阵能行?每一位学人都了不起得很,都带着一肚子的所知所见来,不摆迷魂阵,不深挖个坑,不弄堵高墙,让学人懵懵懂懂,跌倒在地,或撞个头破血流,原有的思维就会起作用,又回到自己原来熟悉的套路上,用习以为常的思维习惯来思考,这还是禅吗?

禅师摆的迷魂阵名"机锋转语",就是专门让学人大脑意识无处运行的法子,在学人自命不凡中突然来一下晴空霹雳,如果此时学人感觉醍醐灌顶一般,虚空落地,大地平沉,就算是有"消息"了。可如果此时学人继续执著在用知识、逻辑、常识去思量师者之语,那就完了,属于不见"消息"的死句。

洞山禅师参云门时,云门禅师就这么一句"凭你个饭袋子!凭什么去江西、湖南参学",他一下子就悟了,悟后,说:"我以后到一个没有人烟的地方,搭个草庵,不蓄一粒米,不种一茎菜,常接待往来十方大善知识。"

怎么样?要接引十方大善知识的愿心出来啦!而且还要使得这些大

善知识们"抽却钉、拔却楔,拈却臊脂帽子,脱却鹘臭布衫,各令洒洒落落地作个无事人去"。

这是何等伟丈夫?可是云门禅师怎么回他呢?说:"身如椰子大,开得许大口?"什么意思?你口气这么大?好像是在贬他,而禅者却怎么理解呢?芥子纳须弥,身如椰子大却能包融天下,是师父在赞自己呢!

故此,思维方式的不同引起不同的理解,凡人以为是嘲讽的禅者却以为是嘉许,洞山禅师听后欢喜辞去。禅便是如此,大根器者被师父一句开示,便能悟,有的人认为开悟比登天都难,难在哪里?难在心里!您已经定义了自己不能悟,那师父再有智慧、禅法再精妙又有什么用呢?真的大善知识,是解语人,如洞山禅师和师父,几句话就奠定了他们之间在法上的传承关系,这也是其他宗派无法思议和理解的。

这里说的洞山禅师是云门文偃禅师弟子洞山守初,不是曹洞宗的祖师洞山良价,洞山良价祖师的圆寂非常奇特,堪为禅师自在生死的表率。

唐咸通十年(869年),祖师六十三岁那年生病了,有僧问:"和尚身体欠安,还有不病的吗?"

答:"有。"

问:"不病的那个还看和尚吗?"

答:"老僧看他有份!"

问:"和尚怎么看?"

答:"老僧看时,不见有病。"接着反问:"待我抛下这个色壳子,你向什么处与我相见?"

僧不能答。于是洞山祖师颂曰:"学者恒沙无一悟,过在寻他舌头路;欲得忘形泯踪迹,努力殷勤空里步。"

说完,祖师便命弟子为他洗澡剃头,然后登座告别,奄然而化。

弟子们见师父圆寂,皆放声大哭,一连哭了好几个时辰也停不下来。师忽然睁开眼睛,呵斥这群没用的弟子道:"出家人心不附物,是真修行。劳生惜死,哀悲何益?"

于是便让执事操办"愚痴斋",以示惩戒。一众弟子因恋慕师父,故意拖延时间,操持了七天方准备完一顿饭。师也不介意,等饭上桌与弟子们一起用斋,斋毕说:"僧家无事,大率临行之际,勿须喧动。"

言毕,自回方丈室,再次奄然而化。消息传到朝廷,唐懿宗赐谥号"悟本禅师"。

为什么禅师们能如此自在生死?因为开悟便可见实相,见实相自能了生死。什么是开悟?如人关在黑暗的屋子里,突然门窗顿开,阳光透了进来,便可见外面的山河大地,包括屋子里面的东西全都能看见。注意,见内外景物必是顿见,一起见,没有先见一半的。

如何是佛?洞山禅师答:麻三斤。

如何是佛?临济禅师答:干屎橛。

如何是佛?赵州禅师答:庭前柏树子。

禅门师徒之间的一问一答,快如闪电,为什么快?师者引发学人直下感受需在其念头还未动前,即前念刚灭后念未生的一刹那,这个叫"第一机。"如果慢了,就进入第二念,便又进了思维流,那就天地悬隔,离禅万里啦！一旦入了思维流，如琢如磨，分析比较去学禅，叫"不通消息"。师徒间心心相印即互通消息，故此禅之师若在事上去直接回答学人，就不是"禅风"而是"教风"了。

普通人见这些"疯话"，当然是无话可答，可谓话不投机，如想依经靠论详细解释一番"佛"是什么，岂不闻"承言者丧，滞句者迷"？

"承言者"就是爱在大脑意识、分别思量上去折腾的人，"滞句者"就是被知识所障，把知见所知牢牢抓住不放的、死在句下迷在言下的人。

想契入"中国禅"禅境，想和师父互通消息的学人，从哪里进入呢？当然是从日常禅舍修行进。

禅舍从功能分有家庭和公众之别，从位置分有固定和流动两种，这些我们后文再细讨论。

要理解"禅舍"，必先理解"禅"和"舍"之义。

"禅"已简述，无相、无住、无念为"禅"之心，要契合这么一种以"无"为体的智慧，就需要自性起"用"之法。故，需"舍"。

第一，"舍"读去声，第一层含义，是屋舍、精舍意。

现代人奔波劳碌，无论豪宅多么奢华，普遍缺乏特定修身之所，虽也有人家里自供奉佛堂，但有几人在佛堂自修行？如能辟一空间以助自身净化，实为修者幸事。武器是上肢的延伸，计算机是头脑的延伸，汽车是脚步的延伸，"禅舍"应是文字语言的延伸，将读书读来的文字、听法听来的语言，实修实证转化为自己智慧的地方。

此"舍"，可以是修者自己独自修行内契自心之场所，亦可共享，大小因人而异,布置因地制宜。

第二,此身是皮囊,我们之迷惑皆因对此身的贪恋起,贪恋自身六根之幻,六根引发各种感觉,令人为欲所牵,魂不守舍,意乱情迷,然而迷由身迷,觉亦由身觉,身是迷、悟转化的道场。能转迷身为觉身的道场,叫"禅舍"。

第三,屋舍有间,身识有相,"禅"居何方?万有不过万相,万境皆为缘起,梦幻空华,无内无外,舍是心"舍"。此处的"舍"读上声,是"舍得"和"放下"之意,即"忘我""舍予"之意,要放下什么?放下妄想和执著;要予什么?予以法。

为什么叫"禅舍"?不舍哪能予以法?舍不为得,予也不是得,如果舍了真的有什么得,那就还得再舍。

舍之又舍,舍己从人,舍身取义,是禅舍修行之功德。有人误以为"舍己从人"是自己一切听别人的,那叫迷信盲从;而"舍身取义"又有人误以为是不要命了,那叫匹夫之勇。

第四,"舍",是藏。

藏富于银行、股票能安心否?积者必竭,与其担心财富增减,不如变财富为"生意",真正的生意是生生不息的延续之意。

藏生于法,藏意于心。一滴水藏于大海而不枯竭,生命唯有归于众生,才能永生。

故,最大的藏,是"舍",藏天下于天下,藏财富于生意,藏生命于众生,此即"无尽灯法门",又名"无尽藏",乃灯灯无尽、生生不息之意,如何藏?需在"舍"中修。

我们为什么需要禅舍修行？

禅舍绝不是几间装修得比较古朴、充满"禅意"的房子,也可以说,装修出有"禅意"的房间只是世间"美学"的范围,就算现在普遍流行的日本"ZEN"风格,似乎充满了"禅意",但缺乏内涵的装修仅仅是"好看"而已,和"禅"没关系。

不是住在茅棚里的都是修行者,不是会坐禅的都是禅修者,不是住在禅意房子里的都是禅者,住在寺庙里的猫和红尘中的猫有什么区别吗?

我们需要的是修行场地,这个场地根据修者不同的境界、需要而应时变化,如果缺乏了特定修行场地,普通人的日常生活状态是既散漫又紧张的。散漫是思想不集中,容易走神和慌张;紧张是思想不放松,容易情绪化,难以进入心静如水一般的静、定、平、稳状态。这种不是散漫就是紧张的日常状态,时刻影响着人的身心健康,而这绝非看几本心灵鸡汤之类的书和背几句格言、警句就能改变的,也不是住在有禅意的房子里、住在风景如画的地方就能获得平静的,没有特定的修行场地和方法,想要转化长期养成的习惯,几乎不可能。

每天生活在迷乱状态的人,不知道什么叫迷乱,就好像鱼在水中不知水,离水方知;鸟在空中不知空,入笼方知。人也一样,习惯了每天生活在散漫和紧张状态下的人,不知道自己身心的失衡,不知道什么是习气,不知道问题的根源在哪里,这就必然需要转化到另一个环境中,使得自己契入另一种状态,才能回头反思、反观、反视、反省已经习惯了的方式、方法,这个转化习气的场所,我们假名为"禅舍"。

普通人的心之所以一直处于动荡中,源于各种不信任,由人与自然、万物对立，再延伸至人与人之间越来越不信任，当越来越多的生命体处在互相不信任的窒息状态，就容易在社会上引起极端的现象，引发冲突。

为什么演变成窒息状态？因为人的头脑里充满了各种垃圾信息，精神上不是太紧张焦虑就是太昏沉散漫，为了"放松"，人就想在各方面寻求刺激，陶醉在感官的游戏里，吃喝玩乐，纵情声色，追名逐利，用各种极端刺激使得自己感觉活着"舒服"，渐渐人就忘了什么是真正地活着。

每一位和初心背离的人都会逐渐窒息，身心分裂，言不由衷，身不由己，一旦停下来偶尔良心发现时，愈发痛苦，只能再次想办法麻痹自己，想办法自欺欺人，逃避现实，不断继续迷失和加深窒息。

贪欲的升级和压力的升级成正比，物质生活的丰富和精神生活的丰富却成反比，不少人发现财富在增加的同时，幸福、健康、安全感却在加速缺失，可悲的是，还有不少人连财富也没增加，而幸福、健康、安全感却也不知所踪。

"禅舍"是我们在红尘中自建的一方净土，我们期望通过修行在"舍"里学会如何"舍"。

禅舍修行从哪里开始？从"减""简""俭"开始。

"减"是修者学习从名誉、地位、财富、知识等诸多感觉快乐的加法中抽身，学会从熟处转生，再逐渐生处转熟，生疏的修行变成了熟悉的日常习惯。减实际上是加，因欲望减少而增加慈悲，因减少消耗而增加能量，因愚痴减少而多一分智慧。

回家把衣柜、书柜清理一下是不是减法？我们换个角度思考，人在想起某件事前,心里已有一些模糊的念头,不管是人、事、物,或其他什么事,这些念头无法用语言表达,在心里尚未形成一句话之前,有一种非常含糊也非常细微的感觉。可当您去有意察觉时,感觉好像又消失了,如果再度安定下来,又似曾相识地会出现。尤其是当人焦躁不安时,似乎能隐约感觉到什么,却又无法用力抓住什么,因为稍一用力,"它"就消失。

有时,当修者准备安静下来时,脑海里又会出现各种影像,有小时候的,有未来的,有想象的,可是一用力去想影像就消失了。然而当您想把影像放下继续修行时,另一些影像又像沸腾的水一样在心里翻滚,越想靠近却消失得越快,越想安静影像却越翻腾,您会发现,想去清理头脑时,头脑里的影像根本停不下来。

大脑其实就像一面大镜子,储存的影像被反映在镜子上,镜子并不执取任何物体,可是影像储存在哪里?这才是要关心的,当所缘境消失时会有感受,能够学会用心观察感受时,感受才会消失。

禅舍修行时做减法,不是要您去清理衣柜、书柜或什么物品,这些固然值得赞扬,但那不是真正做减法,减去储存的影像,学会用心观察才是真正的"减"。不要小看影像的作用,每一位刚开始禅修的修者都曾想过逃走,有的修着修着感到绝望,感到恐惧,感到兴奋,为什么?因为精神上储存的垃圾太多,一安静下来各种垃圾影像会以各种形态全跑出来吓唬您,诱惑您,减法是清理这些存货,无论多么舍不得,好的不好的,都要清除,外境现前时、知识跳出来时、影像放映时,都要能"减"!

一日,雪斋禅师去拜访藏门禅师,临走的时候,藏门禅师送雪斋禅师出来。走到门口,藏门禅师指着石头问雪斋:"三界唯心,万法唯识,这石头,是在您心里呢?还是在您心外?"雪斋答:"在心里。"藏门禅师道:"您游方行脚,为何要把石头放在心里?还不快快放下?"

禅舍里,除了"减"还要学习"简"。

"简"是空灵、朴拙、不做作之意,大道至"简",天空是"简"的所以明澈纯净,人心本应是"简"的所以能空,越空才能越包容和体现万物、万有的美。化繁为简,即如《中庸》云:"德輶如毛,毛犹有伦。'上天之载,无声无臭'。至矣。"

不要以为把家里简单装修,或者衣着简朴就是我们说的"简",禅之"简"指的是精神。

有不少人不太关心吃喝,衣着也很简单,但思想却极其复杂,给自己和亲朋套了一个个枷锁,这些人虽不追求物质却执著于名誉、地位或自己的经验、知识,这能算"简"吗?

修行禅的"简法",指的是简化我们的分别。我们为什么心不能"简"?因为迷惑在苦与乐两种染著中,有人以名利为乐,有人以情欲为乐,有人以子女为乐,有人以阅历为乐……然而,乐的同时必生苦。

苦是较易觉察的,因此,修禅往往会从苦开始,打坐腿脚痛,站桩腰背痛,抄经手臂痛,丢东西心痛……修行虽苦却能逐渐止息其他苦。乐不是生命的归宿,当然苦更不是归宿,禅修从苦始是为了帮助修者灭其他苦,最后心清净才是真正的归宿。

心如何清净?需如实了解事物的真相,放下对一切外缘的执著,以一颗无住的心做生命的皈依。蛇的头是苦,尾却是乐,人即使只是去抓蛇尾不抓头,它同样会转过身来咬人。苦和乐是同一条蛇的头尾,当人感觉乐时,忽略了蛇头会转身过来咬人。苦和乐在哪里生?从粘着生,因为粘着喜欢和不喜欢,就生出了苦和乐。

普通人看不到凡事皆有两面性,不明白阴阳、对错、苦乐、善恶、是非、好坏都是相互依存的。禅修修什么?当自己感到嗔恨和怨怒时,须以正见去做慈悲观。如此心境就会平衡与稳定,心境的平衡与稳定叫"寂灭",佛言:"寂灭为乐。"

明白乐是苦的伪装,如果执取乐,跟执取苦是一样的。让自己如实彻见,而不因变迁的现象沉入快乐或悲伤中,这才是"简","简"是"寂灭",是"空灵",是不粘着对错、善恶等世间的分别,放下两边这才是正道,跳出"生"与"有",正道上既无乐也无苦、无善也无恶。

如果我们做事为了求回报,将只会引起痛苦。"简"不是为了得到什么,而是不去牵挂什么,心无挂碍,酌留空间,充分给生命留白,别粘着,别握持什么,谁也不需要去知道全部知识、去拥有整个世界。对于禅者来说,当下就足够了,当下了知便是"简"。

在禅舍还要学做"俭法"。

通常大家都以为"俭"就是指节俭、节约,其实"俭"指的是有效地善用,不浪费资源,不内耗。

能善用人,善用财,善用时、空,善用法,节约沟通成本是"俭",守着钱舍不得花可不叫"俭",同样,苦修、苦行、过苦日子,也不能叫真正的"俭"。

像守财奴一样什么都舍不得不是"俭",有些人银行里有很多钱却不帮助他人,这叫"吝啬",恰恰是"俭"应要摒弃的。

而苦修、苦行、过苦日子同样不是道,不苦不乐才是道,琴弦过紧会断,过松则无声,秉持"中道"才是正道。

苦修、苦行、过苦日子只是修行的某个特定时刻而已,执著乐和执著苦都一样对生命没有意义,对他人没有帮助。而有财富却什么都舍不得的吝啬者,不仅不能享受布施助人的幸福,相反却短视地将自己与不稳定的金钱捆绑在了一起,心情随之起伏,永无宁日。

一僧问赵州禅师:"一物不将来时,如何?"

答:"放下。"

又问:"既是一物不将来,放下个甚么?"

答:"放不下,担取去。"

放下是解脱,担取则需大愿心、大行力,大愿心、大行力便需要善用人、法,为什么不能善用?有些人因为放不下所以不愿担取,而有人则是担取了却又放不下,这些都不是"俭"。

放不下的担取,是有染的,世俗的。有人评价玄奘法师:言无名利,行无虚浮。"宁向西天一寸死,不退东土半步生"是放下也是担取,西行求法放下了自己的安危,担取了众生的慧命,如此方成就千秋浩瀚业,法师心中已没有了"我",只有众生,而众生最大的苦是吃不饱穿不暖吗?不是!心的迷惑才是众生无解之大苦!

禅者的"俭"法,是:放下就是担取,担取就是放下。非一非异,浑然一体,因因不尽,缘缘不息,随顺因缘,普门自在。

什么是"俭"法的世间性?即"俭于己,奢于人",自己日常生活可以简单简朴,这是放下;但对待他人却要"奢",愿意花大量时间、金钱、精力去布施,布施他人清明、无畏的精神,这是担取。

六度波罗蜜中,布施、持戒、忍辱、精进、禅定五度为"舍"度,乃至般若方为"得",此得非真有物可得,如虚空一般,生万物,含万象,育万有,空万法,如镜返照,无始无终。

六度统名"檀度""檀波罗蜜",而行布施的施主又名"檀越","檀"是无上之法宝,"舍"便是布施。

我们在禅舍里用"减"法修行,以慈悲智慧放下执著;用"简"法修行,以契合明澈空灵的无分别心;用"俭"法修行,能放下亦能担取。三法合一为空,是故,禅门又名"空门"。

"空"即是最后连放下、担取都没有了,一切自心发出,就像阳光没有取舍心、没有布施心,只管放光。

"舍"是为了"不舍",舍一身之力,不舍众生之情。舍尽,空空。

我们为什么需要禅修?

修,是修正、修改、修缮之意。

"禅"从根本上讲,本来无一物,本来是万物,既不用修也无法修。修者要修的是如何令自己契合禅心,而非"禅"本身靠修能得。

通常"中国禅"说"禅修",是指修者日常工作生活中时刻不忘通过禅法,令自己能时刻契入禅境。

什么是"禅心"和"禅境"？能念念契合自心的心,便是"禅心";能不被外境所转,忘却善恶是非之境,便是"禅境"。

但读者们要清楚,说的只能是概念,禅心和禅境本皆不可说,属于自证量,不可被描述、被定义。

我们之所以需要通过禅修矫正起心动念,是因为普通人的生活和身心时刻都有问题,问题爆发出会感到难受,身体问题引起各种疾症,精神问题引起各种情绪,思想问题引起各种矛盾……

有人认为问题是外来的,社会有问题,制度有问题,环境有问题,人心有问题,反正都是别人的问题,可为什么不去想问题出在自己的迷执里呢？

一切问题都是自己的问题,但不是所有问题都需要解决,也不是所有问题都有办法解决。

为什么要解决？问题就是问题,问题只是某种现状而已,问题是现象,现象千变万化,是谁都不能抓住的镜像。有什么能解决的镜像吗？非要解决问题,就会钻牛角尖,因为状态在急速变化中,当您心境变时,回头一看,发现惹得自己要死要活的问题,突然就不存在了。

禅修不是用来解决问题的,而是修正自己的观念和心境的,当心里认同的价值、意义发生变化时，问题也就自然消除了。

许多人总以为禅修是让自己变得平静快乐，平静和急躁、快乐和悲伤是一体两面的，凡人却只见一面，不知一面生则另一面必同时生，只是潜伏在某处等着而已。笔者反复在说，禅修不是为了帮助人平静快乐的，马上又有人认为禅修就是百事不问，盘起腿来打坐即可，闭目敛神，眼观鼻、鼻观心无思无念，这就是禅修。

这是对禅修的误解，所谓"生活禅"，举手投足、一言一笑、行住坐卧、担薪运水、饮食睡眠，无不是禅，禅修是遍于一切的，日常生活、工作学习、情感交际，哪一处不是禅修道场？

禅修也是无用的，有用的叫"器"，"器"只能装有限的东西、做有限的用途，而"禅"是无量、无限、无尽的，禅修怎么会有具体用处？禅修怎么会没有具体用处？

一天，仰山禅师回山见师父沩山灵佑，师父问："整个夏天都不见人影，您在做什么呢？"仰山答："师父！我耕了一块田，收了一篮果实。"

师父一听，非常欢喜，说："这个夏天您没有空过了。"

仰山也反过来问："师父啊！这个夏天您做了什么了？"

灵佑禅师答："我白天吃饭，晚上睡觉啊。"

仰山赞叹道："师父，这个夏天您也没有空过时光。"

这种对话，外人听了会哈哈大笑，什么禅师？不就是和凡夫一样吗？对啊！以为自己是圣人的绝对不是禅师，能完全投注生命的日常生活，就是禅生活。

禅师和凡夫的区别不在事上，而在心上。

沩山禅师白天、夜晚自在安详，饮食睡眠都能全情投入，正如大珠禅师的名句"饥来吃饭困来眠"亦是如此看上去稀松平常。真正的禅者没有装神弄鬼的，也不需要什么庄严的仪式来装扮自己，或故作高深来证明自己，他们就是那么朴素自然、安详从容的普通人。

现代许多人只要一静下来，心神就不宁，终日浑浑噩噩、汲汲营营，没有一点属于自我的宁静，如果就是为了应酬去喝酒吃饭，和古时出局的艺伎有何区别？如果日日辗转反侧难以入眠，生活又有何乐趣可言？

禅者的生活可以是"一间茅屋在深山，白云半间僧半间；白云有时行雨去，回头却羡老僧闲"，多么洒脱自如啊！恩师有一次和我谈及他少年时期在禅堂安居，三四百人每日用一大盆水轮流洗脸，为什么没人感觉水浑浊、肮脏呢？因心清净故。

生活禅是什么？穿衣吃饭、扫地除草、泡茶洗碗处处都充满禅机，您能在生活中细细去品味，会发现到处都是禅趣，"若无闲事挂心头"自然"便是人间好时节"了。

日本曹洞宗祖师道元禅师，入宋到宁波天童寺参学。一个夏天的中午，他看到寺中一位老人在路旁汗流满面地晒干菜，他走上前问道："老师父，您多大年纪了？"答："七十八岁。"

道元禅师说："哎呀！这么大年纪了，怎么不教人代作呢？"

老人说："别人不是我呀！自己份内的事，别人怎么替代呢？也替代不了啊！"

道元禅师听了似乎有悟,但还是说:"现在是正午,天气这么热,何必一定现在作呢?"

老人说:"不是现在,更待何时呢?"

禅者的日常生活虽然无所用心,自在洒脱,但绝对不是放荡不羁的,他们不仅在生活中时刻契合禅机,对待别人的疑问更是连举眉瞬目都不放过丝毫,我们要从日常生活去体悟俯拾皆是的禅意,而不是人为造作出一些概念,以此装修为"禅意"。

其实问题本不存在,之所以出现问题,源于人的认知局限,不清楚人性之繁杂,不理解人性的纠结,不明白事物的变化性也拒绝接受事物的多面性,自以为是,才会觉得有问题。

天地万物从来没有问题,有了人就产生了问题,问题既然是人自己找出来的,当然必须由人自己解决。改变认知模式,打开被固化的思维,才可能找到打开问题的钥匙,这也就是通过禅法修行的根本,禅法无法帮助您解决问题,因为禅者心中没什么是问题。

聪明人往往是问题最多的人,无论多么聪明的人,最多是聪明一时,大多时候是愚痴的,如果您常自我感觉良好,看别人都有问题时,其实是自己有问题。

想要找回"本来面目",必先丢掉您以为的"自己",要想契"吾",必先"无我"。庄子云:"吾丧我。"丢了自己,才能回归"自己";回归自己,别人才能找到您,您丢得越多,"自己"便越大,以至什么都丢了,便契入无量寿、无量光、无量身、无量心。

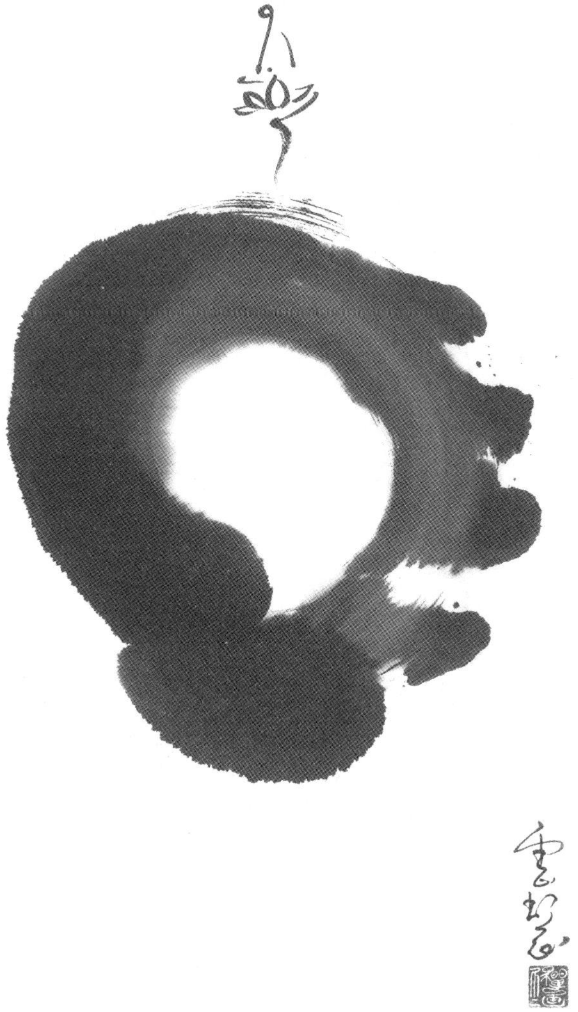

什么是生命?

《楞严经》载:

> 波斯匿王自觉时光飞逝,身体逐日衰变,"念念之间,不得停住",深感生命无常。佛启发他,在变化的身体之中,有不生不灭的自性:"彼不变者,元无生灭。"王当下大悟。

时间都去哪儿了,这不重要,重要的是,时间流逝之际,生命在哪儿?

生命存在的形式即"生命体",而生命一旦落在了具体形式,便必然有成、住、坏、空四种过程,有生、老、病、死四种状态。

凡常之人都喜生畏死,然而因为迷于名利情欲,对生命时刻退化的状态无知无觉,仅仅对显现出来的症状和后果感到害怕,可是如何防微杜渐?如何找到病因?如何常保青春活力?这些就没有及时享乐重要了。为了防止老,就去想办法折腾,乱吃补药,乱找方法,在现象里反复折腾似乎远比追根溯源来得"有趣"。

正是因为目光短浅,所以导致整体生命流于浮浅,而有些人却相反,目光又太长远了,只关心下一世的轮回,不在意当下。为什么对当下都不在意,却要关注什么遥远的下一世呢?活在当下不是现在及时行乐,而是在唯一的实相中安心,过去已去,未来没来,现在不在,三世就是一念。

我们对夜晚的梦可以不执著,为什么却要执著在什么轮回呢?因为篇幅问题,关于有没有一世世的轮回、生命是用什么方式轮回等,笔者有时间会专门和读者们讨论这些现象。

这里拿梦作比喻，因为梦延续的时间短，第二天就知道昨天梦到的东西是假的，而一世世的轮回看上去时间似乎很长，所以就不知道真假，大家普遍理解的轮回是死了以后去哪里，由于能量不够又没办法到达轮回的边缘，所以幻想着轮回就是有个"灵魂"从一个身体装入了另一个身体，把轮回想象成一种收支平衡的计算法，做了好事就可以有好报，再世为人，没做好事的就会轮回做猫狗，如此简单理解，好像"阎王"拿着账本时刻和每个人算账，手里拿个算盘在加加减减，真的是有趣。

无论是目光短浅只记今朝享乐的，还是目光过于长远，不看脚下只关心下一世去哪的，都是梦中人。不过别急，菩萨没有觉醒前也同样是梦中人，区别在于一旦梦醒后，就知道原来及时享乐、因果轮回等想法和看似短暂的梦境一模一样，菩萨之所以成为菩萨，是自己觉醒后不会躲去极乐世界里享福，不会逃入深山里当神仙，而是不舍众生，倒驾慈航，重返红尘，再入梦中，来唤醒更多沉浸在梦里迷航的生命。

《楞严经》里阿难尊者说："我辈飘零生死，旅泊三界，示一往还，去不再来。"

是的，什么缘分不是如此？生命如此短暂、如此无常，遇见的人、遇见的事，一转身再相见已属不易，即使再见也亦非当时之境，更何况多是从此山河阻断，苦苦寻一辈子也未必再相见，一转身真的就是一生，一念真的就是一生。

生与死本是生命体最好的礼物，因有生死故众生平等；因有生死故万事无常；因有生死故无不留有遗憾，因有遗憾故需加倍珍惜当下；因有生死故无输赢高低。

苍雪禅师颂曰:"松下无人一局残,山中松子落棋盘。神仙更有神仙着,千古输赢下不完。"人生如同一局残棋,输赢二字永远也没有定论。看历史看人生,是无穷无尽、相生相克、没有了结之时的。人生不止事情不停,生命不息缘分不住,人生如戏,莫被戏戏啦!

生命是什么? 是由原子组成的结构集合体吗? 一个研究原子的科学家是一团原子在研究自己吗? 如果我们说宇宙中的一小部分物质集合,正在观察并试图理解宇宙全部,这听起来有点可笑。

如果生命不仅仅是原子,那又是什么? 是宇宙观察自身之意志的体现吗? 西方文明由摩西出埃及立"十诫"始,这种文明是建立在契约精神上的,而契约精神背后是不信任,所以才把人与人之间分得越清楚越好。故此西方的学问,建立在二元对立的基础上,主观与客观,永远存在着天堑。

西方文明强调抽离自身,去进行所谓的客观思辨与分析,可是,真的有客观存在吗? 而华夏文明肇始便是一条完全相反的路,是想尽办法要与他人、与历史、与天地产生联系,天人合一、自他无别。

当你中有我、我中有你,每个人都活在人情温厚里,活在历史长河中,也活在天地万物的紧密联系中时,现代人常有的焦虑与困惑会因此消融掉。

中国传统思想的特点是从不爱纠结在概念分析里,而借由本人当下感受与领悟出发,把事物全然纳入生命,化成生活的各种行动。于是,胸中藏有丘壑;于是,心中气象万千。

智慧的生命内部，不会是一种声音和思想，所谓胸中藏有丘壑，是指其包容性，心中能否同时容纳相反的思想，包容各种相反的行为而无碍于其心行；所谓心中气象万千，是指其通达性，非长于一家之专，乃一通百通，能综合软硬高低，成为"大家"。如孔子，既是思想家，又是哲学家、文学家、史学家、易学家、艺术家、教育家等，这样的生命才会饱满和充盈。

有些人不理解，说不是应该"一门深熏"吗？怎么又要什么都会了？这是因为入道时需"一门深熏"才能得一门而入，最后必须举一反三，一通百通，如果开始就浅尝辄止，左顾右盼地修学，永远也入不了门。

孔子是大气象者，孔门之所以深阔，在于众多弟子都不一样，如颜回清贫乐道像个僧人，子路慷慨豪迈好比侠客，子贡游走商界形同巨贾……截然不同的各路豪杰在孔门集会，孔子的大格局跃然而出！这便是和而不同的"大同世界"。

为什么孔子能有大格局？皆因知"道"也。"道"有"常胜之道"和"常不胜之道"，"常胜之道曰柔"，是谦虚、仁义的至柔；而"常不胜之道曰强"，是好强好胜、控制不住自己的习气，便是不常胜之道。

不常胜的原因是名利心、虚荣心、傲慢心，堵塞了生命之量，给自己和他人都带来诸多烦恼与痛苦。生命之所以能伟大，因为有容乃大，是包容心赋予人强大的生命动力，在艰难的世俗社会能不断地知其不可为而为之，传递光明，不令来之不易的伟大生命沦为低劣贪欲感官刺激的奴隶，不因世俗之强大力量而被潮流主宰，这种自我主宰的力量来自每个智慧生命不朽的心。

成事如炼剑,需要足够浓度的痛苦元素打造的熔炉来锤炼生命。非常之人,必有非常之事;非常之事,必有非常之心。不少人当他们意气风发地走入社会,却惊讶地发现,自己根本就不适应社会,被置于一个完全不适合自己生存的古怪地方,于是或抱怨,或激愤,或逃离……

　　这个社会在弱者眼里变得冰冷,其实不仅这个社会有冰冷的一面,弱者看到的冰冷并非是社会的无情或残忍,而是生存使命的必然,是生命熔炉的修炼,没有努力成长的生命仅仅是苟活,未加磨砺的人生无以企及智慧。但弱者又不愿竭尽心力,付诸全部真诚修炼自己,使自己成长和适应,最终可以改变环境。

　　已经给自己定义了宿命、画好了固定成长轨迹、限制在有限圈子里的生命其实是"死命"。看一看悬崖石缝里顽强生长的大树,我们就知道应该怎样重新理解"生命"。

为什么需要禅舍?

现代人往往勤有余劳,心无偶闲,陷生活于索然寡味、身心疲惫中,看上去起起伏伏,实际上于事劳而无功,于己急躁焦虑,驳杂琐碎,多数人早已不知冲和弘毅、浩然丈夫之气象为何,日日困顿于往来利益,整个生命陷于干枯无趣。

人类需要知识,知识本是为思考找到方向的,如果不能找到思考方向,一切知识都会成为知障,思考是赋予探索可能的,不是为了分别利益的,如果不能赋予人类探索的可能,思考便会成为邪见。

例如阳光,不仅是光线照耀大地,还携带着各种生命的信息,人类通过思考,获取这些信息而能充分感知阳光的伟大,这便产生了对天地的敬畏和敬仰,如果仅仅是用公式来分析光子,敬畏和敬仰从何谈起?失去敬畏和敬仰的人会为所欲为,与天地自然对立。古人从自然万物携带的信息中能感知到的,大部分化为了人文,用诗词、歌赋、书画等形式表达对天道的尊崇,人亦是天道之一环,天、人是一体不二的。

如果忽略了人的感知能力,仅仅把阳光分解为光学、热力、生物、天文、环境学知识,灵性便由此减退了,灵性在于不仅知"道",更能悟到"反者道之用",动物是只知用,却不知反用的。

因为失去了知"道"和反用的灵性,迷人才会将一切付诸商业消费,现代社会到处是强身健体、医疗保健、服装美容、美食餐饮,满大街的"食""色",甚至所谓高端时髦的灵修,都是帮忙包装身体这个盛装欲望的房子的。多少人一辈子耗费在身体这个没完没了的装修工程上,人的灵性被浅化、量化、物化、局限、矮化、异化。生命须有灵性才能有生趣,有生趣才能有生机。

生趣是在生活点滴中念念领略的快乐，生机是生命应时而发的力量。

许多人看上去满身名牌，实际上却满身尘劳，时刻如机械一般为境所转，为工作、为家庭、为不知何物的成就感，活得如机械一般呆板枯燥，谈到商机如吸鸦片般"精神"，而赚了钱换回的只是银行存款里数字的变化，生命早就如风筝般被"利"所牵，谈不上生命的生趣和生机。

麻木是源于攀缘心，也就是思想中一个念头接一个念头，像爬楼梯一样，一阶一阶上来。心念一天到晚在攀缘，求财富、求名利、求长寿、求情爱……欲望像春药般刺激身体，不以疲累为苦，不以知止为乐，以求不到为痛苦，以清闲为失意，只要欲望能满足，其他一切让位，这就是凡人的病因。

什么人需要在禅舍禅修？

越是工作压力大、学习强度高的人，越需要禅舍。

越想获得清净心，提高感悟力、敏感度的人，越需要禅舍。

越是迷信在神力、外力能拯救自己的人，越需要禅舍。

越是身心分离、情绪失控、抑郁急躁的人，越需要禅舍。

越是研究科学技术，却发现从科学技术中找不到幸福感的人，越需要禅舍。

越是关心人类健康，希望促进环境和谐、自然和谐的人，越需要禅舍。

越是对生死离别、世事无常、人情冷暖体会深刻的人，越需要禅舍。

越是苦修身体功夫，却依然精神上烦恼的人，越需要禅舍。

越是对东方传统修养喜爱的人，越需要禅舍。

越是在西方文明冲突中希望寻找出路的人，越需要禅舍。

越是希望拥有健康和智慧人生的人,越需要禅舍。

……

那么,有谁不需要禅舍呢?

家的核心是爱,禅舍的核心是"修"。

禅舍不是装修得有"禅意"的房子,而是通过禅之修养法帮助自身和他人转化的道场。

人的一切行为都来自心态,良好的心态取决于正确的世界观、人生观、价值观。个人对这个世界认知模式正确、心清晰明照时,能见万事万物的本源。人对世界的观念打开一分,人生观、价值观便如影随形打开一分,如果人的世界观已和宇宙法界相应,那么人生观、价值观也会相应变得无量。

未来的分类,不会是种族、语言、文化、性别、年龄的分类,而是世界观、人生观、价值观的分类,物以类聚,人以群分,您的心在什么境界,便能和什么人为伍,如果您的三观已经无量,是不是就能和菩萨们作伴了呢?

"上善若水",柔弱胜刚强,怎么能灭水啊?抽刀断水水更流,水不能灭水;拿刀砍、拿石头堵都不可以;用火烧呢?同样灭不了水,只是将水蒸发成了水蒸气。水为什么会有不灭的生命力?因为它不成样子,"不成样子"本是褒义词,禅门叫"无形",成样子了就固定了,就有弱点了,就有方法对付了。

水有固定的形吗?河叫水、湖叫水、海叫水、云叫水、汽叫水、冰叫水,水不仅有"三态",在液体、气体、固态变化之前,水是什么态?叫"息"!生生不息之"息",和"生息"相应了,生命就返本了。

西方文明以"进化论"为基础,故万物为人所用,人可以尽情地享用资源,不用承担什么责任。

西方文明又以"消费论"为发展核心,经济要发展,就必须要创造消费,如果大家都节俭节约,消费就停滞了,工业化生产的大量商品需要消费者,消费能带动经济活力,所以西方人,尤其是美国人过节买各种商品,节日一过就丢掉了,不断地制造垃圾,这就是创造消费。人如果习惯了消费,就容易被消费绑架,因为不愿走下坡路,不愿被人嘲笑,所以就要不停地赚钱,不赚钱便开始心慌,能高不能低,压力于是越来越大,很少人去思考发展消费是人类不安心的源头。

当然我们不是说不要消费,而是要适当消费,不要过度消费。大家看现在野生的动物几乎绝种了,为什么?被人吃光了,野生的树也快被砍光了,我们需要那么多家具吗?需要买那么多衣服吗?需要盖那么多房子吗?

西方文明之所以畅行无阻,就是激发出了人性的欲望,不停地做加法,想办法让人赚钱创业,之后再通过金融及金融衍生产品清洗财富。财富缩水后人又得接着赚钱啊!边赚钱边消费,周而复始,无有停歇。

西方文明的理论基础还有"还原论",一切可还原,可是现在还原不下去了,还原论给教育带来的变化,是18世纪普鲁士人推行的分科教育法,教育从统一的整体被拆分成了数学、音乐、语言等分科。此前,东方是私塾教育,西方是家庭式教育,没有分科。分科教育法形成学生碎片式的思维方式,思维在退化,大家有没有觉得记忆力越来越不好了呢?因为大脑被碎片化了,大脑一刻也不停,手机里时刻有新信息,一停下来就感觉无聊,怕空白,怕被边缘化,怕丢了机会,怕漏了什么"重要"情报,怕思考……

对资本来说什么叫商业价值？就是能占据人的空白时间段,占据得越多越有价值,例如等电梯时的广告、出租车里的广告、资本就能计算出价值,能覆盖的不是屏幕而是一个个被洗刷了的大脑,如果人成天笨傻傻地被这些广告覆盖,是用自己的灵性来为资本牟利。

有什么方法能把这些强迫人看的东西清除呢？笔者看不到可能性,商业社会中想不受广告的影响几乎不可能。我们能做的,是用修行来帮助自己提高定力,自己能带动自己,能不随境转就无所谓外界的诱惑了,否则各种广告策划专家,他们的本事就是用多少秒钟能搞定客户,在客户脑子里刷墙,越背离本来面目的人就是个人形呆鹅。

禅舍修行是帮助您能多一种思维方式,东方文明和西方文明不是相互对抗的对立面,东方文明本具四两拨千斤的太极之道,在霸道的商业文明中,有不被商业奴役的办法,只有没有智慧的人才会变成对立、变成有输赢的战争。

西方文明有它的优势、有它的角度,只是不能一枝独秀,东方本有东方的智慧,东方智慧在哪里崛起？在每一个人的心中崛起,当然不仅仅东方人,西方人同样可以弘扬东方智慧。我们在禅舍要修的,是发出愿心,提高自己的认知、见地、功夫、智慧,之后自利利他。继承和发扬东方文明,缺乏了这种愿心,只能是被潮流淹没。

现代社会就要用现代法！禅如果不能落实到生活,影响力就有限,有多少人知道惠能大师,却有多少人知道在禅修中成就的乔布斯呢？难道乔布斯的禅功夫智慧胜过惠能祖师了吗？当然不是！因现代社会重商业故！故此如果今天大家还纠结于修禅一定去寺庙修、禅法就是禅宗、佛法就是佛教，这种观点就过于陈旧了。

菩萨不会固定住在什么地方，不会以您能理解的形象出现，有些人总是把菩萨理解成除暴安良的侠客，出了恶霸似乎该菩萨去抱打不平，或者救苦救难、除暴安良、保佑风调雨顺，或者青天大老爷之类的去主持公道。

不要说菩萨了，孔子也不干这样的事，曾子说孔子："夫子之道，忠恕而已。"什么是"忠"呢？"忠"是积极的一面，叫"己欲立而立人，己欲达而达人"。"恕"是"己所不欲，勿施于人"。

"忠"是对别人有益的、积极的；可"恕"是不对别人做伤害的事情。"忠"是做，"恕"是不做。

"忠"和"恕"，孔子没有选"忠"，选的是"恕"。为什么？就是因为许多人打着"忠"的旗号，把"忠"包装成真理，言之凿凿地觉得自己代表了正义。"忠"是一把双刃剑，一不小心就能被别有用心的人偷换概念。大智慧如孔子，觉察到了里面的危险性，宁可选"恕"。不做不会伤害人，可是做了，就有可能会伤害人。

《论语》里，子贡曾问老师，如果有可以"终身行之者乎"的一句话，是什么？子曰："其恕乎！己所不欲，勿施于人。"又说，"吾道一以贯之"，这个"一"是"恕"。

实际上，禅者的"忠"不是忠于自己，也不是忠于某个人，是忠于利益众生的愿力。

什么叫利益？帮助陷于幻想里的凡夫觉悟。

智慧里是包含功夫的，慧光是从定光中出来的，功夫智慧怎么来？禅者需从禅舍修来。

禅舍是"熏习"处，一个香水瓶，香水倒掉了，香气还在，同样，在禅舍里，旧有的习气会借由老师的鞭策、同修之激励、环境的熏陶，潜移默化地发生改变；"习"就是小鸟翅膀长出来后，需要练习飞翔技能。修者寓居在禅舍用功：学习，体悟，读书，修炼，觉悟。我们不是通过修行得到什么，而是通过修行活出自己本来的样子。

宋朝以来，士大夫们都喜欢有一个自己的禅舍，增加自己的审美情趣和生命情调，日常生活中和自己性情、人格相匹配，使这里成为他们个人消遣、娱乐、修炼等生活的重要部分，故此这个地方不会是宗教场所，也不可能是宗教场所。

唐、宋，可以说是中国文化的鼎盛时期，亦是"中国禅"发展的鼎盛时期，杜甫、颜真卿、韦应物等，这些人都喜居"精舍"，"精舍"就是"禅舍"。

宋朝开始，王安石、苏轼、张方平、黄庭坚、周敦颐、张商英，这些人哪一个不是在禅舍里每日修行？王安石一生结识了许多禅师，早年以瑞新和大觉怀琏为代表，在京时又有智缘等，晚年则有蒋山赞元、宝觉、净因、真净克文等。

有一次，王安石问张方平："孔子去世百年而生孟子，后绝无人，或有之而非醇儒。"

方平曰："岂为无人，亦有过孟子者。"

安石曰:"何人?"

方平曰:"马祖、汾阳、雪峰、岩头、丹霞、云门。"安石意未解。方平曰:"儒门淡薄,收拾不住,皆归释氏。"

安石欣然叹服,后以语张商英,抚几赏之曰:"至哉,此论也!"

为什么唐宋时期天下英才尽归禅门呢?皆因禅集包容性、生活性、丰富性、玄妙性、艺术性为一体,禅者在禅舍,文人雅士们做的修养都可以做,可以在禅舍笑傲山林,游历河川,当然不是两只脚去走,而是心去精骛八极,游方万仞,还可以结友唱和,品箫泼墨,听风观雨,参究经典,抚琴对弈。闭门即是深山,心安随处净土,这是禅舍对个人修养的作用。

禅修者在禅舍要修炼到什么程度呢?要修炼到生活的方方面面,都是生机勃勃的、引人入胜的,是"立处皆真"的。

有了自己熏习人格情操的禅舍,我们才能够时刻调整自己的心情,让自己意气风发起来、心境旷达平和起来、气质超然脱俗起来,否则就是越来越畏畏缩缩、束手束脚。

唯有智慧带来的洞见,可以穿透迷雾,激扬文字,为生命注入新鲜血液,修正长期积累的认知系统,改变固有思维模式,影响当下的生活方式,带来文化、文明的新生和转机,还生命一片新天地。

这样的"死"而复生,需要一双无形之手、一把无形利剑,更需要宏大的毅力和誓愿,此非俯仰古今之流、察万类之变、参造化之机、悲众生之类者所不具。

禅者颂
得意

怒目扬臂文殊剑,
杀贼活人皆方便。
向死求生金刚体,
摩尼宝珠瞬间现。
嗨哆啦,哆啦嗨,
朝霞至,暮色回,
百鸟飞,禅者归。
得意春风漫山坡,
如是如是舞婆娑。

第一章 生命禅舍

禅者颂
颂长白

池上碧岩灵云飞,
禅子箫送晚霞归。
须弥顶上无生花,
高炉凝雪烹密茶。
同门同心非同色,
月下篝火不似他。
云上千峰江湖路,
水月禅舍藏万家。

不動道
雪山彭祐

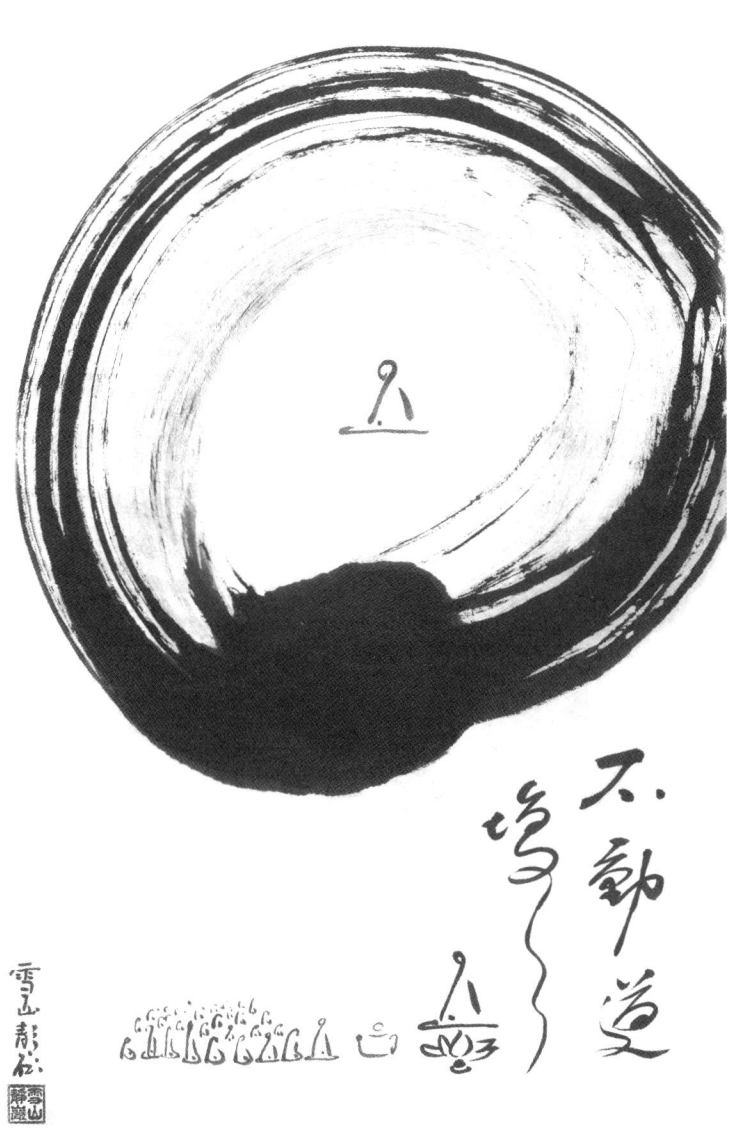

概要

现代人的生活中能够通过"禅舍"解决什么问题呢？

首先，体会无常。

什么是无常？即事与愿违，您不想生病偏生病，想和爱人在一起幸福地生活却总有变故，想让孩子听话他偏不听话，想赚钱时老亏钱，等等。世间人、事哪一件不是无常的？禅舍修行，首先就是体会无常，从身体的酸麻肿痛、心理的进退纠结开始，加深对无常的一步步认识。

其次，摆脱无助。

什么是无助？即力不从心，亲人生病时无能为力；被人误解时百口莫辩；环境变化时自己承担共业……感觉健康、记忆、灵感等生命的活力日渐衰退，这就是无助，有人希望花钱能解决问题，其实除了基本生活所需，钱解决的只是虚荣问题。唯有通过自戒增长定、慧，才能帮助您走出各种无助。

其三，解决无聊。

人之无聊皆因精神匮乏，有些人总是在不同场合刷存在感，"证明"自己的影响力，这些人归根到底是源于不自信。精神之源干枯了，须用虚名来填满，岂不知越填越空虚。活着和存在本不需要证明，禅舍能帮助害怕无聊、恐惧清闲的人真正安静下来，学会享受孤独带来的精神享受。

其四，避免无知。

我们从小到大获得的各种知识理论，如果内心中没有能建立出认知这些知识的一个圆融体系，这些知识就是碎片，要使之能起到对生命发生作用，必"通"。

例如禅者之"通",是"宗"通——对禅的宗旨了然于心,念念不忘,自性起用;也是"心"通——自他无碍,密密无碍,心心无碍;还是"教"通——经教之理,无一不通;亦是"说"通——辩才无碍,能为众生依。

其五,有情利众。

现在不少人心理麻木,路见不平,耳闻悲声,心中不起任何反应,唯见利益时眼冒金光。笔者在《中国禅》一书中专门谈论过"魔","魔"专喜给人利益,不给好处迷人能上钩吗?鱼饵之饵就是鱼最爱吃之物,不爱吃不叫饵。迷人当然也是被自己喜欢之物钓上钩的,无一例外。

迷惑的人被什么所惑?便是饵,爱财的被财俘虏,爱色的被色所牵,爱名的被名囚禁……您迷时,名利色权就是您的饵;您觉时,就没有什么叫饵。凡咬饵者哪有什么真正的幸福可言?幸福是一种知觉能力,不是利益的增减、虚名的满足,"知足"的"知",是"知觉"的知。有觉知、觉察的心,能被真情触动、感动的生命才是有温度的活的生命。

禅舍修炼,便是恢复一颗柔软、包容、博大的心。

菩萨因为受不了众生被愚痴困扰,所以倒驾慈航返回人间给众生指明脱苦之路;圣人们因为受不了人世间的不公平,所以才以一己之任,明知不可为而为,孜孜不倦以教育学生,能有"虽千万人吾往矣"的气概,皆出于"受不了"的有情心。

而什么都受得了的麻木人,活在自我陶醉里。越被文明之光照耀的地方,越多人受不了;野蛮之地则反之,看什么都受得了。

古人吃鱼,是用钓,钓多少吃多少;后来改网鱼,可古网不是现在的网,是"网开一面"的网,要给鱼留一条生路啊!这就是古人的慈悲心!受不了才能网开一面、生生不息呢!而从什么时候开始,人心变得冰冷?做什么事喜欢斩尽杀绝,斩草除根?

人性本是善良的,是愿意留下活路给他人走的,前人栽树后人乘凉,这才是中华文明所提倡的善,但如果仅有善良缺乏智慧,就容易被人利用,容易当"老好人"。禅者的善是配合功夫智慧而起用的,这样才能在人世间游戏,而不被顽愚所游戏。

禅者需炼就一颗柔软的心,柔软是这世上最伟大的力量,水是柔软的,故"几于道","慈"是世间人的心;"悲"是世间万物的命,生命之心和命是不可分离的呀!

每个人都会有缺点,每个人都会有不足,如果有缺点和不足,还没有智慧,就是凡夫。有缺点不可怕,可以在禅舍通过修行转化,不要去嘲笑、指责和攻击他人的缺点。身上有伤口,是应该呵护还是刺激呢?为什么自己的伤口要呵护,别人的伤口却去刺激呢?将心比心是有情。

禅者在禅舍修行,是要回归本来面目。婴儿是拥有本来面目的,可惜由于不懂人事,依赖父母的养育,待至逐渐懂了人事后,忘却了本来面目。

《黄帝内经》之《上古天真论》篇讲道:"天真"是生命的来源,也就是"道",用"一"划分天地,"一"上是形而上的道、下是形而下的地,通天彻地的人,就是一个"大人"。

老子云:"载营魄抱一,能无离乎?专气致柔,能婴儿乎?涤除玄览,能无疵乎?"

这里讲了回归本来面目的三个要点：第一，"载营魄抱一，能无离乎"是修身成就的功夫；第二，"专气致柔，能婴儿乎"是修身成就的要点；第三，"涤除玄览，能无疵乎"是修身成就的智慧。

讲功夫必先搞清楚什么是"营魄"。

"营"和"卫"本是中医的概念，《黄帝内经》之《灵枢》和《素问》中都讲到这是人身的两个关键点。古人发现了人体中有经络、气血、脏腑、奇脉。"脏"是"藏"意，据《黄帝内经》"五藏者，藏精气而不泻也"，特点是藏，藏精气故必须保持盈满，主实。"六腑者，传化物而不藏"，是中空有腔的器官，特点是通，具有受盛和传化功能，主虚。人体除了这些外，还有按照经络运行方向流动的组织液，组织液与组织液的交汇处正好是穴位。

也就是说经络是通过组织液在体内运送营养物质，来濡养我们的肌肤、四肢、器官等，这里包括了我们的防御系统。古医者为什么能"见"体内的液体在流动？源于"内景"和"内观"，医者自己是修行人，能见体内气、血、水液的流通。水液是输送养分的载体，很多穴位都跟水有关，比如涌泉、太溪、太渊，等等。而经络里面走的营、卫之气和防御系统相关，保护体表的是卫气，内在的是营气。

"营"是指人体生命中的血液和养分等作用，"卫"是指人体生命中的本能活动，属于元气的功能。"营"中有"卫"，"卫"中有"营"，这两者必须调和均衡，一有偏差，就成病象。

什么是"魄"？古人说"魂魄"，这两个字，都是从"田"从"鬼"的象形会意字。"魂"字左旁是"云"字，一个人的精神清明，如云气蒸蒸上升便是

"魂",在白天的活动,叫"精神",精神的变相活动叫"灵魂"。"魄"字偏旁是"白",指在肉体的活力,故云"气魄""魄力"等。中国传统中,"天、地、人"三才是这样划分出来的,你中有我,我中有你,汉字的来源是象形,图画中包含了很多密意和内涵,这点和西方文字截然不同。

中国传统早就有"魂魄"说,修行者能通过修炼将"魄"和"魂"凝聚为一,死后"魄"归沉于地,"魂"归于天,同时也指阴阳二气。

老子为什么没有说"营卫"只说"营魄"呢?"营卫"属于中医的范畴,"营魄"则是修炼的范畴。"营魄抱一"前还有一个"载"字,人身如车,"营"为方向盘,"魄"为发动机,如果各自为政,车子开不起来,如何"抱一"?

常人心中常有恐惧和烦恼,魂灵消散,营魄分离,身心分裂,这能平安吗? 故,修身为本,"载营魄抱一,能无离乎"这是第一步。

其次要"专气致柔,能婴儿乎","专气致柔"不仅仅是指身体柔软,体操运动员、杂技演员身体够柔软了吧,但那不能叫"专气致柔",除非自我控制力极强的人,能自我控制好情绪、杂念、欲望、疑惑等心病。

我们从张三丰祖师的太极功夫里可以体会到,"专气致柔"指的是修气而达到专一,如果心气不能专一,柔软的身体无法化戾气、暴躁。柔弱胜刚强指的是心气专一。

由此可知,心气专一是指修法,入手处便在气息,佛法中本有许多帮助调息的修炼法,禅门亦是,后来传到了日本成为合气道,利用调息而修炼精神必要"心息相依",这是修身成就的要点。

第三阶段是"涤除玄览,能无疵乎",这是"曲成万物而不遗"的"无疵",

能顿返本来面目,合于天地自然之道。修者此时心如明镜,能照见万象,物来则应,过去不留,洞察先机,心中不存滞累。

许多人都以为老子是个思想家、大学问家、哲学家或某某教派创始人,大家似乎都忽略了一点,老子实际上是个大修行者。

整本《道德经》句句不离"道""德",回答了许多如何见道、证道、修道的问题。令尹见老子,为的是求道,他本身已精通历法,善观天象,一日令尹观到函谷关前方有紫气东来,便沐浴斋戒以待圣人,果然,没几天,老子到了。刘向《列仙传》载:"老子西游,关令尹喜望见有紫气浮关,而老子果乘青牛而过也。"

时有人疑惑:为什么我们并没看到关于老子修行境界或者神通?这是不解大修行人故,大修行人一旦故意炫耀神通、卖弄异能,就差不多等于外道了。天魔听闻,会来找,和您比试一下。

禅门祖师大凡显神通的,多数当下示寂。

所谓"真人不露相"。

孔子向老子问礼毕,回国,弟子们问:老子若何?

孔子谓弟子云:"鸟,吾知其能飞;鱼,吾知其能游;兽,吾知其能走。走者可以为罔,游者可以为纶,飞者可以为矰。至于龙,吾不能知其乘风云而上天。吾今日见老子,其犹龙邪!"

所以,"露相非真人"。越是修证深厚的人,越是和普通人无二。"大智若愚"是也。愚,才是大智。

如道家修炼之"总持门",即老子名为"玄牝之门"是,也就是后世所谓

"玄关一窍"。紫阳真人云:"此窍非凡窍,乾坤共合成,名为神气穴,内有坎离精。"简而言之,不过一阴一阳、一神一气而已。能使阴阳相合、神气相抟,则玄关之体已立。

再如王重阳唯一的女弟子孙不二,本和丈夫马钰为山东首富,生有三子,然为修道散尽家财随王重阳修行,即"全真七子"中的两位,孙不二即从《道德经》"致虚极,守静笃。万物并作,吾以观复"一句起悟而终有成。

《道德经》虽区区五千字,真修者却解读不尽。

现代人难以理解为什么古人可以如此通达?不是说隔行如隔山吗?现代人成个专家都不容易,为什么古智者都一通百通?因为中国传统教育首先培养的是学者的全局观,思想、哲学、经济、政治、文学、数学、音乐、修身、修道、武功在求学过程中是无碍的。如缺乏实证,就谈不上知行合一,仅有理论是无法持续鲜活的,也不能触及人心的,很容易变成教条、死理,变成思想的束缚。什么是持续鲜活?就是能和本来面目相应的,自生自长、自相生克、生生不息之生命原动力。

"息"是不停息之意,不停息便是一圆相,《黄帝内经》之《素问》有云:"阳注于阴,阴满之外,阴阳相贯通,如环无端。"

"生命力"是个圆相。如仅仅在肉体上生存,一定会熄灭,一定是有限的。宗教说"有我","我"上天堂、"我"下地狱、"我"去极乐世界;唯独佛法说"无我"。什么是"无我"?就是循环,"我"是循环之环中的一个现象,"我"是"您","您"是"我","我"和"众生"无别,都属于环之现象端口,生命无尽。

儒家讲"仁者寿",不是指仁者一定肉身长寿,而是仁者的精神不亡,由此可见,中国传统概念的"生命力"不是物理性传递,而属于精神范畴的能量,这种能量有多种假名,如"玄德""功德""愿力"等,特点是能在不同生命体中共生共存,相互传递,别通无尽,薪火相传。

您具备了什么能量状态,就和什么能量状态的众生相应,和您相应的众生会被您吸引过来,例如您时刻处于白日梦状态,那么身边聚集的大多是梦中人,觉悟者和梦中人不在一个频道,觉者能懂梦中人,梦中人不懂觉者,沟通不了"消息"。故此,遇到事情难以解决时,您是不是会去征求朋友们的意见?可是这些朋友讲的都是梦话,您能指望梦话真正解决困境吗?当然您在成长中会不断地更新"朋友圈",原来的那些梦得深的跟不上了,被淘汰,这种淘汰就像小时候的花裙子一样,不是裙子不好看,而是您自己成长了,就穿不上了。没有好坏对错,只有彼此成长的速度是否匹配。然而只要自己还在梦中,换了朋友也是一些梦浅的朋友,但凡未悟者说的依然是梦话!

由此可见,遇到困难去倾听别人意见无疑痴人说梦,不如自己思考解决办法;真要请教,必寻醒觉者方是。

再换个说法,一个生命体为什么有能量?第一决定要素是"量",心量广大;第二决定要素是"能",能是力量,其中包括了深心力、增上深心力、方便力、智力、愿力、行力、乘力、念力、心力、感应力、吸引力等,这些能力起作用的决定因素在于"量",心胸无量广大的人,力才能无量发挥。

"量"足够大的人,有"能"带身边迷人一起精进向上,帮助他们不掉队,及时鼓励、鞭策身边人,令其发惭愧心、羞耻心,从而发愤自强。"量"不够时"能"就有限,就带不动他人,无法促进他人跟着向上一路。故此,"能"不够时,果断疏远被娱乐化、无聊化、鸡汤化的朋友圈是必须的过程,等自己定力加强,"量"加大时,"能"便稳定,此时,接触什么人都不会受到影响了。否则必会被这些人带着患得患失、停滞不前乃至疑心顿起、自伤修行。

佛法中"戒、定、慧"三学以"戒"为首,初修者、修行还不稳定者最重要是"戒","以戒为师",加上师父引领,同修鼓励,自己精进不怠,以此约束常常心猿意马的身心才是,否则社会上各种诱惑力太大,习气的力量太大,这就像掉下水容易,鲤鱼跳龙门一跃而起多难!

保持向上一路的上升状态需要多大"能"? 如果随随便便、马马虎虎地,别人的能量想得,该有的付出不舍,能行吗? 禅者之戒是心戒,本无明确戒条约束,心有万千,开遮随心,但禅修者不行,自觉性差,必须有明确戒条,才能检查自己。

每天被戒条管着当然不舒服,别人可以敞开吃,您得半饥半饱;别人哪里都可以去,您则因为气场转化去嘈杂处头晕,去阴气重处乏力;再比如读书,别人可以选自己喜欢的书打发时间,可您只能反复先读一本书,不懂也不许换书,这些感觉都很不舒服,但过了一段时间,您会突然发现自己成长了,比如再看其他文章时就能马上识别哪些是鸡汤,此时,就理解反复痛苦阅读的作用了。

禅舍也一样,修的时候不舒服,并且越往后,修法越不按自己喜欢的方法修,不喜欢站桩师父偏要安排站,不喜欢抄写师父偏要您抄,没有气力时偏要您大声读书……怎么师父像成天就和自己作对一般?心力弱者就想找借口逃跑,可坚持的学生呢?很快能明显发现自己的进步。尤其是再见逃跑的同修时,更加明显发现别人的落后。人的进步自己是不知道的,反过来,人的退步自己也不知道。

　　修行的核心是唤醒生命,您是什么样的生命状态,便能相应什么样的生命能量场,便能在什么样的能量场里发挥,便和什么样的能量生命感通。不同的场,量不同,看上去似乎在一个空间内,却时间不同、速度不同、发挥不同、所见不同,就像您和家里的狗狗生活在一起,可是感受一样吗?一天时间一样长吗?一天收获一样多吗?反过来想,如果您沉迷于吃喝,心灵没有收获和成长,那么和狗狗又有什么不同?不过是吃喝拉撒睡、种类不同而已,便如狗狗无论是吃狗粮还是牛肉,内容不同,性质相同。

　　禅法本是"无我"法,可如您在禅修中,只考虑"我、我、我",再精进禅修会有效吗?"禅舍"是生命新家园,这个新生命是原来的"我"吗?身体是原来的"我"吗?什么叫"不一不异"?生命之新不是换个身体,而是从迷失中转化,非新非旧假名"新"。能回归本来面目者,是"苟日新,日日新,又日新"的新生命。能"新"之要,是会"舍",舍去旧观念,舍去旧习惯,舍去妄想和执著,便契禅了。

　　有人说禅者是"真善美"具足的人,什么是禅者的"真""善""美"呢?如果认为"真"是正、"善"是良、"美"是好,那就和禅者的理解有区别。

正是有角度的,有角度只是部分正,您的正未必是他的正。有角度的正里隐藏着另一种正,条件成熟时,隐藏的就会冒出来替代原来的。

禅者的"真",是包容和用心。宇宙万物没有一样叫"真"的事物,您越接近"真"的时候,发现越不真。物质在"波""粒"二元态不断变化,到底是"波"还是"粒"？取决于意识、时间、速度、能量。

什么叫"善"？如果"善"是与"恶"相对,那么同样也是有偏差的,还是一样属于角度问题,角度不同,善恶不同。当您的境界、视野、胸怀不足时,就看不见自己行"善"的后果,所以,常常好心办坏事,常常事与愿违。

禅者的"善"是从般若里发出的起心动念,"善"是般若智慧之善用,不是善相,禅者不会故意做出在行善的样子,做点啥就拍照发朋友圈等人点赞,护法神几乎都长得恶狠狠的,您说是善还是恶？

什么是"美"？禅者的美是心清净。

清净,其实和当时的环境、情绪、人事、际遇,甚至和身体状态都没有关系,但凡和这些有关系,就属于有条件的清净,这就不是真清净,例如必须到山里无人处才能清静,山里多得是蚊虫蛇鼠,真能静吗？

禅舍禅修主要包括两个方面内容:一是生命学；二是生命修。我们会在下文加以解释。

"学"与"修"之间什么关系？以修证学,以学应修,修学不二。

现代人实在是太缺乏"修"了,老以为儒、释、道、禅都是道理和理论,如果只有道理和理论,这些都只能变成说教。禅如果是在语言文字间打转,缺乏了实修,就不是空,而是空谈了！

觀
松

宋元之后，禅门就是这样衰变的，要么文字禅盛行，要么枯木禅当道，偏在两端，不行中道。修学不二之可贵在于能时刻反求诸己，能知行合一，于生活一切起心动念时印证所学，于参究一切经典文字时体悟所修，修学不分离，互生互补以纠正学人的偏执。

对于现代人，我们强调禅修为主，即修为主体，学为辅助，为什么？因为懒惰的习气太重，身心不和谐，嘴上说一套，行动另一套，要纠正现代人的问题，必须矫枉过正，从习惯密集修行开始带动心念意识。

禅修包含了三个要素：修养、修炼、修行。"养"是指和社会大众的关系；"炼"指和自然万物的关系；"行"指和六度万行的关系。

春秋时候，有一个叫叔孙豹的人，他曾经说过著名的"三不朽"论。

晋国范宣子曾对叔孙豹说：我家从虞、夏、商、周以来世代为贵族，长传爵位和禄位，这算不算不朽？

叔孙豹答：这叫"世禄"，不算"不朽"，鲁国有一个叫臧文仲的大夫，去世很久了，但他说的话至今流传，这才能叫"不朽"。我还听说人生在世"最高明者是立德让人效法，其次是立功泽被苍生，再次是立言启迪后人"，这三者，时间再久也不会被人遗忘，此方能称作"不朽"，至于说能保一家族的荣耀，子孙福泽绵长，这只能叫大禄，不能称为"不朽"。真正的不朽乃是"太上有立德，其次有立功，其次有立言，虽久不废，此之谓三不朽"。

从这段话可以看到，中国古代智者不喜讨论人生之前或者死后有没有灵魂、有没有神灵，或者灵魂有没有轮回等问题，也不像西方宗教那样认为有天堂、地狱和人间三个不同世界，智者认为不朽是建立在对大众的意义上,是超越个体生命而追求永生不朽、超越物质欲求而追求精神满足的独特形式。

这一思想被儒家继承了,人应该活在其他人的心里,"立德""立功""立言"是仁者的寿。中国传统中所谓的复活是在人心中复活,和西方的"复活"是两个概念。智者的眼里只有一个世界,就是"人生",而"中国禅"是完全继承和发扬了这"以人为本"思想的。

所谓"生活禅",是奥妙无穷的禅法回归至日常生活之法,所谓"饥来吃饭困来眠",有什么神秘吗?可是能吃饭的时候好好吃,睡眠之时心清净,这却都不容易,原本看上去遥远、庄严、深奥的禅,被生活化了,生活化之意是禅者拥有禅的生活方式,而并非将禅在生活中庸俗化,禅的生活是不俗的,不顺俗、不离俗、不厌俗,在每一个起心动念时能自主自在自觉相应禅的智慧,讲禅法在日常起用无碍,这才是"生活禅"之真谛。

所以"生活禅"不是遥远的极乐世界禅,不是地狱解脱禅,不是神通灵异禅,不是学术理论禅,而是在平常生活中帮助生命觉醒的法。《坛经》云:"佛法在世间,不离世间觉。"

人活,活在哪里呀?不是活在过去的回忆里,也不是活在未来的幻想里,更不是活在现在的享受里,活就活在活生生的、活泼泼的、有温度的、有情感的当下,所以才叫"生——活"。

没有生命力的活,是半死不活,觉醒后的生命才能活得精彩。"当下"是修行的入手点,也是修行的超脱处,忽略了"当下",一切都是妄想。禅法自大众中来的,当然要回到大众中去,回不到大众去的,就变成了孤立无助的死法,同理,人自自然中来,当然也要回归到自然中去。

　　回归大众,回归自然,藏生于生,应心于心,才是"生活禅",这生命才真正是永垂不朽。

禅者颂
不二

求道不二门,
　探疾维摩老。
　将心感众苦,
　何来苦众生。
　　道！道！
千年水月今犹在,
　拈一放一心滔滔。

心

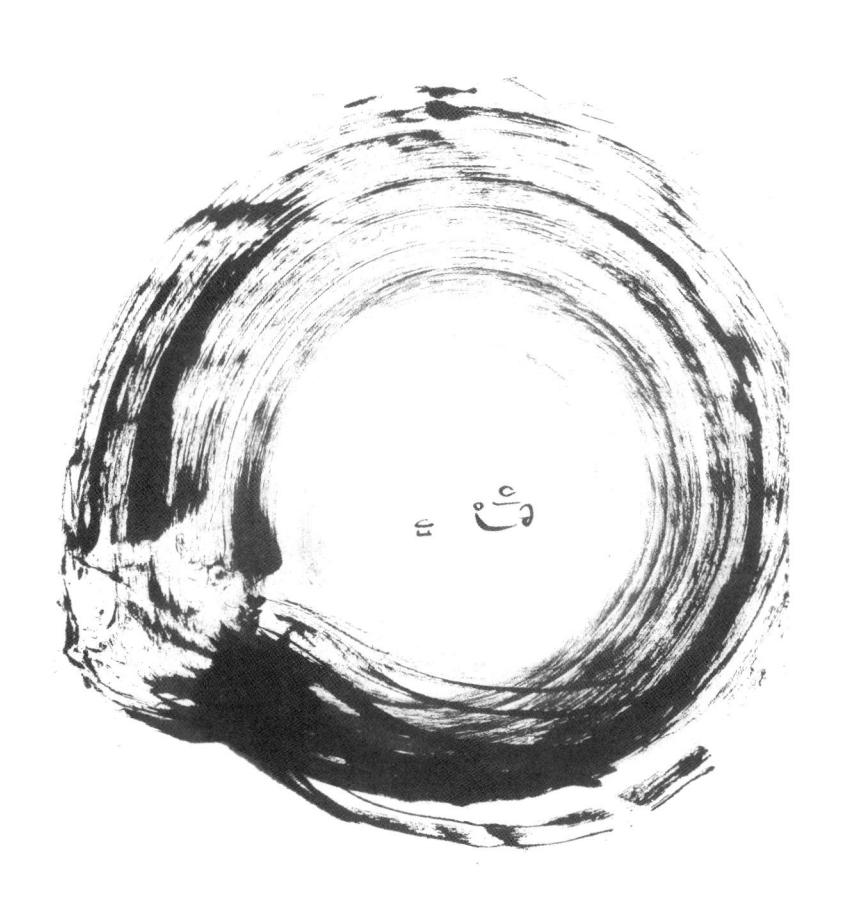

第一节 生命学

从广义来说"生命学"包括了天文学、人类学、历史学、哲学、宗教学等一切和生命相关的学问。

从狭义来说"生命学"被现代科学划为生命科学,是探索人和其他生物的身心结构及存在属性,并通过相应的实践,了解其历史、结构、规律、发展等实现其内在自由的科学。

笔者原计划写"禅与生命"系列丛书,给读者提供从禅门的角度如何进一步观察、理解、思考生命,但由于时间关系至今只完成了三本。有人或许不理解,现代科学和人文学科对于生命的解释已浩如烟海,还有什么要补充呢?其实生命无量、无限、无尽,在新的社会环境下,多一些新的思维角度可以更多地打开学人的视野和心胸。

生命学和生命修之三要素是生命的"身""心""性",大家已经听习惯了"身""心""灵",为什么把"灵"称为"性"?"灵"和"性"有什么不同内涵?这一点很重要,后文会详细谈论。

在"生命学"中,以"身"的角度为主看生命的有天文、人类、生物、化学、物理等;以"身""心"角度为主看生命的有历史、医学、生命科学、社会学等;以"心"的角度为主看生命的有心理学等;以"心""性"角度看生命的有宗教、哲学等。

"身""心""性"是三位一体的,互相作用,和谐共存,同等重要,无有高下。

"生命学"是统一圆融的,如果没有一窥全豹,只知"用"不知"体",这样就容易像外科手术一样切割了生命,现在有些所谓"灵修"大师,是把身、心分割来带动的,身体是为"灵"服务的工具……这些灵修,只会导致更加严重的身心分裂,介于此,笔者有责任把自己对生命的浅见、从另一些角度的思考和读者们分享。

笔者不是科学家、哲学家等什么家,本无任何资格对科学、哲学等学科妄加评论,笔者不过是仅从禅门角度给专家们提供一些思考,发现些容易忽略的方面,如果能使得一些专家拓展视野,不再局限于某一领域,如此,亦善莫大焉。

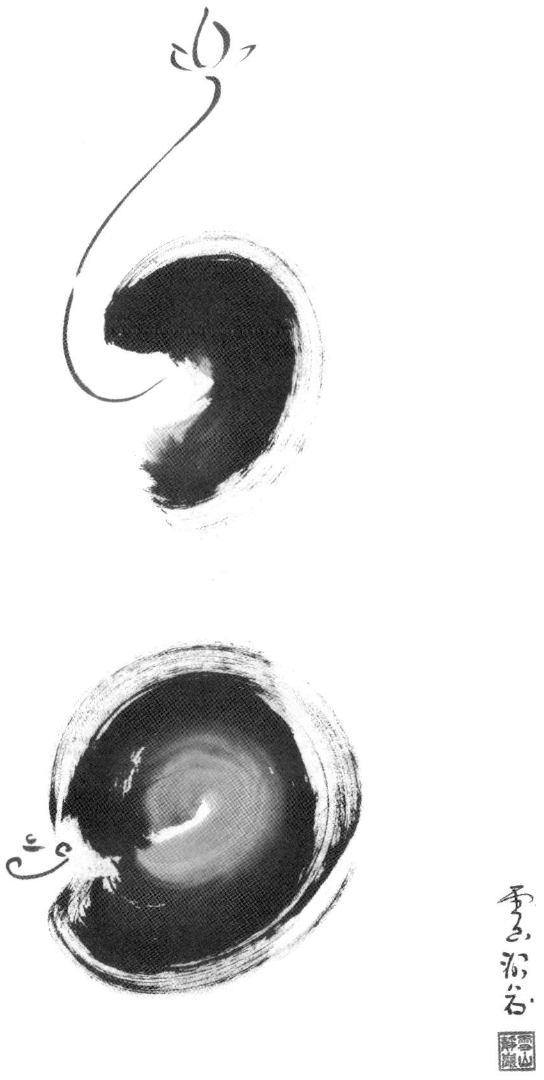

天文学

笔者自小喜爱天文,小时候每到夏夜,就爱躺在院子里的竹床上,看着满天星斗,外婆告诉我的是哪个是牛郎织女星,学校里老师教的是如何认天狼座、猎户座、人马座,父亲教我看希腊神话,我自己又爱对着星星幻想,所以,每到夏夜,就是我自己和星月对话的时间,脑袋里除了幻想就是东西方神话和科学的大杂烩。

长大后才知道什么是天文学,科学定义天文学是研究宇宙空间天体、宇宙的结构和发展的学科,内容包括天体的构造、性质和运行规律等。

但通过观测天体发射到地球的辐射,发现并测量它们的位置,探索它们的运动规律,研究它们的物理性质、化学组成、内部结构、能量来源及其演化规律,这些光年距离、星体质量变化等物质成分研究真的是天文学的全部吗?

这就引起了笔者的思考,好比人和人见面,对方的物理数据占了很重要的比例吗?见到一个人,您会首先分析对方的身高、头发、五官吗?还是在意其精神面貌、着装谈吐、气质品位等属于感知部分的内容?人的心理感知和物质的关联是其次的,多少人会首先研究对方的身高、体重、毛色、血统……

日月星辰难道不是活生生的生命吗?我们总认为石头只有物质成分,无情无思,这种理解是有局限的,石头如果无情,如何养育出温润动人的美玉和宝石?如何积累出能助人健康或致人生病的射线、磁场、气场?我们和石头无法沟通,就轻易定义,这是没有道理的。日月星辰呢?能养育世上万物的能量即从日月星辰、地球土壤中来,非同类如何养育?万物都是有活力的生命体才能互为滋养源。

和生命沟通,是不会首先关注物质成分变化的,精神、气场、能量才是核心要素,您凭什么断定日月星辰没有这些?因为您无法理解还是无法证明?

如果无法理解,是因为认知有限。哥白尼之前,大家能理解什么是"日心说"吗?可是为了"日心说"付出生命的哥白尼知道自己的学说也是错误的吗?太阳也并非宇宙中心,而只是太阳系的中心;地球并非引力的中心;天空中看到的任何运动,和地球运动无关,反而会影响地球运动;地球和其他行星的运行轨道是椭圆而不是圆,并不做圆周运动。人迷惑在"地心说"时,无法理解"日心说",而"日心说"却只证明了地球是围绕太阳进行公转的,它的影响力是终于引起了人类对宇宙的认识的巨大思想变革。

如果无法证明,是因为现在科学认知有限。科学因为不断质疑而进步,进步中一切认知都是过程,日月星辰会不会和人一样有精神力?切勿轻易下定论。

道家将人之生命力称"精""气""神"。"精"是不是物质成分?严格地说具有部分有形物质,但并非身高、体重、五官类型之类物质,道家《摄生三要》说:"元精在体,犹木之有脂,神奇之如鱼得水,气倚之如雾履渊。方为婴儿也,未知牝牡之合而峻作,精之至也。纯纯全全,合于大方;溟溟清清,合于无沦。十六而真精满,五脏忘实,始能生子。然此精既泄之后,则真体已亏,元形已凿,惟藉饮食滋养精血。不知持满,不知保啬,所生体已亏,所耗无穷,未至中年,五脏衰尽,百脉俱枯矣。是以养生务实其精。"

"精"为命宝，人如自损生命之宝，则不得终其天年。如何叫自损？莫过于一贪二怕，贪色、贪杯、贪睡、贪财、贪名、怕苦、怕累、怕事、怕烦……这是道家对"精"的物质层面理解，禅门对"精"的理解又有不同，如《楞严经》云"心精圆明，含裹十方"，是指修者修心养性到心精圆明时可以包容十方法界。

日月星辰的"精""气""神"是什么？每个独立的生命，都能"心精圆明，含裹十方"吗？只是其作用表现方式目前人类无知而已。人之所以无知而不能"含裹十方"，是因物质无限制发展、欲望无限制膨胀而自损了，没有自损的生命其无形能量必远超其物质成分和物理性作用，有形的部分只是极微小部分，生命的内在精神和能量绝非数据可测。

古代人研究天文、星体的方式、角度和现代科学不同，看天上的星星时的想法也和现代人不同。

第一，古人试图去读懂天文。天本无文，以星象流变为文，如以风雨雷电预示吉凶。这种观测究竟是迷信还是真有其事？同样不能妄断！

仅从科学角度讲，星星全是投影，星体遥远的星光穿越若干光年，穿透层层传递被人所见，我们站在地球能目测的和站在银河系外目测同一颗星星之光绝然不同，我们在地球上不过是看到了这些星星若干光年前的影子，可能这颗星现在已经不存在了，由于光线传递过来需要时间，所以我们还能"看见"过去的它。用过去的影子来判断吉凶当然不科学。

但是可否换个角度思考？过去、未来、现在能否全部汇集于"一"？芥子可纳须弥，须弥是纳于"一"，一念能容万年，万年亦是归于"一"。那么反过来思考，一光中应有宇宙的全部能量，从一而万，由微末而知全体，能从星象而知行止，起感应，也不应完全是迷信。如诸葛亮一般的《易》家大师，神出鬼没，出奇制胜的本领，是靠"天"吃饭，能读懂天文，这可不是迷信。

那么古人的预测是不是禅门说的感知呢？也不同。

古人的预测是基于星体的方位（空）、时间（时）来计算和预测的，禅门之感知是超越时空、意识、环境、境象的。

不过古人预测星象又和现在搞星象、风水者完全不同，古智者有预测能力但不会当买卖，只是为了实现理想的工具之一，有人用以治国，有人用以利众，当然也有牟利者，不过以此牟利的古人认为是小人，工具如果没有用处就不会有需求，凡存在的必有其存在的道理，所以古今预测不能一概而论。现代的搞占卜、算卦看相等人做的是生意，生意的事情，就没必要在此讨论了。

笔者认为万事万物一直在变化，岂星象独乎？汉朝的星象肯定与现在不同，时空环境早已发生巨变，诸葛亮再世也得重新学过，有些人却希望守着一成不变的学问，抱着古书能发财，自己变成了顽腐而不知。智者是能制变、应变、随变、导变的人，愚者不知变、不敢变、不愿变、不会变，所以幻想不变。

佛能以一音演说法，天地万物必有一共语，拈花一笑即是共语，宇宙、星空、星体、辐射、光线皆是万物，人亦是万物之一，本性相同，为何没有共语可以沟通？

从物质成分、形象作用等角度讲，万物有区别，从本性角度讲，万物无分别。禅修修的是以无分别心,在区别中应对万象,故此,无论皓月、草虫、鱼鸟、清风、人事、山川哪一处不是"天文"呢?

第二,古人仰望天空是希望借此感受"天道"之玄妙,能应天理,率天性而行,能敬畏天之高明、中庸,故此看到星月时,心里会油然而生一种谦虚和包容的情怀,并且也觉得享受于此中。为什么享受?因为人能和伟大的天、博厚的地平等不二,敬天卑地,人能补其不足。

几乎没有人去计算月亮、星星、太阳离地球多远,反正都很遥远,通过马车都去不了,现代人通过火箭至今不也没出太阳系?有没有人能登天呢?有!一步登天不是神话,当然不是腾云驾雾飞去的,而是心中契道后灵光独耀,顿时遍满法界。庄子说的心与天地万物齐物时,便是一步登天,这种人便是觉者。

中国古智者对待物质问题向来模糊处理,观天是每个人向天空寄托抱负,效法天,生出和天一样的浩然之气,辉映心中空虚广阔的胸怀,不计较眼前的得失。

这是对天的信仰,并非迷信。迷信是什么?是希望天的恩赐,希望得到天上神灵的救赎,而中国古人诞生的是天人合一思想,为什么能"合一"?本是一体,方能合一,否则就会有排异反应,这种思想、胸襟和情怀,和西方文明区别甚大。

第三,古人观天有时会像想念母亲一样,看着灿烂的银河时产生追本溯源之心,思考生命从哪里来,生命的母亲是什么。

生命如流星一般,能照耀什么?能留下什么?生命的意义何在?什么是究竟的幸福感?

第四,古人观天还会产生浪漫的情愫,月圆日正是团圆时,是想念的日子,是抒发情感的时候,当然也是人感应天地的时候,唐人就有"江天一色无纤尘,皎皎空中孤月轮。江畔何人初见月?江月何年初照人?人生代代无穷已,江月年年只相似。不知江月待何人,但见长江送流水"等诗句。

元遗山云:"诗为禅客添花锦,禅是诗家切玉刀",智者以天论人,以诗显禅,观天岂在仅知星体物质上?观天时感觉自己的渺小,在宇宙中虽不如一粒沙,但亦是宇宙中的奇迹,人和宇宙同心,不也能和宇宙同寿吗?

第五,农业时代靠天吃饭,古人常和天对话,沟通往来,以此解读天意,此时人与天地自然是共生共存的。自从进入工业时代,人类开始逐渐自大,天地已无"意"、无"语",剩下的就是数据。

第六,中国传统中将"天文"理解为:天语,天理,天意。如《周易·象传》的《贲卦象传》指出:"刚柔相济,天文也;文明以止,人文也。观乎天文,以察时变;观乎人文,以化天下!"

可见,"人文"是通过天文而建立起来的,能"观乎天文,以察时变"者是圣人,圣人知道天道是刚柔相错、相饰成文的,是阴阳互补相生相克的,故有四时寒暑变化。

"人文"是什么?是诗书礼乐、风土习俗、礼法教化之统谓,人文的本来目的即在于"知止"。故此人文本不是娱乐装裱的加法,而是种减法,用文化的方式减去人心之贪,如何减?法天道之理,循天道之意,空而不盈,将天道通过人文方式以化成天下。

程颐道:"天文,天之理也;人文,人之理也。天文,谓日月星辰之错列,寒暑阴阳之代变,观其运行,以察四时之速改也。人文,人理之伦序,观人文以教化天下,天下成其礼俗,乃圣人用贵之道也。"

由此可见,"人文"在中国传统文化中是与"天文"对举出现的。"天文"是宇宙中天道运行法则,"人文"指的是人类社会的人道运行法则。

……

人体即宇宙,宇宙即一圆相,古智者观天文、星象是思考与社会、人体之对应。如,自身和宇宙有何对应呢?人体内就好似天体星星一样,有序地循环在周天内,穴位之驿站往来输送气血,影响着人的方方面面,这本就是宇宙对应人体的全息图。

古人何以能知这些对应?李时珍在《奇经八脉考》中云:"内景隧道,惟反观者能照察之"。天体的演变和人的经络运行有直接关系,修者能内观生命之奥妙,如一年有365天,《黄帝内经》之《素问》的《气穴论》和《气府论》说人有365穴。

《气穴论》云:"气穴三百六十五以应一岁";"孙络三百六十五穴会";"溪谷三百六十五穴会";《气府论》云"手足诸鱼际脉气所发者,凡三百六十五穴也"。

又如,天有黑白、有日月,人有阴阳、有正邪;天分四季,人分地、水、火、风四大;天有星体,人有腧穴;天有云气回旋,人有气血循环;天有经纬相交,人有经络相错;天有质无形,人形质互通;天有十二月,人有十二经,一年有二十四节气,一天有二十四小时,人有二十四脊椎……

再如，太阳系里有金、木、水、火、土五星，和人体五藏运作有什么关联？五藏和五音、五行、五气、五味、五色等什么关系？人体大小周天和月球绕地球、地球绕太阳、太阳绕银河系运转什么关系？五藏为什么名"藏"？古人为什么认为其中含二十八星宿，为什么认为命门之中有银河系？……

生命体即宇宙体，宇宙性即生命性，古智者能通过反观和内视寻找人体和自然、宇宙、万物具有的相同的规律、性质、内涵。世界文明史上，唯有中国人将天体星象学和人体星象学对应，从人体气血、穴位、经络的运行路径、开闭时间、平衡方式延伸出和宇宙、万物、万有的关系，于此发现与生命体当下相对应的奥妙，由外及内假名"互回"，由内及外假名"回互"。

西方完全不理解来自东方的这些思想，以为太玄，"玄"这个字本就是"互回互"，即一圆相。其实天体的演变中，赤道与星位千年来岂能一成不变？茫茫星海与云海一样，无时无刻不在变化着，这诸多现象非以公式能运算和揣测。

宇宙之演变有没有规律？一定有！只是目前人类还没有发现诸多规律之间的关系。西方人开始不太相信人有穴位，现在用了各种方法总算测出人确实有穴位后，又不理解穴位为何有启闭？经络和气脉为何有开合，有补泻？其实现代东方人自己懂的也不多，商业推拿就是些概念，推拿师学几个月就上岗了，推舒服了放松了就可以，懂这些做什么？古代医者研究穴位的启闭、气脉的运行、气血的正邪不是为了推拿赚钱的，也不仅仅为了治已病，而是这些人体的变化和智能启发、思维方式及体能变化都有关系,想要治未病,古人会从生命和万物、自然、宇宙等各种关联性入手。

现代天文学者不会从这些方面思考天文,然而天体那么遥远,生命那么接近,为什么舍近求远、骑马找马呢？笔者只想提供一丝线索,想读取天体也是可以从人体开始的,生命在现象上不同,在本性上无别。

如果观天全部和物质挂钩,什么表面积、体积、光年、热量等,人就无法完整理解天文和生命。天文学本应该研究宇宙万物和人类的关系,什么是正常人呢？拥有人性的人！越是在意物质多过在意精神修养的人,人性的光辉就越少。人因人性具足才会有幸福感,幸福全在于心,不在物质,因为人性的光辉,才会有优美的音乐、诗句、舞蹈等丰富的文化表现,假如李白是物理专家,用数据能写出"飞流直下三千尺"这样的诗句吗？

美是模糊的,因为清净是混沌的,心灵的满足感亦是模糊的,模糊不是糊涂,而是没有边界,心心相连。也许有人认为有边界才叫专业,在边界内重复才能做好一件事,这和我们说的没有边界是否矛盾呢？这就像说禅是无为法,是无边界的；而禅修是有为法,必须在边界里一门深熏,无数次简单重复,如果朝秦暮楚、心猿意马如何能提高功夫智慧呢？有些人由于对问题理解片面,总是断章取义,故此,行为语言都无法圆融。就像科学,笔者从不反对科学,也从未觉得科学进步影响了生态环境,影响环境的不是科学,而是人心之贪欲。科学是工具,就像利刃,本来是中性的,用的人心如何,结果便如何。所以焦点要放在人心上,心变了,世界才会变,笔者是希望科学家们理解:科学不是全部,人文也不是全部,东西方文明和谐、感性理性和谐、科学人文和谐、人与自然万物和谐、各民族和谐、商业与文化和谐，一切和谐才是人类的究竟幸福。

人类因为有情，才能超越一切束缚和局限，到达其他动物、生物难以企及的境界，如果停留在物质、本能层面，人在绝大多数方面，例如视力、听觉、敏感度等方面远远不如动物。

人之所以为人，是不仅有视力还有心中的视野，不仅有听觉还有心中的闻性，不仅有生物性的敏感度还能内观、内省，往内走是逆行，这点动物不会，故，动物知用而不知反用，动物知变却不知因何而变。

圣人了解什么是"法"，即万物生灭的顺应法规，却用"法"超越"法"，转自然法为顺法和逆法、和谐之不二法，吾辈如能不忘先圣智慧，依当地、当时的变化而应机对机，则世间、出世间的万法无不在此了。

被苹果砸了一下头，牛顿发现了引力，这是自然法，也是顺法。逆法则是超越世间相对法，"反者道之动"是也，什么是道？老子对"道"特性、规律的描述为："有物混成，先天地生。寂兮寥兮，独立而不改，周行而不殆，可以为天下母。吾不知其名，字之曰道，强为之名曰大。大曰逝，逝曰远，远曰反。故道大，天大，地大，王亦大。域中有四大，而王居其一焉。人法地，地法天，天法道，道法自然。"

这就是说"道"也是"物"，但此物非彼物，没有"质"，是先太极、阴阳、天地、万物、有无而生，独立不改的"物"。因此强名为"大"，字曰"道"。根据其表现出来的属性，老子继续描述曰："视之不见，名曰夷；听之不闻，名曰希；搏之不得，名曰微。此三者不可致诘，故混而为一。其上不皦，其下不昧。绳绳兮不可名，复归于无物。是谓无状之状，无物之象，是谓惚恍。迎之不见其首,随之不见其后。执古之道,以御今之有。能知古始,是谓道纪。"

"道之为物,惟恍惟惚"这是道的形态,道之动是反向动。就是再次需要我们思考什么叫"正"。明白了正才知道什么是反,明白了反,才能发动道力。老子认为有清晰规律、法则、公式的是"正",故此,"道"是混沌的、模糊的,谁也无法推演出来的,这便是"反"了。就像大多数学生听禅法时,师者口吐莲花,学人却有的懵懵懂懂,有的心旷神怡,有的忘乎所以,有的无我无人,反正是模糊的、混沌的,这不是出什么问题了,恰恰是越来越清醒了,惟恍惟惚的"道"在反着动了。

反,即反思、反省、反观、反疑、反常识、反规律、反思维、反意识、反常理……佛陀睹启明星悟道,悟到了一切众生皆有佛性的"不二法",众生平等,众相在用上有区别,在本上无分别,这是宇宙间的终极真理,修行是证悟,不是质疑而求证。

科学的第一生命力是质疑,这是其不断进步的推动力,换句话说,不让质疑的科学还是科学吗?再换句话说不断进步的事物能不被质疑吗?"不二法"是不容质疑的,是究竟的,不是有待完善的。为什么?因为佛陀、六祖已经一语道破天机了,这天机不是文字和道理,而是您无论如何求证、实验、质疑也颠扑不破的宇宙万物实相。

实相不是求证出来的,而是领悟和契合出来的,"它"一直就在,无在不在,又不生不灭,不增不减,不垢不净,不常不断,不一不异,不来不去。

牛顿被苹果砸出的引力,将天文学从一门仅仅研究天体怎样运动的学科转换成了研究为什么会这样运动的学科,似乎只要一个万有引力定律,宇宙间天体运动的轨道、轨迹就可以计算出来。曾经,经典物理学的三大定律显得那么无可超越,可是过了不久物理学家就已发现,宇宙间的力无法都用引力来解释,他们开始推翻牛顿,重新思考空间、时间和引力等概念,不过至今也没有解决引力和量子力学如何结合的问题。

宇宙中绝大部分物质是人类看不见的,对人类有限的视线来说,属于"暗"的物质,如果只有引力是无法支撑住星球和星系运作的,科学家们只好推论出有"暗物质"存在。

但到目前为止,没有人搞清楚暗物质和其作用力究竟是什么,还有科学家们用公式计算出引力是如何在微观的程度下形成,结论是突生现象,是从宇宙的熵力所产生。那么,这些推论又能保持多久不被推翻呢?

"不二法"由佛陀亲传,经由鸠摩罗什大师传至中土,由六祖惠能大师继承发扬并创始出"中国禅",至今已两千多年了。这其实不是在说时间长短,而是人类社会如果仅用科学方法去认识宇宙,那么脚步至今还没有跨出太阳系,更不要说祖师们的境界。科学是人类第一发展力,但同样也会是第一破坏力,它带来的进步不容置疑,它带来的破坏同样不容置疑。

人类唯有超越局限人视野的物质,和天、道、法、禅等大智慧相应,才能感受到天人合一、通达无碍的境界,这一点,非从有形的物质方面可以完成和达到,也非通过学习可得。

机器人内存再大能和天地感通吗?感通非通过知识,而是在于有情的心。那么反过来想,未来可以自己升级、更新、不断进化、越来越有灵性的人工智能,或者某些人组装了人工智能芯片后,能和天地感通吗?这就无法预测了。

这些超级人类、半人类、忽人忽机器的生物——注意笔者没有称之为"生命"——会发展成什么样子,人变成了造"人"的神之后会变成什么样子,没有人会知道。生命之所以能称之为"生命",是因为有情,因为心里装着他人,知道生之可贵,知道生之意义,所以能不息。有这种精神的生命,不甘沉沦、不懒惰、不功利,有浩然之气,行为巍巍堂堂、坦坦荡荡,然而如果未来通过技术手段能达到万物感通,交换意识、控制意识、买卖意识、修改意识时,这将是怎样一番前所未有的景象?笔者一想起这些便诚惶诚恐、辗转反侧。

能利益众生的法,孔门称"儒",道家名"道",惠能祖师创始的叫"中国禅",其实就是针对不同人起用不同法,从"本"上看无异,在"用"上看不同,因为世界不同、根器不同、境界不同、背景不同、时代不同。

禅门本以无门为法门,故有道之师能随心打开多个门,学人相应哪门便可从哪门进入,科学、文化、学术、功夫,东西南北通赵州,没有哪个更快更好,悟道只在刹那。

星系、星体是生命,地球亦是生命,是生命就有思想、意识、精神,只是目前人类无法察觉而已,不能说它们没有。西医是从解剖入手了解人体的,可是解剖得了人活着的精神、意识和思想吗?活生生的人的状态和死后能一样吗!如果生命仅以骨头、肌肉、组织结构来研究,是在研究死命。

医生之所以被称为"医生",是和活生生的命对话,不是从死推生,用白鼠做药物实验后便可用于人身,在古中医是不可想象的。人不是白鼠,我们不知白鼠吃了药看上去正常时,其心会发生了什么变化,对身体埋下什么潜伏危险,看上去正常就是安全的吗?

生命未必都是碳基生物,水、火、石、木、气、云、电、意识都是独立的生命,佛经里色界、无色界的生命是不是"人"?……各种类型的生命都有,就像海底世界,确实是另一个世界啊!

笔者希望,天文学家如果能够用禅的思考方式来重新思考天文,一定会增加许多新的感悟。东方文明的思考方式和西方文明不同,《黄帝内经》是不是医书?当然是!它医世、医国、医心,但医书里却没有医方,因为世间的药根本治不好众生的病,仅缓解症状有何用?

《内经》说:"善言天者,必有验于人,善言古者,必有合于今,善言人者,必有厌于己。"

天通过天文示现其道,人根据天道法则率天性而行:"善言古者,必有合于今"。学历史不是背诵单一事件,而是要知道历史是人性善良和贪婪的一次次重演。人因不知足而发展,人因不懂知足而沉沦。

但是"贪"能被灭掉吗?灭不掉怎么办?要"转化"!怎么转化?上知古今之变,明察秋毫,防患于未然,鉴照而知行。

"善言人者,必有厌于己",有资格"言人"者,是在自己身上反复实践后的体悟,如古医圣者自尝百草后方敢应用于他身,现今悲天悯人的医者越来越少,医生变成一个职业,但我们要知道那些悬壶济世的妙手仁心毕竟存在过,并且还存在着,医者之本乃医道而非医术。

古人谈天,是为了契合天道;古人说美,是为了发掘、滋养人性之美。"美"本是主观的意识,是模糊而难以界定标准的,没有边界是一切灵性的共同点,有边界就有限,例如空是天之美,空就没有边界,再例如终极对称性是万物之美……所谓主观是相对客观而言的假名,禅修到一定阶段,分界观就变得越来越模糊,最终无处可寻。

没有边界的美是大美,但因为太常见而不免为人所忽略,比如宇宙不变的变化,禅门称为"圆相","圆相"是宇宙终极对称美,也是和谐、平等的美,更是没有对立面的美,任何人可以将其围绕中心以任何角度旋转变化,但作为整体,圆是不变的。而在其他形状时,就会因为角度变化、境界变化、光线变化产生不同观感,这就是生活圆相。

爱因斯坦是将自然对称性之美升华至新高度的决定性的科学家。相对论就在讲"不变的变化",即是从另一角度解"圆相"。

从一个移动的平台上观察世界,移动的或远距离的事物看起来也许很不同,但在静止帧上,它们都包含有相同的定律,这是相对论的核心,事物的外表虽变化,但定律不变、真美不变、天道不变。

普通人活在一个自我封闭、狭窄的管道里,进不到微细。何为"定"?三祖云"一念万年"是,万物速生速死,无生无死,不能只看到了几个点,就以为是生命。苹果不是瞬间变成烂苹果的,但直到把它扔进垃圾桶前,我们都管它叫"苹果"。人类在地球表面生活,地表之下有许多生命,人类看不到,凭什么便可以认为人类是地球的主宰、可以滥用地球资源呢?

人类必须再次变回谦虚,恭敬万物和天地自然,才会生生不息,才会有未来，真认为自己是"神"之日，亦是灭亡之时。

我们的语言、文字、概念无法微细到每个刹那去命名，也命名不了，这些只是对宇宙万物部分实相片面的有角度描述，绝对不等于实相，实相本不可说。语言呈现的仅仅是识相。识相来自大脑意识，本不可依靠。宇宙的根本是空间，空间产生时间，速度和时间变化引起质变。

但空间不是真空、不是被动的、不是没有内在生命的容器，例如在量子力学中，空间有着自发性活动，这些被称为"虚拟粒子"，比如电场和磁场都有自发活动，"虚拟粒子"转瞬即逝，无法被肉眼和仪器观测到，但它们在方程中，对用肉眼和仪器可观看、计算及检查的粒子的属性造成决定性影响。空间不"空"，它是有其自身生命的活体，虚拟粒子是如何影响可见真实粒子的，现代科学家们正在积极探索中。

物理学已经从经典力学的重点——一个物体如何围绕另一物体运动的问题——进入了量子力学阶段，这个阶段的问题则体现为"无体问题"。我们所见到的粒子其实是真空区域结构顶端的副现象，这也就反证了真实不可见。

那么，天文学家们，是不是该重新思考"天文"是什么了呢？

天花圖

人类学

什么是人类学？顾名思义，人类学是研究人类的学科。

现代人类学划分为四大部分：文化人类学（也称社会人类学）、语言人类学、生物人类学、体质人类学，主要研究人类的生物性和文化性两方面。

人类学算不算科学？可以说现在分出了"科学"与"非科学"两个体系。

笔者认为人类学家不能只研究人类，人类从不能独立于万物独生，万物生长对人类有极其重要的影响，一切科学发明、人类各类群价值、生态环境变化、认识论的转变等都和人类学息息相关。

可以说，人与其他生命的关系、与社会发展的关系、与时代潮流的关系、与文化影响的关系、与气候变化的关系、与习俗生活的关系、与科学技术的关系、与理论研究的关系等，都是人类之所以进化与退化的重要因素。

今天的人类已非过去的人类，过去秦始皇焚书坑儒，但不怕，因为士子们的求道精神在，文明不会亡于外界的强压和暴力，文明只会亡于来自内在的享乐放纵和穷奢极欲。

现今不用焚书，许多人已经懒得看书了，每天看手机里的碎片信息便感觉可以替代书，所以家里书房的书虽琳琅满目，但不过是拿来装点的，看书变成了消遣，无聊时才看书，挑些喜欢的、刺激的、好看的，几乎不用动脑筋的看。有的人为了赚钱只看工具书，岂不知，想要真正专业就得跳出专业，狮子是死于身内虫的，灭六国者非秦也，乃六国也。

今天人类面临的最大问题，不是外界对人类的压迫、奴役，恰恰是人类自己，用喜欢的生活方式在消磨人类，毁灭自己。

"生于忧患，死于安乐"，今天的人类学家，可否增加一项研究：正常的、有思考能力、有人性光芒的人类还能保存多久？

人类学家，首先应该是伟大的细致入微的观察者，能观察人类的思维习惯，能清晰认识世界，能理解人生的意义，能懂人类价值观的转变从何而变。

例如，中国近代开始使用的是从耶稣诞生的时间来计算的公元纪年法。公元纪年法的背后，是人们认为时间是线形流，而中国传统并非如此，中国人曾经使用过的纪年法主要有六十年一周期循环的"天干地支纪年法"，为了避免重复，从汉武帝到宣统帝，配合了"帝王年号纪年法"同时使用。

干支纪年法，是中华民族的发明创造，其用途是纪年、纪月、纪日、纪时。

第一、纪年是每个干支为一年，六十干支后，又从头算起，周而复始，循环不息。

第二，纪月则每个月的地支固定不变，正月是由寅开始，二月是卯，三月是辰……直至十二月丑，然后依次与天干组合，开头的一年的正月是丙寅月、二月是丁卯月、三月是戊辰……如此类推。从甲子到癸亥，共六十甲子，刚好五年一轮回。

第三，纪日，便是按顺序先后排列，两个月六十日，刚好一个干支的周期。

第四，纪时，是地支固定不变，每天十二个时辰，如23:00—1:00为子时；1:00—3:00为丑时……21:00—23:00为亥时。

以天干和地支按顺序相配,即甲、乙、丙、丁、戊、己、庚、辛、壬、癸与子、丑、寅、卯、辰、巳、午、未、申、酉、戌、亥相组合,从"甲子"起,到"癸亥"止,满六十为"一甲子"。

这种看似复杂的纪年方法,表明的是中国人传统宇宙观、时间观,其中蕴含丰富哲理,"时"不是线性的而是周而复始的,"空"不是固定的而是圆周流动的,人生亦然。

现代人不理解中国古计时法之妙,当然也不会知道和时间配合还有"五运六气"之说,"五运六气"有许多内涵,其中和天文有关联的部分中包含了诸如太阳系八大行星的公转周期,例如我们先假设地球公转一圈为一个"基本年"。

水星公转周期为0.24年(88日),一运一气:$1 \times 1 = 1, 0.24 \div 1 = 0.24$

金星为0.62年(225日),一运二气:$1 \times 2 = 2, 0.62 \div 2 = 0.31$

地球为1年(365日),二运三气:$2 \times 3 = 6, 1 \div 6 \approx 0.17$

火星为1.88年(687日),三运四气:$3 \times 4 = 12, 1.88 \div 12 \approx 0.16$

木星为11.86年(4333日),四运五气:$4 \times 5 = 20, 11.86 \div 20 \approx 0.59$

土星为29.46年(10760日),五运六气:$5 \times 6 = 30, 29.46 \div 30 \approx 1$

天王星:84年(30799日),六运七气:$6 \times 7 = 42, 84 \div 42 = 2$

海王星:165年(60192日),七运八气:$7 \times 8 = 56, 165 \div 56 \approx 3$

土星的公转周期约等于五六之积,这是巧合吗?再计算六运七气和七运八气,这些让人震惊的数据吻合度如此好,都是巧合吗?

我们可以看到,如果计算四运五气则数据偏差变大,而至二运三气时数据出现拐点,即地球公转周期与太阳系行星的公转周期有较大相关性,因而不能简化成二运三气计算,而需以地球公转周期作为基本年。在天体的长期演化中,各行星公转周期趋于协同。仅仅是太阳系的星体和运气有关吗?宇宙中的星云、星系、暗能量和运气又有什么关系呢?古人是怎么发现这些关联的呢?

……

现在人讲起时间,会以钟表为基准,少有人会把时间和日光、天体直接联想,古人没有钟表,看日月便知时辰,看星位便知方向。据《史记·孟尝君列传》载,齐国孟尝君曾在秦国被秦昭王所禁,逃离秦国过函谷关时,按秦国法规,函谷关每天鸡鸣才开关,可孟尝君逃至函谷时,正是半夜,鸡如何会叫?于是门客中有人学鸡叫,守关士兵开关,这留下了"鸡鸣狗盗"的成语。古人的时间观念是模糊的,凭鸡叫时间开关,这是现代人绝对无法想象的,可古人却也没有误过什么大事。现代有几人思考钟表是如何发明出来的?其目的和作用是什么?给人类带来的后果是什么?这些思考正是我们人类学家甚少涉足之地,商人们、工匠们只知好用、好卖即可,谁会去思考呢?

钟表是一种人为商品,销售的产品是时、分、秒,在切割出售时间的同时,它把时间从人类日常生活中分离开来,使人们相信时间是可以以精确而可计量的方式独立存在的,让人确信脱开自然一样可以有时间存在,让人确信人可以"使用"时间、"管理"时间,有几个人会明白和追溯时间是怎么被人类制造出来的?有几人知道自己使用和管理的只是个数学公式?

钟表就是个机械,是个非自然产生的商品。

因为有了钟表,人类的生活方式发生了巨大改变,正是这些一步步诱导使人变成遵守时间的人,创造了"文明",这些人开始推崇节约时间和守时的"道德"观。以至于人类被钟表划出来的时间奴役,开始漠视自然、漠视季节、漠视环境、漠视天文,在一个由自己创造时间并掌握时间的游戏里,名词不变,权威已被偷换了概念。

您有没有常常教育孩子"要有时间观念"？究竟什么是时间、什么是时间观念,您能给孩子说清楚吗？

古时,时间是皇权的象征,时间是可利用的工具,颁布时间和节气是皇帝的恩赐。随着人类科学的进步,普通人终于有了自己的"时间",可以自己"管理"时间了,这当然是好事,但有几人能明白时间不是自然产物而只是工具呢？人类学家是否该研究古今各种行为、习惯、文化等变化对人类心理、习性、思维、生活带来的影响？

人类发明"时间"这个产品,是变成"天"和"神"的第一步,而下一步,人类将直接变成"神",开始创造人工智能和机器人,未来人还能用"科学"的方法改变寿命,那时候的时间又将发生质变,长生不死"人"的时间能和人一样吗？

任何事物的变化,都有其因,人类学家应该洞悉一切变化的根源,如果缺乏远见和明晰能力,人类必然会被利益引致灭亡,唯有越来越多人清醒地理解人类每一个大变化的根源才能更清晰未来的方向,才能更善用一切工具。

如果能通过禅修,使得人类学家进一步理解人类意识、习俗、文化、语言、文字的变化史和人类学本身的密切关系,清晰人类和一切众生不可分离,是否会对变化中的人性、天性多一些了解,对文化多一些思考?

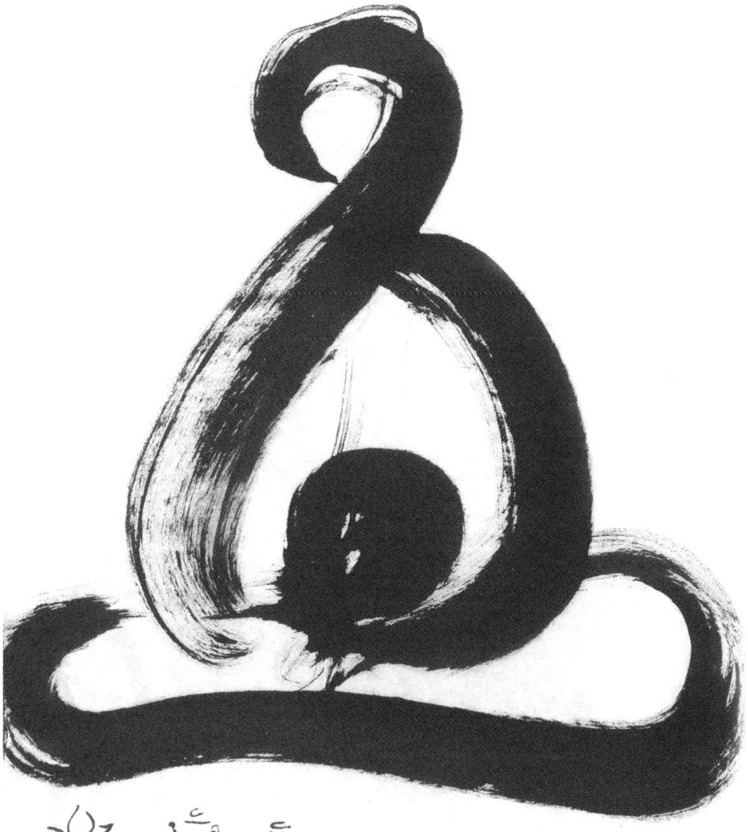

物理学

科学家本应重视科学的终极方向,故而物理学家不仅应是对基本定律探索的人,也是能对生命有终极认识的、能懂"物"为何物的人。

但如果没有切实体悟,仅从实验室里能认识真正的物理和物性吗?爱丁顿说:我四处探寻固体物质,从液体到原子,再从原子到电子,结果在原子里失去了它的踪影。电子在原子里究竟在做什么?他说:谁也不知道。

有意思的是物理学越发展,却有越来越多的物理学家搞不清楚"物"是什么了,就像生命科学家们急于发现生命到底是什么的时候,生命的门却被自己锁上了。

搜索物质的在电子里失去了固体物质,追寻意识的在脑波里找不到意识,这些最后全部变得含混其词,科学家们只好用更复杂的概念来解释前面的定义。

"物"既然不能立,"理"怎么"论"下去呢?

"理"有常和无常二相,"常"和"无常"如果组对理解,明白其相生相克性,学起来更快。学问和事物一样,一定都是对出的,例如物理是研究宇宙规律的学问,规律讲"常",无论现象怎么变,规律不变结果不变;而化学则是研究"无常"的学问,万物万有不断地变化,媒介变了结果必变,媒介即和合因缘的条件。

"理"有动、静二相,圆融此二相的生命运动就是"太极",其中蕴含着深刻的生命物理学原理。"太极"不一定是太极拳,而是以太极功法契合太极大道的学问。真正的太极功,一出手、一抬腿都在划圆,每个关节、每个眼神都在划圆,任何一处无不在契合宇宙之圆相。

修太极功夫的修者，必需要知动静是平衡的，知"常"知"无常"，此时越有物理学基础的人、越能明白快速契合太极平衡之道，即身动得越剧烈时内心越稳定、身越稳定时气血运行便越剧烈的人，才是深谙太极功夫的人。不过这只是在功夫层面，契合太极大道是心契，身的动静平衡是基础。

生命本包含了精神世界的坚韧不拔、忍耐、精进、慈悲、智慧，这些都无法用物理、用数学、用解剖刀、用方程式去细究的。心灵的各种直觉、感受和科学研究也无法同步，有人认为这些说法是故弄玄虚，凡不能被实验证明的就是迷信，老子说："其心以为不然者，天门弗开矣"；庄子说："夏虫不可以语冰。"

"天门"为何不开？因为不能保持谦下的、敬畏的心，佛法中说"所知障"。许多人以为是学得太多所以成"所知障"，其实不然，"所知障"是此人对宇宙万物的实相无所知，所知不足，角度有偏，"无知"成为理解世界实相的障碍，障碍了其内心光明的道路。所以不是因为所知太多，而是因为无知，固执在自己的无知里。对宇宙的实相无知而又不知谦虚者，"天门弗开矣"。

为什么无知会产生"所知障"呢？因为不明白一切众生从无始以来，生生死死、成住坏空都是过程，生命中本有佛性在，佛不用汲汲外求，就在自心中，众生因不明此心，才会误以意识心、分别心、六尘心是真心，这些妄想的本质是《楞严经》佛说的"识因"。

"识因"的特性是依它起的，所以会变异、有生灭，不是本来的禅心、佛性。"识因"有见、闻、觉、知的功能，能分别六尘，故此常人总以为见、闻、觉、知的心就是真心了,以为除了这个之外哪还有什么别的真心存在呢？其实见、闻、觉、知的心才是妄心,处处替您做主的心也是妄心,时时分别的心更是妄心,这就是您脱不开生死轮回的病因。

"离妄即真",真心就像人睡着时、无梦时、见闻觉知的妄心暂时休眠时,可我们还有一颗真心鲜活地存在着,睡醒时,见闻觉知的妄心又活过来了,再次进入"幻妄"模式。

搞懂生命虽不容易,但也不太难,只要走对方向,不误在意识里起修、感觉里起修、身体里起修就能豁然开朗,如果路走错了就像煮沙不能成饭。五祖说:"不识本心,学法无益。"

禅修,在师、法、团队中听、闻正法,熏习正见特别关键,众生心性特别刚强,见惑、思惑百转愁肠,又因为自以为是的心,"其心以为不然"障碍了自己接受不同观点。

当今物理学是量子力学的天下,根据"量子纠缠"发现,太空里所有的点都是联结在一起的。爱因斯坦曾叫它"幽灵般的超距作用",这说明了太空中各自分开的物体只是个大幻相。分开是表面的现象,一切东西都有联结的点,且信息的传递比光速快得多。所以宇宙中每个点都是联结在一起的,您认为远的其实未必远,只是不知道传递方式而已。

"比光速快"有三层含义。

其一,真的速度跑得比光速快,例如粒子之间的感应,目前认为比光速快了四倍,这是宇宙中最快的速度吗？一定不是！没有最快,只有无尽。

其二,也可能是个假象,比方您在电动步道上,如果电动步道移动的速度比走路快，您在上面又开始跑步，那您的速度是不是感觉比不在电动步道上的人快呢？所谓"超越光速"，并不代表真的是速度超越光速，而是有可能有个空中"电动步道"存在，能借力打力，至于这个步道是什么，有待科学家们去发现。

其三，爱因斯坦方程式表示，宇宙飞船可以把它前方的空间压缩，让后面的空间扩张，因此达成超越光速的飞行，而不是真的超过光速。时空是可以扭曲的，它可以移动，即后来被物理学家称为穿越时空桥梁的"虫洞"，这是把时空两点联系在一起的捷径。

宇宙万物的神秘链接、人类以外的高智能生命可以自由往来宇宙的通道究竟是什么？禅修又是什么？拈花一笑不早就告诉我们宇宙万物皆可心心相印了吗？这不就是心的虫洞吗？这个链接方法，可以用"不二禅观"进入，这不是物理，不是科学。

读到这里肯定有许多人越读越不解、越迷惑。为什么会"惑"呢？因为我们的心它不能"遍一切时、遍一切处、遍一切界、遍一切地"而存在，不具足这四种"遍"，所以才不信、才会"惑"。"惑"即满，满即"不空"，"不惑"便是"空性"。

"空性"是具足了上述四种"遍"的，它不是色法、不是物法。

"空性"和"空相"属于一体两面，"空相"是无常的，而"空性"是不生不灭、不垢不净、不增不减的。

"空性"既然能"遍一切时、遍一切处、遍一切界、遍一切地"，就表明它是有真实体性的，否则怎么能够被顿悟和契合呢？那么，这个真实体性又是什么状态的体性呢?

　　怎么样？物理学家们,如果您们对禅法有兴趣,是否能体悟到当自己禅修有成时,对物理又会有怎样一番新的认识呢?

历史学

科学是建立在时空基础上的学问,如天文属于空间法,而人类学、考古、历史等属于时间法。

曾听过一对父子对话,颇有趣:

父:这次期末考试你哪一门功课考得最好?

子:历史。

父:喜欢历史?

子:是的,挺有意思。

父:秦始皇是哪一年统一中国的?

子:公元前221年。

父:花了几年灭六国?

子:九年。

父:采取什么战略?

子:远交近攻。

父:谁提出的远交近攻?为什么采取这个谋略?

子:嗯……

父:秦国国力是怎么变强盛的?

子:商鞅变法。

父:为什么秦惠文王车裂商鞅却保留了他的法?

子:嗯……

父:为什么秦朝统一六国后到灭亡,强大的秦国只有十五年国祚?

子：什么叫"国祚"？

　　父：唉……

　　只会死记硬背的历史学，不会引发思考的历史学，对现代人有什么用呢？

　　历史学家不是故事的描述者。司马迁记史是能通达事件变化背后的深层原因，将自己的思考并入事件一起记录的。有人说，这就不是历史的真相了。历史有真相吗？真相能被记录吗？能记录的只能是事件，事件是现象不是真相。

　　历史学家有两种，一种只如实记录单一事件，另一种则会适当地将自己的认知加进历史。有人说后一种不好，可孔子著《春秋》便清晰可见他的观点，"贬天子，退诸侯，讨大夫"，微言大义，帮助厘清粗心人看不到的微妙关联。

　　古代，历史不是专门学的，学人好古便多看看史书。中国古代典籍主要有经、史、子、集四种，经，指的是经典著作；史，指的是正史；子，是先秦百家著作；集，即诗词汇编。

　　不过经、史、子、集只是学人们的一部分功课，除此之外，礼、乐、射、御、书、数六艺修炼，琴、棋、书、画等艺术熏习，在方方面面培养学生的人格、气质。相比之下，今天的大学生们学的内容中，人格、艺术、功夫的修养变成了业余爱好、兴趣班。

　　仅就读书来说，经和史是最重要的两部分，古人曾说："刚日读经，柔日读史。"有人以为"刚日"是阳日,是单日;"柔日"是阴日,是双日,这种理解不够全面。

读书人为什么要读经典?为了契合圣人的浩然之气,以立正大光明之志。"刚日"指的是心内清明时,此时读经典可以更快地焕发心中刚阳之气,更容易和圣心相应。经典是什么?弥纶天道、人道、世道的是"经",即能坚定、调和自己心性的典籍。

"柔日"是什么意思?就是情绪起伏、精神萎靡时,此时适合读史,以至通达。古今多少事,都付笑谈中,史书与经书不同,各路英雄纵横捭阖,王朝交替兴废,如同潮起潮落一般,人在心情低落时读史书,自然能看淡得失,不再看重于眼下的际遇,不再计较什么公允与否,在古人身上重新找回信心和志向。

为什么有的人会好古呢?因为感觉到现实的不足,而现实从来都是不足的,也都是足的,关键在于人的心如何。

感觉不足时,就会产生对现实的疑问,想从古人那里找到答案。感觉现实越不足的人,疑惑就越强烈,想从古人那里找到答案的心就越强,而在感觉现实不足的同时能感觉现实其实已足的人,是能活在当下的人。

此两点并无冲突,感觉当下已足,是活出自己,无愧于心;感觉现实不足,是知大众苦,慈悲心起,这为什么不能同时存在呢?还有些人因为孤独而爱读史书,希望能从古人那里找到自己为什么孤独的答案,但通常是,带着这样的心越找越孤独。

什么是丰满的人生?即活成一个人格充沛的人,什么是一个不丰满的人生？一定来自人格失败的人。人格充沛的人精神可以翱翔天空，怎么会孤独？古往今来，人类历史上所有的圣贤皆可为其友，孤独什么？孤独是精神上的，没精神的人天天迷在聚会里，你来我往地看上去好不热闹，其实，心里就是个孤魂野鬼，充满了恐惧。读历史，就是要和古人学习如何丰满自己的人格，而非变成故事哄孩子入睡，或者高谈阔论用历史为自己获取利益。

古人怎么学习历史呢？不是老师在上面口若悬河地讲解大事年表，或者理性地分析考证，再或者栩栩如生地讲故事，把情节渲染得饶有趣味，这些都不是学历史的目的。爱听故事的学生都是自己缺乏思考能力，心智尚处在孩童状态。孔子的弟子们找老师是求道，不是来听故事的。

孔子给学生们讲历史不像个好老师，因为他一点也不客观、不冷静、不理性、不保留，他老人家用词既主观又感性，把个人的情感、热情，对圣人的称赞、对小人的鄙弃全都痛快淋漓地表达给学生们，而学生们听得意气风发、荡气回肠。用现代人的角度看这种讲课法是不是太主观了呢？

理性的老师讲不好历史，感性的老师讲不好谋略，孔子是最好的老师，他不会逃避老师的使命和责任，他不是在讲历史，而是借历史之用以策今，他不会站在历史之外照本宣科，也不用借助口才吸引人，他和他的学生们，与被讲述的历史无隔，他不是在讲别人的故事，他是直接进入历史，这才是最好的历史学。

我们再来看看司马迁是如何讲历史的。例如他对待孔子的记录，春秋时期，出身门第非常重要，孔子却是布衣，那时候出身寒门而居高位的只是极少数而已。

司马迁作为史学家,他叙述孔子的角度非常独特,他讲了孔子的三件事:一是鲁国人从土中挖出一个动物,大家说是狗,孔子说是羊,因为羊是土里的精怪,就像龙是水里的精怪一样;二是吴国人得到一种大骨头,一节有一辆车长,没有人认识这是什么,孔子说这是当年被大禹所杀的防风氏;三是陈国人的屋檐上落下一只死鹰,身上插着一支箭,长一尺八寸,没有人认识这支箭,孔子说这是少数民族肃慎的箭。

司马迁干嘛要说这些呢?是想证明孔子知识丰富吗?显然不是,是想证明孔子有特异功能吗?显然也不是。《史记·孔子世家》最后,司马迁这样给孔子一番评论:

> 太史公曰:诗有之:"高山仰止,景行行止。"虽不能至,然心向往之。余读孔氏书,想见其为人。适鲁,观仲尼庙堂车服礼器,诸生以时习礼其家,余祇回留之不能去云。天下君王至于贤人众矣,当时则荣,没则已焉。孔子布衣,传十余世,学者宗之。自天子王侯,中国言六艺者折中于夫子,可谓至圣矣!

他认为孔子是至圣!其中最了不起的地方就是孔子建立了一个思想王国,一个精神上的大家族,这个王国没有地域局限,这个家族不以血缘为纽带。此中最著名的有十位,而这个大家族多达三千多位成员。

司马迁在《仲尼弟子列传》中记载了这些人,孔子说:"跟着我学习而精通六艺的弟子有七十七人。"这七十七贤人都是奇才,记载比较详细的,有三十五人,而最详细的只有一人,就是端木赐,也就是子贡,写子贡一人的篇幅,足足超过了全部篇幅的三分之一!

子贡的年龄小孔子三十一岁,他办事通达,善于雄辩,曾经做过卫相,也做过鲁相,善于经商,可以说是当时的首富。《史记·货殖列传》云:"(子贡)所至,国君无不分庭与之抗礼。"

中国历史上曾经名噪一时的首富没有上万也有几千,为什么只有子贡能青史留名?是他的财富有了用处,财富如果是为了一己、一家之私的,叫没有用处,谁也不会记得这个人,而子贡之财成为孔门坚实的经济后盾,后世儒家当然都会铭记子贡的功德;再次,孔子亡故后,独有他守灵六年,这期间他多次反击世间人对孔子声誉的玷污以及对儒学的攻击,子贡是孔门最大的护法。

由此两种大贡献,子贡当然被司马迁推崇看重,司马迁记史,用自己的角度为各类人物进行了分类:第一类是帝王本纪,第二类是诸侯世家,第三类是文臣武将贤人们的列传。

孔子最高职务曾辅佐过鲁定公任大司寇,摄相事,按说司马迁应该排孔子在《列传》里,然而司马迁却把孔子的弟子们归到了列传中,将他们和管仲、晏婴、孙子、伍子胥、商鞅、苏秦、张仪等人物放在一个级别。而孔子呢?则放在了诸侯级的世家中。诸侯一级的人物,司马迁的编序是按照:吴、齐、鲁、燕、管、蔡、陈、杞、卫、宋、晋、楚、越、郑,先写这十四家世袭诸侯,然后是赵、魏、韩、田齐四家,因为这四家原本只是大夫,用了手段窃取权力而成为新的诸侯,所以是有争议的。这十八家诸侯之后,就是"孔子世家"了。

孔子身为布衣,地位仅是士,但司马迁却将他等同于诸侯。当然除了孔子,还有一位平民也被视为诸侯,就是陈胜。

这就是司马迁老师写的历史,他认为孔子的思想王国不逊于诸侯国,而陈胜是说出了"且壮士不死则已,死即举大名耳,王侯将相宁有种乎"、建功立业也位同诸侯的平民。

从现代人的角度看,司马迁写史书一点也不客观!他是完全凭个人主观意识编写的。

司马老师将老子圣人放在《老子韩非列传》里,庄子也在里面,按说,司马老师记录了孔子问礼于老子,老子是孔子的师长,可为什么太史公却认为入世的孔子是圣人中最伟大的人物?是他认为老子的智慧逊于孔子吗?

笔者以为,太史公眼中绝非认为老子、孔子、庄子等人智慧有高低,秉笔直书"信史"之司马氏,向来不以出身、世禄、功名定高下,否则,就没有屯长陈涉入"世家"、霸业未竟的项羽列"本纪"以及对"李广难封"之浩叹。

司马老师是凭每个人物之思想精神对当下社会的影响、其责任的承当来划分,赞孔子是对其社会价值的高扬。

孔子生于诸侯争霸的春秋,一生穷困淡薄,居无所安、席不暇暖,可谓生不逢时,可他周游、校典、修史、讲学、施教,"疏食饮水,曲肱而枕",慷慨以歌,安贫以乐,知不可为而为,对社会礼崩乐坏的风气义不容辞行教化之责,这正是西出函谷的老子没有做到的。若非令尹苦求,留下了五千言的《道德经》,老子圣人可能就被历史湮没了。

智者之智，不仅在于个人的解脱，如不为世用，不慈航倒驾，此智对普罗大众有何帮助？

如果醒来的梦中人只是自己清醒后，转身避世隐遁去了，这不是司马老师借历史文字想留给后人的价值观。

有几人能发出孔子这样利益众生的大愿："老者安之，朋友信之，少者怀之！"这是司马老师崇敬孔子的原因。

孔子还说："三军可夺帅也，匹夫不可夺志也。""志"是什么？是生命的觉醒。

所以，有几位史学家能比得上司马迁呢？有几位老师能比得上孔子呢？这些看上去不尊重事实的学者，他们教后人学习历史是为了让后人成为伟大的人，如果不能感同身受那个时代，不能走进战场、走进人物，不能和人物同生共死，不能将自己带进这其中，不能从回望历史中落回至当下的生活，历史就只是文字记录而失去了生命！

历史不在书本里，不在论文里，不在电影里，不在风花雪月的故事里，不在严谨的事实里，就在人和人的心里！学者打开了心门，历史是只有当下感受没有事件的！

司马迁和孔子等人讲述历史，是真正介入历史，能成为其笔下、其口中人物的一员。学历史，应该自己就是历史，自己就是传奇，自己就是不灭的中华文明！

记录者、讲述者、研究者、学习者都不是背诵知识的人，而是情感和精神的继承者。精神没有时空之局限，为什么历史有？

孔子第一个开设私塾,是开中国教育之先河的老师。他谈教育时说"诲人不倦",许多人以为就是老师不知疲倦,有耐心地教育学生,可他还说:"不愤不启,不悱不发,举一隅不以三隅反,则不复也。"也就是如果这个学生学习没有主动性,我不教,不能举一反三,我也不教。

呜呼!几人能举一反三?子贡也只是闻一知二啊!古往今来有几个颜回呢?当然孔老先生嘴上说不教,实际上还是教出三千多人的,孔子此言说明什么?说明老师是应该有脾气的,不是交了学费我就得伺候着。师生间不可有双向功利性,老师靠教育赚钱,学生靠知识赚钱。师是育人为本,钱是生活之用。学是丰满人格,赚钱也是丰满人格中的一环,人生唯有搞清楚本末才能从容不迫。

《礼记》云:"经师易得,人师难求。"师有两种:"经师"和"人师"。什么叫"经师"?教各种知识学问、技术技巧的老师。"人师难求","人师"是用自己的行为、德性、言语、智慧去影响学生、给学生们效法之师。

一位青年执意要去拜见自己仰慕的老师,有人劝阻他说,您都已经看了他的书,他的思想都写在书里了,何必非要见人呢?他说:我要去看看老师是怎样系鞋带的。

师者对受教者的影响,不仅仅在于他所传授的知识,还包括他对日常生活的态度,常常是细微处的举足下足,映射其内在修养的光辉。师者言传身教本身就是活的教科书,学高为师,身正为范,这是人格的传承。

这种学方为"大",人越学心量越大、视野越大、格局越大,所以才叫"大学"。

学历史的意义就在于传承,如果有人能够被师领进历史书中,被大人的情怀感动，为小人的行为不齿，改变自私的价值观，从而改变日常生活，历史学不就变成了生活禅吗？学以致用，历史是找回千百个"自己"，活生生的当下再活一次。

禅者学历史，契合历史学融会贯通的精神，将之体现在对祖师语录上，能"依法不依人"，如果忽略这点，则被人、事和各种眼前的现象带着跑，变成"依人不依法"。

禅者看历史，会思考单一事件背后是什么，为什么唐代经济文化鼎盛时，"中国禅"受到社会各界的普遍认可？为什么宋代禅风逐渐变成了文人禅？文人禅的两种禅病——"狂禅"和"口头禅"——给社会、给禅门衰落带来了哪些影响？

禅者读历史，考虑的是对当下社会的现实意义，不是看小说、增谈资，或者去背六祖哪一年开始弘法、哪一年示寂、《坛经》有多少个版本，契合六祖的禅法，继承祖师们利他的精神，才是修学禅法的意义。

禅者爱历史，是发愿恢复"中国禅"利益大众的精神，令到祖师们殊胜的功夫智慧能照亮脚下的路。

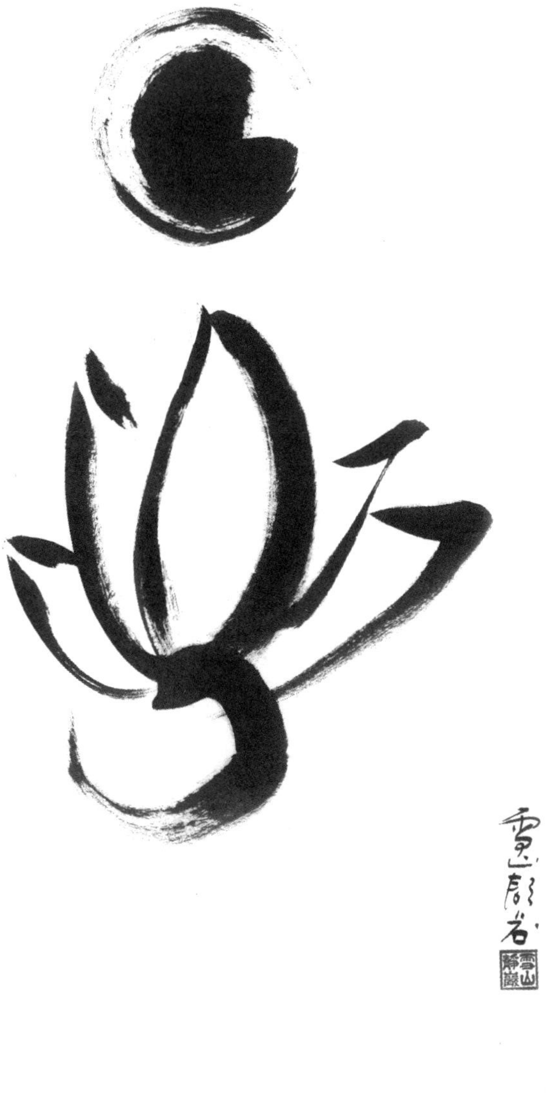

医学

医学是没有人能离得开的生命大学问。

没有人活着会不生病,只不过有些时候是身病,有些时候是潜伏性疾病,一切身病多由心起。可惜我们现在所说的医学,受西医影响几乎是仅治疗身病的医学,心理医生的治疗范围也属于身病范围。

心病,本指思惑和见惑之"惑"病。

西医是近代西方学者摒弃古代西方医学之后,基于两次世界大战而迅速发展出来的学科,由于起源于西方,故称"西医"。

人类的古医学主要有四种:古中医、古印度医学、希腊医学和埃及医学。

古中医是以防患于未然为主的生命大学问,其中包含了丰富的哲理和修炼方法,不仅仅是现代人理解的,有病开几剂方子,做一下理疗、艾灸、刮痧、拔罐,或者冬至后吃膏方这么简单的。

例如古中医不主张乱吃药,砭、灸、针、药治疗方法,不是现代人误解的砭是砭石刮痧、灸是艾灸、针是针灸、药是汤药。

砭不仅指砭石,砭法之后应加灸法,合称"砭灸",砭石疗法本产生于石器时代,是中医六术之首,用砭石后再用艾灸辅佐,可治疗实症、热症、虚症、寒症,为什么还要再辅以艾灸呢?《医学入门》云:"虚者灸之使火气助元气也,实者灸之使实邪随火气而发散也;寒者灸之使其气复温气,热者灸之引郁热之气外发,火就燥之义也。"

艾是中国独有的传统疗法,其味苦、辛、温,入脾、肝、肾。《本草纲目》记载:艾以叶入药,性温、味苦、无毒、纯阳之性、通十二经,具回阳、理气血、逐湿寒、止血安胎等功效，故名"医草"，受到古医家的青睐。

宋朝太医窦材在《扁鹊心书》中记载："人之真元，乃一身之主宰，真气壮则人强，真气弱则人病，真气脱则人亡，保命之法艾灼第一。"

那么针灸呢？亦是针疗之后加艾灸的合称，针疗虽见效快，但取穴、取时、取深、取动全凭医者的修为功夫，且针疗刺激大，危险性也大，取穴稍有偏差，会刺激到神经，引起不良后果；再有，针有依赖性，不到万不得已，医者不选择用外物刺进身体。

所以古医者选用安全的灸法，补充砭、针的刺激性，艾灸能开窍醒神，补精益气，回阳固本，并且其中蕴含丰富的哲理：砭、针为凉，艾灸为热；砭、针是实，艾灸为虚；砭、针为阴，艾灸为阳；砭、针为泻，艾灸为补……古法，出手皆是对出，相生相克，生生不息。

"中国禅"祖师们留下的禅门功夫内，有独特的"禅灸"。修者手握超过六厘米直径的大灸条，一个时辰手臂如如不动，是功夫。灸时，配合禅定法、龙摆尾、凤点头、一圆相四种手法，可令灸者自身气血通畅，被灸者如浸温泉，通体舒泰，而灸条，也是用十年陈艾加藏红花专制。

什么是中医？不以医为医者，是中医。

中医不是治病学，本具有丰富的人文内涵，是包括哲学、艺术等在内的综合生命学养，是关于生命智慧和生命艺术的学问。"医"和"艺"同音，古医者用琴箫调气、调心，这是中国传统文化的精神，中医是以中国传统中天人合一、天人感应、整体关联、动态平衡、顺应自然、中和为用、阴阳消长、五行生克等理念为内核，从整体生命观出发构建起的一整套有关摄生、持生、达生、养生、强生、尊生、贵生等治未病的理论和方法。

可以说中医本以治未病为主,以契合生命之本为要,故此,医者亦需通儒、释、道,哲学和医学向来是不可分割的。但是宋朝以后,医便逐渐强调技术,学医也只是守一定之方,少有哲学探讨,不再去求契合圣贤之意了。

人类四大古医学其实都对生命有独到的见解,可惜的是,古埃及和希腊医学已完全被西医吞并,古印度医学在印度尚流下一丝足迹,在今天藏医那里也能见到一部分,唯有古中医保留最完整,但现代多数医者还需从精神上正本清源,真正理解和契合古医者的妙手仁心。

仅会对症下药的不是高手,治未病防未病的才是。医者需要对生命、身体有很深的理解,现代医者其实真正做到对症下药也是不容易的,许多病的症状相似,辨证就是医者修为了。同样的病又分虚实、阴阳,古医者没有仪器,诊疗全凭一心,例如诊脉就是医者的修为、功夫。中医本没有血管的概念,《黄帝内经》中只说经脉是"运输气血的通道",经脉不全指皮肤浅静脉和部分在体表可以触及的动脉,古时脉诊需要分别按压头颈部、两侧腕部和足踝部位经脉的搏动,获取这三个部位不同时间的不同症候,即"三部九候"。

到了扁鹊才固化在腕部,称为"寸口",其著《难经》八十一难中,论脉就有二十二难。左右手的寸关尺代表不同的"脏腑",不同时间有不同之象,脉又分阴阳,古医者靠诊脉来诊断人体疾病的来源和走向,"寸口决生死",这不仅是知识和经验,主要是医者的修为功夫,这在完全依赖仪器检测的西医是根本无法想象的。

西医根据仪器检测指标先定病名,有了病名就给患者"对症下药"了,这在古中医也是不可想象的。

古中医认为病名是假名,医者不轻易定病名,症状相似的患者病因不同、体质不同、环境不同,病也是不同的,故此医者必须见到人。见到患者眼光的游移、眉峰的蹙促,听到心音的踟蹰,摸到寸口、三部九候,才能感知患者纠结愁苦的端底。注意,是感知,不是检测,感知是人和人的心灵感知,检测用机器固定指标下结论。下结论容易,下了结论就轻易按此开药医治,如果药不对症,缓解症状又有什么用呢?

现在还有人在网上问诊,会可靠吗?还有人把禅修也搞出了网上共修,禅修如无明师指教,岂不越修病越重?

古希腊的先哲们同样是用最朴素的理解去解释生命,人体由"四元素构成",即水、土、气、火。希波克拉底建立起古希腊医学传统,为后来的西医奠定了基础,除此之外,希腊还有另一位医神,即古埃及的伊姆荷太普,他是古埃及第一座金字塔的设计建造者,曾担任宰相、大法官、大祭司、农业大臣和建筑总监等。

许多学者认为西医的源头不在希腊而在埃及,伊姆荷太普才是西医始祖,其实希腊文明本就脱胎于埃及文明,只是希腊文明变成了众神的世界。现代埃及人已非古埃及人了,文明断代后仅是外形相似,现代埃及人甚至不相信自己祖先能建造金字塔,认为是外星人的作品。

古印度医学阿育吠陀是生命的智慧,印度医者同样用诊脉来辨识疾病,不过他们认为脉搏中包含着三种能量:瓦塔、皮塔、卡帕,分别代表气

(位于脚与脐之间)、胆(位于脐与心之间)和痰(位于心与头之间)三体液，又名三原质。三体液平衡代表健康，失衡则意味着各种疾病。

佛医和佛法是一起传入中国的，佛法中人体由"地、水、火、风"四大组成的学说对中医产生了影响。四大各有不同的性质和作用，地大以坚为性，能载万物；水大以湿为性，能使物摄聚不散；火大以热为性，能使物成熟；风大以动为性，能使物成长。《佛医经》云："人身中本有四病，一者地，二者水，三者火，四者风。风增气起，火增热起，水增寒起，土增力盛。本从是四病，起四百四病。地属鼻，水属口，火属眼，风属耳。"

禅门认为还有一大，为"空大"，空以虚为性，能包容滋生万物。

佛法认为"四大"是构成人体的四种基本元素，是"五蕴"中"色"的一部分，同时是人身体的主要致病因素，每一种致病因素又会导致另一类疾病的产生。这些理论思想在唐朝时被名医孙思邈融会贯通，他在《千金要方》中说道："地、水、火、风和合成人。凡人火气不调，举身蒸热；风气不调，全身强直，诸毛孔闭塞；水气不调，身体浮肿，气满喘粗；土气不调，四肢不举，言无声音。火去则身冷，风止则气绝，水竭则无血，土散则身裂。"

古中医本是通过认识自然界的变化规律来研究生命活动的变化规律，发现自然界的运动变化如何影响着人体心理、生理及病理的变化。如风、寒、暑、湿、燥、火被称为"六气"，正常时不会引起人们致病，若太过、不及或不应时，则成为"六淫"，影响到人体的调节适应机能从而致病。

古中医和现代西医有很多区别，笔者试总结几点。

第一，入手方向：古中医本以预防为主，治未病为要，西医和现代中医则以治已病为主。

第二，治疗之别：中医在治病时注重保护人体的正气，用灸法即是卫护正气、元气，每一泄皆有一补对应，又如中医对待致病源，不但有"清"法，还有"汗""下""利"等法，使得邪有出路而不伤正。中医把病体也当作自己的一部分，而西医则把人体当作一个机器来看，哪里出问题，就把哪里的零件换一下，西医遇到感染性疾病，必用抗生素敌我均杀，可以说中医是转化包容，西医是对抗作战。

第三，医者之别：古医者、好的医者强调自身修为，医生是责任和使命，而西医的医生是职业和工作，有明确的上下班时间。

第四，医药之别：古医者自己采药的多，也会在自身上试药，而西医则是在动物身上实验，小白鼠、猴子、兔子、青蛙，动物痛苦不堪，其实对人并不安全，我们前文说过，药对动物精神的危害及各种潜伏作用难知。

第五，用药之别：西医用药，一类病可用一种药，不分男女老少，类似症状都用通药，虽然儿童减半，但下药可以用加、减法这么简单的方法吗？同样的感冒，因人而异、因地而异、因时而异，阴阳不同，配方不同，治疗不同，中医开了药也最多三天必调药。

第六，药物之别：古中医本是尽量不用药，因为是药三分毒，药对肝脏有害。医者会选用最安全的方法帮助调节患者自身的抵抗力和免疫力，而西医则完全以药为主。

第七，卫生之别：古中医的卫生是滋养、培养、巩固生命能量之意，是积极的概念，而西医的卫生是杀菌消毒。消灭敌人，是消极的概念。

第八，认识之别：西医随1840年的鸦片战争后正式进入中国，中、西医在对生命认识的层面有不同。古中医认为物质是混沌未分的统一体，从《周易》的"太极"、道家的"道"和"一"、儒家的"太一"到元气论的"元气"，万物是由混沌一体产生出来的。而西方则以原子论为基础认识世界，认为人体、物质可拆分，是由清楚的"原子""元素"组合而成的。

第九，运动源泉之别：西方原子论强调原子的不可分，没有内部的矛盾。相反，中国传统认为事物的动力源泉在本体，内部矛盾决定事物的变化，"刚柔相摩，八卦相荡""阴阳交而生物"，由此构成了内源的矛盾运动和事物的千变万化。

……

综上所述，古中医遵循"元气论"，认为事物的本源是"气"，"气"是物质、能量、信息的统一体。"气"不是一种物质实体，而是一种关系。而西医观点不同。这么一看是不是西医就不好？不能这么说！西医是理性、客观的，和感性、主观的中医本是很好的互补。

例如我们禅修中有些人一打坐就开始妄想，坐着坐着可能身体突然有反应。通常情况下喜欢养生的人肝区如果突然疼痛，就会想：是不是我的病根在肝呢？我的肝有什么毛病呢？其实可能并不一定有什么，可能只是坐的时候身子扭到了；再例如迷信的人会想：我的肝是不是被什么附体了？或者有什么异灵？再例如关注修气脉的会想：是不是气脉通到肝区了？或者我的气脉是不是堵在肝区了？等等。

正见不足的人，一遇到变化就自然会产生种种联想，有一次，有个学生感觉气脉通了,到头部了,其实是蚊子在叮脑门呢!胡思乱想就是心魔,心魔会放大反应,加上爱妄想的习气,就容易被感觉带着戏耍,妄想一执著都是迷信。医学能有效地破除这些迷信。

医者如能转化观念,不再把医生当成一个职业,而是一份利益众生的事业,从业于一事,即利益众生之事,建立对生命的全局观,多一位这样的医者,众生就有福啦!

同样还是医生,心念一转,就有天地之别,差不多不重要,差一点儿最重要,就那一点儿,决定您对生命的认知。

禅中本有医道,禅师也都是大医师,但为什么没有一位禅师成为当世名医?

离开了身体,谁修行?只关注身体,修什么?

壁觀

心理学

西方心理学是一门研究人类的心理现象、精神功能和行为的科学,这既是一门理论学科,也是一门应用学科,包括基础心理学与应用心理学两大领域。

然而在生命学里,现代心理学的研究范围只属于人类大脑意识中的一小部分。对于大脑意识的理解,法相唯识学已到达了一个人类已知的高峰,如果将玄奘法师在此方面成就的高度比喻为喜马拉雅山,那么现代心理学中对意识部分的理解还在丘陵地带徘徊。

大脑意识是全部意识吗?意识是怎么产生的、怎么连接的?显意识和隐意识之间什么关系,互相之间如何作用?意识是火苗吗?燃烧的柴是什么?点柴的火从哪里来?意识是光还是物?是记忆产生意识还是意识产生记忆?梦属于清醒意识还是无意识?如果梦不属于清醒意识,为何事后能清晰描述?如果梦属于清醒意识,熟睡的是什么,清醒的又是什么?……

心理学的基础和应用能分开吗?如果心理研究集中在现象上,就好比用手在海里去压浮沤,此起彼伏,此生彼灭,永无了期。心理医生不应是情绪按摩师、怨妇垃圾桶、失眠安慰剂,不知本、不知体,不知"心",不知"理",就成了个只会按药方抓药的店小二。

心理病是最典型的心病表现形式,心病唯有心药能医,催眠确实能缓解暂时的焦虑,但打不开心结;同样药物能暂时延缓急躁现象,但不也磨灭激情和活力吗?其对大脑的钝化作用是不可计量的,对延缓代谢的副作用也是无法忽略的,还有致幻的后果呢?……

只不过这些后果和反应不属于心理医生的范围，分科真的好啊！反应在精神上的就去精神病院，反应在身体上的就去医院，反正，每位医生就负责一段。国外有咨询心理医生的习惯，中国人几乎个个有心理病，但少人愿意去看心理医生，心理医生变成可有可无的职业，谁也不愿主动承认心理问题，究竟什么是心理病？心理病是如何引发身体病变的？身体病变又是如何影响心理反应的？身心疾病该从何入手？能分开治疗吗？可见，就是一笔糊涂账。

不仅治疗是糊涂账，找病因亦是。心理医生常通过回溯方式，用回忆来帮患者找病因，童年家庭是不是不幸福啊，受过什么创伤啊，挖隐私，找"源头"，岂不知当下的现象里包罗万象，过去的隐私似乎被挖出来了，但挖干净了吗？能挖干净吗？什么是"净"？误以为找到病因就像西医轻易给病人定病名一样，这比找不到"源头"更危险，有什么是真实的过去吗？医生本是好心想找病因，没想到却被有的病人用臆想的故事哄骗，有人说这不是有病吗？为什么骗医生？病人如果心理没病还需要医生干嘛？骗人有时候不需要理由和目的，产生一时的快感就够了，医生上当了就有快感，那么究竟谁是谁的病人呢？

医生真能分清楚什么是真什么是假、患者的话里有多少真多少假吗？关键是患者自己也无法分清楚多少真多少假，所谓记忆就是加入了幻想的执著。有些医生听故事听得入迷，跟着患者情绪起伏，还跟着评论是非对错，本想治疗患者心理问题，结果医患之间变成了互相讲故事、说梦话。给医生讲故事的人，半真半假、半想象、半自我判断，听众越着迷编得越起劲；

医生呢？有时候用自以为是的名言警句、鸡汤鸡血去反讲故事,同样听众越着迷编得越起劲,这就是互相催眠,最后开点药了事,这过程可以叫心理治疗？

表面上,医生和患者之间沟通顺利,病人哭得稀里哗啦,医生讲得语重心长,病人似乎轻松了不少,看上去当时缓解了,可没多久就打回原形。而医生似乎下班了,没有病人在身边可以松口气了,可真的如此吗？听进去的垃圾还在脑子里,怎么能排出去？

于是乎,多数心理医生最终自己未老先衰,身体每况愈下……

心理学的"心"指的是大脑意识,如果医者从现象入手,倒回去找过去的现象来治疗当前的现象,能解决问题吗？大脑意识不是一个独立的念头,而是一个整体的连接,可以说,环环相扣,密密相连,念是广袤的、多维的、无前无后的、十方连接的。不懂和忽略"念"的特性,不理解时、空和现象的关系,能治疗心理病吗？换句话说,从心理现象入手是治不好心理病的。

宇宙是一圆相,当下即包含万有,时、空只是人狭隘的主观假定,二维线性思维的回溯什么时候是尽头呢？一个圆里有多少条半径、直径能数得过来吗？一个球体里又有多少个点可以随机组合呢？其可能性是无量的。如果任何几个点被我们抽取出来做因果推论,形成一个对当下现象的归因判断,这个梦呓般的自我告解能带来什么？梦不会解答梦,妄想也不能消除妄想。

那学习心理学有好处吗？当然有！

通常打坐的时候，人常一闭眼或者一入静，杂念就跑出来，叫"掉举"。为什么一静下来潜意识里的杂念就跑出来呢？因为身子不动了，就像水杯不晃了，沉淀就自然显现出来了，房间里的灰尘只有阳光照进来时才能看清楚。如果用心理学的方法，您就可能会集中在一个念头上，这个集中是大有裨益的，无论我们是参话头，还是用观法、数息法也好，都是叫您学习集中，用心理学的方法同样也能变得集中，只要您能集中了，杂念就相对减少了。

心理学是研究心理意识的学问，然而意识科学并不属于心理学范畴，这个分科还真是有意思，虽然研究的对象都是大脑意识，却分出两个不同的学科，把原本系统合一的存在分裂去研究，互相之间各说各话。可是生命中的意识、心理、情绪、内心、认知这些怎么可能您分析一段儿我分析一段儿呢？

生命是个整体，意识也是个整体，每个细胞都和意识有关联。不把本搞清楚，只研究现象，是"乱花渐欲迷人眼"。

现代心理学者如果能辅以禅的认知，就不会再割裂地看问题，禅既有对世界、对人生真相如实的认识，又有真修实证、究竟解决人生困惑及心理问题的方法。

人类虽有几万年历史，但从有文字记载的文明来看，圣人的作用即在于帮助人们获得安心。影响世界的圣人们的思想发源地都在东方，其中尤以中国为甚，如孔子、老子、惠能祖师等，又如佛陀，虽在印度悟道弘法，但佛法真正大开弘门影响世界的地方，却在中国。

西方文明经由希伯来—希腊罗马—盎格鲁撒克逊文化的发展轨迹,在意大利文艺复兴的运动中,将西方人从"神权"统治下解放出来,催生了科学发展和现代西方文化,这本是进步。

然而,工业革命后,西方被消费导向驾驭,人文无法和经济发展的速度匹配,人的贪欲大大膨胀了,西方文明通过商业、科技、工业、能源、被包装后的文化等方式,形成了整体价值观的输出,调动世界经济命脉,之后又通过量化宽松的金融政策,加速绑架消费习惯,刺激消费,从而引起环境污染、资源枯竭。

现代社会已经变成了个人主义、利益主义、实用主义的天下,人与人之间越来越缺乏信任,越来越对立,心理压力日趋增加,心理疾病比比皆是,人越来越极端、脆弱,不仅人与人之间,现代人与自然、人与动物从和谐平等也变成了掠夺和被掠夺的对立关系,而穷奢极欲的生活方式,引发了人类自身的灵性与肉体、身与心之间的分裂,是时候改变了!

人类历史上,唯有"中国禅"一门在唐宋时期成就了成百上千的悟道者,这些悟道的祖师们,不仅辩才无碍,通古晓今,并且功夫智慧均等,在世出世间起到了稳定作用,这恰恰是现代社会急需的,不过这并非老师能传的,而是学人自己要先"信":信通过"中国禅"的修法能帮助自己究竟悟道,信自己可以在禅舍增加功夫智慧,修行的过程中发出真正的大愿,愿将自己的能量回向给一切众生,愿世界和谐、众生平等,最后知行合一,落实在生活的方方面面,用实际行动去帮助世人摆脱物欲绑缚,从被物质、享乐奴役的身心中彻底解脱出来。

哲学

我们可以假设一下,某天您的船在海里沉没了,您坐着逃生艇漂流到一个与世隔绝的小岛上,天蓝水清,和风温煦,也没有猛兽袭击,您一无所有,靠岛上的野果为生,没有时间,没有朋友,没有工作,没有家庭,百无聊赖,您的全部希望就是等人来救援。

日复一日,您逐渐习惯了这种生活,已经从开始的惊恐到了靠回忆填满日子,您开始后悔自己过去的人生,觉得对不起的人太多,一直太紧张、太功利,最后突然您终于意识到,您最对不起的是自己。

您知道可能再也回不去了,此时,您是遗憾自己没有立遗嘱呢?还是会产生对人生的思索?

我在哪里?

我怎么出生的?

生命是什么?

我该往哪里去?

现在是何时?

有些人看到这里会觉得好笑,这么幼稚的故事!是吗?幼稚?那么请问您对这些问题如何回答?

我在哪里?我在上海啊!

上海是哪里啊?

哦,这不明摆着的吗?上海就是上海啊!

这说明,您根本没看懂问题。不是太平天国攻打苏州,大多数富人逃亡至"上海",上海可能还没有那么快从小镇变成大城市,变成十里洋场,时势造英雄,上海发展才多少年?

那么,再想想,其他问题的回答也一样,都是人自以为的答案。

……

好,我们把剧情再进一步,这个人反复思索着这些人生问题却不得其解,突然,有一天,一条"船"在一个月朗星稀的夜晚飘然而至,"船"浮在半空,"船"门打开,走出来几个您从来没见过的生物,它们飘飘忽忽向您飞近,那么,问题又来了:

您希望它们发现您吗?

它们能解救您吗?

它们能听懂您的语言吗?

躲起来不让它们发现有效吗?

……

读者们可以想一想,我们是怎么来到这个地球的?土著人看到从五月花号下来的人是谁?动物们见到入侵的人心里怎么想?迷茫时谁能拯救"我"?

唯一能解答这所有问题的学科是古哲学,古哲学和今天的哲学不同,哲学是什么能力?是感受生命的能力。禅门谓:生我之前我是谁?我生之后谁是我?这本是人类的终极思考能力,由此产生人类各种文明。

通过哲学参究,人类用以摆脱自私和物欲的控制,对生命根底发出疑问。然而原本包含在古哲学里的数学、音乐、物理、天文、历史、医学修行等被现代人一一剥离出去,文、理分家,文、史、哲分家,今天的哲学还剩下

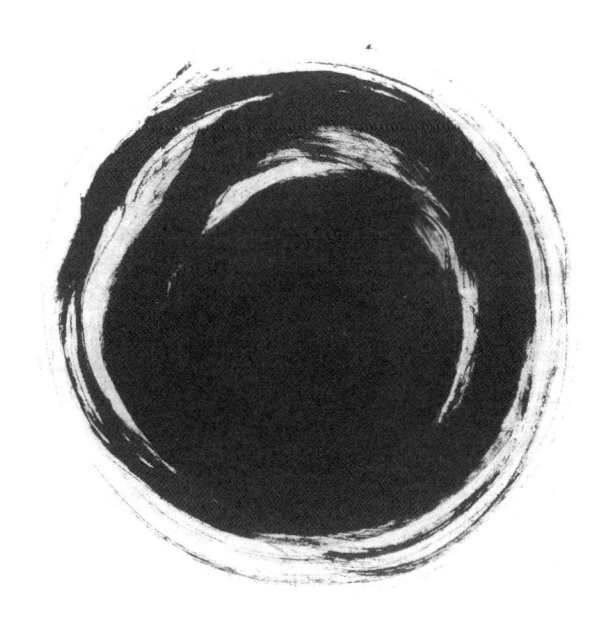

慧眼

什么?

哲学家们如果想重新回到先圣们的思境中时,禅修是一种加深认识、证悟所学的好方法。

思想是用来思考如何契合真理的,不是拿来赚钱的。

"真理"又分两类:一类认为天地万物是人之前就有的,所以真理是存在于自然里的,是人之外的;第二类认为真理是在生活里的,生活里处处有真理,这就是"生活禅"的哲理。

西方"哲学",本意为"爱智",偏重理智、理性,这和西方科学有相似之处。然而"理智"只是人生的一部分,否则人生就会变得冷漠和麻木,中国的儒、释、道本就包含了哲学,但不是偏重理智的哲学,如"仁、义、礼、智、信"都不可计量,"仁、义"是感性的,没有标准的;"礼"虽有标准但也是从人情出发的,"智"不是智商而是智慧,智商可测量,智慧不可测;至于"信",同样不属于理智范围。

感性和理性是人生的两端,过于感性的人会变成老好人,故孔子说"中庸",理性和感性本就应不偏不倚,不能分割。然而情感和感性本身是不能划分在哲学范围内的,这是东、西方巨大的区别,也是东方思想里诸多不可说、不可说的部分。

东方思想是包含了理性和感性两部分的融合体、统一体,而非西方科学和哲学以理性和理智为主。然而儒家自宋,"理学"兴盛,逐渐偏重理性,人文本不是理性的,是基于人心变化而创建的文明,这文明本是柔软的、同情弱小的、慈悲的,具有人性的温度,而不是研究人性的说教和道理。

中国传统对于情感、理智、自然、天地是平等的,所以叫"天、地、人"三才。如果说,更偏重哪一点,会更偏重于人情和人心,这就是"中国禅"的"以人为本""以心为本",此种观点和"以物为本""以神为本"的西方文明有别。

今天世界的问题,发生在西方的问题,是宗教和科学、唯神和唯物、理性主义和感性主义、经验主义的冲突。文明的冲突是思想观念的冲突,表现在宗教倾向、价值取向等现象上。

自春秋战国百花齐放后,隋唐是中国思想史上的第二个高峰期,也是佛法的兴盛期。为什么外来的佛法,可以在早已具备了诸子百家丰富思想性的中国站住脚呢?最重要一点是佛法相信的是自力,大乘法推崇的是自利利他的菩萨行。这点和中国的传统思想结合上了。

十方诸佛、三世诸佛都是从人格观念而发展出来的,是平等的,并不是说有什么外力可以保佑。佛法以人生观而建立宇宙观,"一沙一世界","芥子"可以"纳须弥",这些是由对人类心中的精微观察而形成宇宙法界意识的,从最细微来观察宇宙最恢宏。

"中国禅"继承了这一根本思想,就人自心和自性,在生命有情处下种,当下的有情处就是顿悟处,这点对于我们现代人来说尤为适用。

西方人说的"思想",必有其对象,必是相对的,必有其内容,这个对象和内容是外在的、物质的,或者说有一个对立面的,比如说天堂对于地狱、物质对于精神。外在的物质和对象,一定是局限这思想的,所以所谓的"思想"其实是被局限了的观点。西方哲学也一样,虽趋向于思想的极度自由,然而自由也是相对的，是相对不自由来说的。

"中国禅"禅法里，不说自由，只说自在。自在和自由不同，是没有对立面的，是绝对的人、事、法、境自在。

笔者之前强调，"中国禅"不是哲学，为什么呢？因为哲学有"能"和"所"，而禅者要有"知见"，不能有"所知见"。

什么是"知见"？就是"一圆相"，"知见"是纯粹的，不是带着分别心的"所知见"，"知见"即人完完全全地和我们的第一念相应，不忘初心，祖师们无法用语言来解释这种"知见"，所以有人说"这个"。"这个"是什么？因为不能再给它起个名字了，所以"这个"就是"这个"。

"烦恼"和"菩提"是同一"知见"，即同一心中出来的两个相，一个是有相，一个是无相。着了相就烦恼，无相了是菩提，这就是"一圆相"。

一切宗教，必然是有出世间的，而"中国禅"从来没讲一定要离开世间才能去出世间。我们所说的烦恼，都是在此世间中产生的"所知见"，觉悟是在世间的觉悟，是当下一念的觉悟，是没有了"所知见"的分别，并不是说跑到一个出世间去才能生成觉悟，"中国禅"是一种平等的、不二的、完全和现世的人文精神结合在一起的大变革，把宗教转了一个弯，和中国的传统精神完完全全地接上了。

红尘中谁都是"迷人"、是凡夫，什么是"迷人"？一是没有信仰的博学；二是充满信仰的愚昧；三是自以为是的无知；四是削足适履的顽固；五是刻舟求剑的痴迷；六是掩耳盗铃的自欺；七是井底之蛙的判断；八是骑马找马的愚笨；九是冤冤相报的因果；十是纸醉金迷的放纵。

只要"回头",开始思考,停下脚步来看看自己在哪,到底追求什么。修行不是追求个修行相,当您剃了头准备放下一切离开红尘时,"中国禅"又给您当头一棒:哪里逃？回来！痛快已极！

"中国禅"的表现方式,永远都是本分的、平常的、轻松的、活泼的,这是一个彻底的对待宗教、哲学、思想、学术、苦修观念的大变革,它轻轻松松地就把从执著于世间欲望的和执著于出世间清静的迷人抓回来！一定要回到生活里来。

禅者颂
长安

怜兮悯兮，业习积积；

拣兮择兮，举步岌岌；

怨兮贪兮，我有凄凄；

忏兮悔兮，闻法悢悢；

生兮灭兮，其心寂寂；

信兮行兮，唯愿一一。

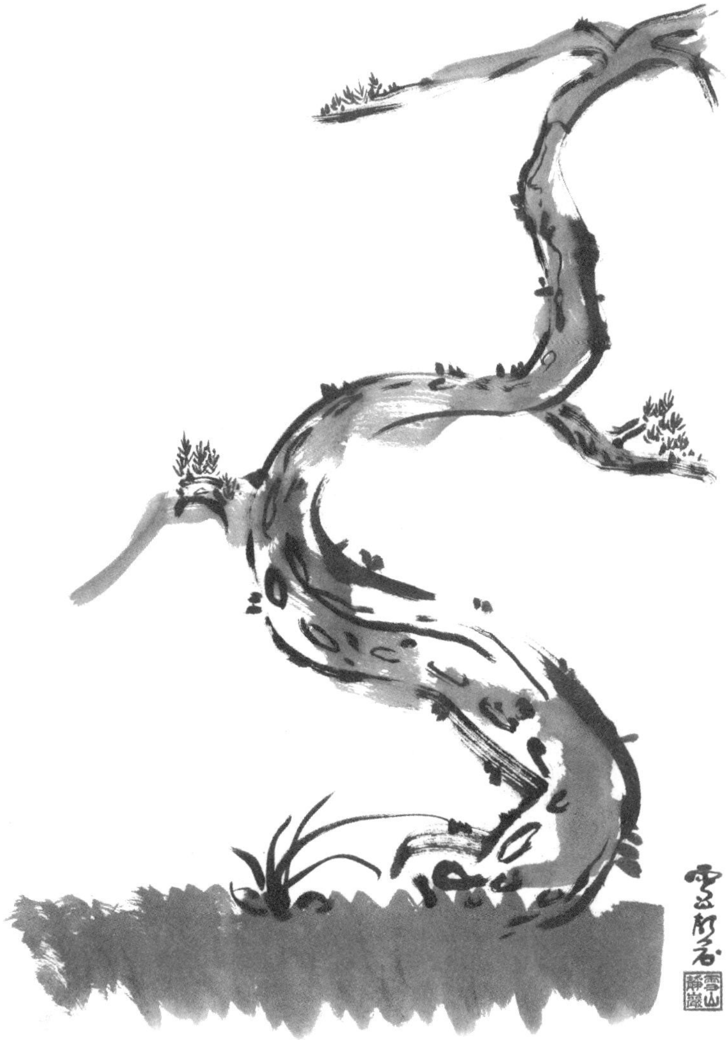

第二节 生命修 身修、心定、性慧

我们上文简单地就几个学科举例说明科学和禅修不矛盾,对于世间的所有学科,禅修非有什么冲突,而是能帮助大家开阔视野,禅和禅修本不属于任何一门专业,故能帮助任何一门专业成就。

禅修包含了哪些方式?包括三种:一是养(和万众和谐),二是炼(和万物和谐),三是行(和万法和谐)。

三种虽各有侧重,却不可分割。

我们称禅修为"生命修",禅即生命,修的目的是和谐,能与社会和谐、与自然和谐、与万法和谐的修法,称"禅法"。

但没有哪一种具体的修法叫禅修,凡能提高生命活力,帮助生命健康,令到幸福感、感恩心倍增的修法,都是。

然而必须有个落实修行的地方,我们称之为"生命禅舍"。

在生命禅舍中,禅修者保持生命禅修,即"身修";在生命禅修里,禅修者增长生命禅定,即"心定";在生命禅定时,禅者显现生命禅慧,即"性慧"。

修、定、慧,无有前后,亦无高下,整体生命禅修过程不离禅舍,定慧不离禅修。这文字似绕口令一样,读者刚开始接触或许有点头晕,其实多看几遍,理解了就不晕了。

身、心、性是生命的三个核心点,为的是修、定、慧。

生命禅舍,不仅仅是个房子,"舍"外才有须弥,"舍"外才是天下,天下都是生命禅舍。其中禅修者在生命禅舍里增长生命禅定,是最难的。只有进了定门,修者才算初尝出世间之法味。

生命禅慧是从定光中发出来的灵光。这是一个大工程,有人幻想看几本书就可以拥有禅慧,我们上到博士毕业还得十几年,虽然智慧和时间无关,但凭什么您会认为,不需实证实修就能成就?我们每个人都不是完人,都需要师的力量鞭策,需要团队的力量推动。

什么是"师"?"非我者师"。孔子老师、佛陀一生都在不遗余力地打击学生。阿难一开口就挨骂,孔老师的脾气也不太好,常常不遗余力地打击子贡,学生里没有被他臭骂的人大概就只有颜回了,可颜回只有一位啊!

《列子·仲尼篇》里记录:有一次子夏问老师,您说颜回怎么样?孔子说比我有诚信!子贡怎样呢?比我聪明!又问子路怎么样?夫子答比我勇敢!子章呢?子章比我庄重!

子夏就不解了,问:既然他们个个都比您强,为什么您是老师呢?

孔子说,他们虽然某一方面比我强,可他们只会这一面不会另一面:颜回比我有诚信,但他不会通融;子贡虽聪明,但他不会愚;子路勇敢却不会露怯;子章比我庄重,却缺少亲和力!只有一面没有另一面的人是易折的。人如果只有一面的优点,就等于缺点。

为什么古人不怕挨老师骂呢?难道古人没有自尊心吗?非也非也!是古人知道骂的含金量,知道自己看不到自己的问题,乐于反思自己的人才能进步。如果听不得任何批评,没有人"非"您的时候,就活在自己的妄想中了。

人最认不清的,是自己。所以,老师是最恒顺众生的人,遇到希望进步的学生会不遗余力地骂,遇到好面子的就先哄哄,哄到惭愧心大起了,又开始不遗余力地刺激他,这是顺着众生的根机来方便教授。

这样的师者现代难得一见了,老师和学生客客气气的,为什么要骂?大家一起吃喝聊天,朋友一样,骂人多吃力不讨好啊!现代老师们教给学生的是知识,知识只需要背,不需要骂。

知识是对局部事实的认知,而整体事实的总和能不通过思考,而通过局部认知认识吗?如果不学会贯通认识,知识就是鸡零狗碎,谋生可以,不能帮助提高认识。

庄子说:"吾生也有涯,而知也无涯。以有涯随无涯,殆矣。"生命永远是有限的,知识也是永远学不完的。为什么古代圣人们似乎什么都知道呢?佛陀有一个称号就叫"正遍知",为什么能无所不知呢?因为他们不从知识里观世界,而从一花里可见一世界,一尘中可知一光年,他从每一个当下感应出宇宙法界全部的信息,从每一念里解读出全部生命的能量,契合生命的认知,这一切都不是独立的,如果把这些用知识切分开了,将永远也贯通不了。

什么叫"事实"?每一件事里面都包含有无限乘方的组合,其中底数、指数根据人心的变化而无限变化,我们能从现象入手搞清楚事实吗?所谓事实,都是人因地、因时、因人、因需要而暂时的认定,"事"一描述皆不实,"事"一过去皆不真,"事"一描述皆不全,您说什么叫"事实"?

庄子说"道隐于小成",为什么凡夫不见道?因为有了一点点成就就迷了,迷在自我感觉里,迷在别人的认可里,迷在"谜"里。

什么是真正的有用呢?即对生命有用而不是对谋生有用的智慧,对谋生有用的是技巧。

被恐惧、名利、技巧、赞毁蒙住眼睛的时候,是不见道的。什么人能见道呢?就是不在不必要的事、情上浪费精力的人,什么是不必要的事、情?就是和生命无关的各种杂事。头脑被沙子填满的时候,怎么可能生出珍珠呢?当人不见整个格局的时候,一切的思维、一切的知识,都是局部的、片面的、主观的碎片。这时候,根本就不理解什么叫生命。

孔子是有智慧的人,而不是我们想象中神一样博学的人。《列子》中记录孔子东游的时候,见两小儿辩日。

一小儿说,日出的时候,太阳离我们最近;另一小儿说,日正午的时候太阳离我们最近。为什么呢?前一小儿说,日出时候的太阳最大,大如车盖;另一小儿说,日中的时候最热,离我们最近才最热。两个人问孔子,谁说的对,孔子不能决。两小儿笑道:谁说您懂的多啊?

孔子可从来没说自己懂的多。子贡问他的时候,他说:子贡啊,您认为我是学了很多的知识并且一一记住的吗?子贡反问:难道不是吗?孔子说:不是!我就是只有一个"吾道一以贯之"的基本思想。

"一"不是知识,而是指导人生的正见,所以孔子才会看上去无所不知,但并不是无所不知,是他心底无私,虚怀若谷,并能随取随用,随用随弃。当专家们在知识上缠斗的时候,他早就一骑绝尘而去了。

有什么值得斗的?"知之为知之,不知为不知,是知也"。不知道没什么丢人的,知道也没什么好炫耀的。

"一以贯之"的"一",禅门称之为"般若","不二"就是"般若",也唯有"不二"才能被称为"般若"。

一个人的境界和他到底有多少知识无关,境界取决于他对人生、世界、价值的认知能力,不取决于他知识的宽度,认知的高度和深度才叫"境界"。

孔子有段话:"可与共学,未可与适道;可与适道,未可与立;可与立,未可与权。"这是在说参学的四种境界:大家可以一起学习是第一层次;学到了,习会了,和道适应了是第二层次;和道适应却未必能在道中立身,能在道中立身是第三层次;但能在道中立身却未必懂得权变。什么是"权变"呢? 就是起用,也就是您会不会在日常生活中起用"道","权变"是灵活、自由地运用,是方便法,是人能和道融为一体的最高境界。

大家能有幸一起同修这是第一个境界,不管在个人禅舍,还是在公众禅舍,找到志同道合者能互相勉励、互相支持是幸运的,但一起修,未必都能相应"禅"啊!

第二个层次是能找到和"禅"相应的同修,那就甩掉一批人了。

第三个境界是能在"禅"之法里找到自己的位置:我究竟能够当一个传禅的老师,还是做禅商,还是推广禅艺,等等。您是否能找到在法中的相应位置,这与每个人的格局和视野、发愿和行动力相关。

第四个境界是您不仅能够找到位置,还能真正地灵活运用禅法利益众生,这是最高层次。

孔子说自己到了七十以后才"从心所欲不逾矩"。什么是"从心所欲"呢? 于一切时、一切处能从容不迫,坦坦荡荡,但这种从容自在有没有基础? 有! 就是"不逾矩"! 从容自在是建立在自我节制、自我反省、自我秉承心戒的基础上的,如禅者亦是,对自己有严格要求,这样的人,才会有大自在。

小人无节制，可以肆无忌惮地生活，不在意自己的快乐是否建立在别人的痛苦上，不在意社会法则、规范，而自在的禅者是合乎一切宇宙中规律、规则的人，同样会符合世间社会的人文道德。只有在符合的过程中才能超越，这叫"从心所欲不逾矩"，又叫"无可无不可"，也叫"无适无莫"，总之都是"不二"的。人生如戏，能观其游戏，入其微妙，这是人生的最高境界，能自我约束而不被外界所束缚。

佛法和禅法，不是知识和理论，《法华经》里说，佛出世只为一大事而来："开佛知见"。所以解脱、往生、修道都不是大事，了生死也是小事，唯有"开佛知见"才是佛事。

有人常常慨叹，"开佛知见"的正法难闻啊！为什么？笔者试讨论一下。

第一，讲正法的师太少了，想听闻正法很难。为什么？因为大多现代社会的人习惯乐见小成、乐为小事、乐于小法，"开佛知见"太难了。

现代社会，能讲正法的师太少，源于大家理解佛法的角度有别。佛陀刚示寂时，弟子们就各有各的理解。一次阿难路遇一群比丘讲"佛"法，已完全曲解佛意，各自加入了自己片面的理解，看到他们讲得头头是道，阿难叹气离开。不久，佛弟子分出了以上座部及大众部为代表的学派，这些弟子虽不少是亲闻佛讲法的，但理解已千差万别，故能解佛法真实义者自古寡。

第二，即便有师能讲佛法真义，讲的目的是众生能受持，能因此发心修行转化习气，可是众生欲多障重听不进去，不肯静下心来听，听也是挑自己想听的那部分听，师讲得再多，然众生不受，奈何奈何？

第三,虽也有师能讲佛法,也有人愿意听法,但还是有问题!师在讲佛经,是完全按照千年前经书里的意思讲;听的人也很认真听,可以说完全按照师讲的意思听。大家都忘记了,我们现在已经处在日新月异、极致物化的新环境了,人工智能和机器人快要替代许多人的工作了,如果还按照千年前原封不动的法去讲,按照古人的习惯去持戒修法,那还是活生生的佛法吗?

佛法从来是为了当下人安心、自在的法,不是让人厌今返古,多出许多对现实不满和抱怨的,佛法最大的特点本是随缘变化、应机而说,讲法的和听法的人如果都固执己见,一成不变,感觉好像回到古代是最幸福的事,忘了现在是什么年代,这就有问题了。

现代的法得用现代的话去说,语言文字本是固态的智慧,靠说法的师用智慧去解读,如鸠摩罗什法师一样,能得意忘言、得意忘相、得意忘法才是,如果不能用动态的智慧去解读静态的经书,不能与时俱进的,并非真佛法。

第四,佛法其实不见得就是佛经里的文字,佛云"一切法皆是佛法",《法华经》说:观世音菩萨以三十二应身度众,赌徒、流氓、知识分子在菩萨心里有什么不同吗?菩萨跟赌徒、流氓、知识分子讲的会是一样的佛经吗?跟赌徒当然讲赌经,跟炒股票的讲股票经,用对方听得懂的法带其进入佛法里,那么,菩萨讲的赌经、股票经难道不是佛法吗?

维摩大士出入酒肆、皇宫、赌场、权贵家,辩才无碍,这就是大居士、祖师、菩萨了不起的地方。对方什么身份就以什么身为其说法,从对方喜欢的部分开讲,一点点深入,所以听上去这些东西和佛法没什么关系,看上去这些祖师行为匪夷所思,说的话、行的事、扮的相都让普通修行者心惊肉跳,但这些是不是佛法呢?

第五,如果佛法全是经典教条,那早就成死法啦!只是不懂变通的师太多,不敢、不会、不屑以世间法入手,顾忌自己所谓名声、利益、庄严等,能入佛道不能入魔道者多。

第六,我们不要总认为佛法是必须有"人"在给我们说法,好像祖师、菩萨非要具象成"人"形。菩萨是万相,万相就包含了猫啊、狗啊、鸟啊……您会用心时,早晨草尖上的露珠,是菩萨在说法,露珠散发着七色的光芒,您有没有意识到?这里涉及了天气、温度、光的折射、水的张力,还有视觉与身体的关系等世间法,以及六根如何关联、五蕴如何作用等出世间法。所有的内涵,在当下眼根对露珠这个眼尘生起眼识的十八界内,"全体现"了。露珠不就是说法的祖师吗?为什么普通人听不到真正的佛法呢,因为自己的心没有打开,执著在佛经、佛像、僧人相、修行相、庄严相、法器上。

第七,佛法非仅靠"闻"而能得,最重要是需自证自悟,才能契入佛境。是故,佛陀讲法四十九年,以拈花微笑总结。有迦叶尊者会佛密意,挺身而起,破颜一笑,得"正法眼藏",是为师徒心心相印。语言文字所表之法,乃佛法的极少部分,深义、密义非依"闻"能得,故言"诸佛妙理,非关文字"。

笔者曾反复地劝告爱养身者,身病是治不好的,一切治疗只能缓解症状,要治身病需从心病下手,心病是"惑"。禅舍是禅修者医自己心病的医院,迷惑不除所以不辨是非、不明善恶、不知正邪,这病只有自己能治,师讲正法,开医方指引学人方向。

这世间本无一物名:药;也无一物名:毒。只在医者的智慧起用,用得对毒就是药,用不对,药就是毒。

某日,文殊菩萨令善财童子去采药,童子出去随手抓了一根草回来报告菩萨:您叫我去采药,什么不是药啊?文殊菩萨说:善哉善哉,是的!到处都是药。

毒药是药,药毒是不是毒呢?

医治心病的药必是心药,这药叫"智慧"。真正能作用于身的药,是在智慧引领下包治百病的上品大药,名"精气神"。

《法华经》第七品叫《化城喻品》,"化城"是幻化的城郭,像海市蜃楼一样。《西游记》中唐僧师徒历经千辛万苦走到了小雷音寺,妖怪变成了佛,坐在上面,唐僧当时就认为是佛,可是孙悟空火眼金睛能看出来那是妖怪。为什么不具备火眼金睛的人看不出来是妖怪变成了佛呢?因为和佛长得一样啊,凡人都迷在相里,反过来想,佛如果化成妖怪的样子您能认出来吗?没有炼就火眼金睛,您分不出什么是药什么是毒、分不清什么是佛什么是妖,也不清楚自己住的其实是"化城"。

《化城喻品》是佛在《法华经》"因缘周"所讲的内容,其中有个主人公叫"大通智胜佛",他有十六个儿子,西方阿弥陀佛、东方阿閦佛、东南方狮子音佛都是他儿子,他排行十六的最小儿子就是我们的本师释迦牟尼佛,他了不起吧?一打坐能坐十个劫如如不动。

可是为什么这么了不起的大通智胜佛还住在化城里?佛法也用"化城"比喻小乘境界,佛欲使一切众生得大乘佛果,根器小者不解大乘般若,故佛只好先说小乘涅槃，这就犹如化城一样，令修者有个地方暂以止息，进而再发奋进求取大乘佛果。

这么了不起的，拥有一坐十个劫如如不动禅定力的大通智胜佛，为什么还住在化城？定力深厚一定能成佛吗？定力深厚和成佛有必然因果关系吗？成佛在于悟，定力深厚虽能助悟，但并非必然能悟，其中不可以化等号。

有人一听就想缩了，大通智胜佛都还不行，我能行吗？开悟成佛真是太难了！我们再回到《法华经》，《提婆达多品》中有个龙女，八岁就成佛了。小龙女有什么定力吗？她做了什么？不过是把头顶上自己最喜爱的宝珠摘下来供养了佛，当下女转男身，往南方无垢世界成佛了。所有的佛经都没说定力深厚、神通广大者一定成佛。

一个八岁的小女孩，什么条件都没有，当下能成佛，您说成佛有多难？

把"大通智胜佛"和龙女做个比较，就会发现，成佛的关键在于"舍"，龙女能舍自己最喜爱的，"舍"时并无"得"心，而大通智胜佛却不能舍法，舍尽才能成佛。

您能舍喜爱的吗？情、欲、名、利……哪一样能舍呢？不舍，却说成佛难。成佛就是一念，一念能舍，一念成佛。回头是岸，关键您不肯回头啊！还在找借口成佛太难！什么有空的时候再修吧，退休后再修吧，儿子上大学后再修吧……开悟？太遥远，我还是先有空的时候看看书吧……

禅门祖师成佛时连成佛的境界也一脚踢开，哪有什么庄严？哪有什么境界？祖师云："踏破毗卢顶上行"，毗卢遮那佛也踩在脚底下，这才是禅门大丈夫！破一切相，触目皆真。

能医众生病的，是"大医王"，可是医生开了药病人不吃，这怪谁呢？现代人忙、盲、茫，把个职业叫事业，什么叫做真正的"事业"呢？语出《易经·系辞》："举而措之天下之民，谓之事业。"也就是说做对社会大众、整个社会有贡献的事，才算是事业。譬如大禹治水、李冰建都江堰，功在千秋，利在万代，造福于民的叫"事业"，为自己的小我赚钱只能叫"职业"。

凡人不仅每天忙着追求"事业"成功，还忙着造词互相哄骗，建立个"意义帝国"，让彼此过得有存在感。什么"企业家""事业""领袖""传承""复兴"……造词造得大家都信以为真，活在自我营造的幻想里，舒舒服服地等着生命力消亡。佛经上说，人生有三灾八难，其中有一难，就是一辈子又不穷又不苦又不生病，这是大灾难。

为什么？因为太享受、太舒服了，"生于忧患，死于安乐"说的便是此理，太享受了人不会再去想求道，不会再去想出离，生命从此不成长了，靠互相哄骗过"舒服"日子，在娱乐中消亡，是在温水中被煮的青蛙，这难道还不是大灾难吗？人的福报太好了是业障，是成道的障碍，躺在安乐窝里少有人会关心众生苦，会发心成道，这就是恶业，您是因为恶业太重所以就会有福报，穷奢极欲乃至有"生"而无"命"。

什么是"命"呢？像菩萨一样，越有情，命越长。

成佛不难，难在舍！想舍必先发愿。发愿有两种：一种是共愿，所有佛菩萨的共愿就是利益众生；还有本愿，是一个人根据自己条件所立之志。如果本愿发得不对，路一定不对，差之毫厘，失以千里。《楞严经》说"因地不真,果遭迂曲",而如果只有共愿,没有本愿,就还是没有落实到行动中。

虽说一切众生皆有佛性,但不是一切众生皆能发愿。

发愿是成佛之因,是修行的核心基础,一切佛果都是发愿发来的,有发愿的最初动机,才会成长。禅者去弘扬禅法,是不是修好了以后再去呢？不是！是边修边弘扬,在此过程中,因为我们自己的能量不够,所以我们就会遇到各种各样的困难,每一次的困难都是一次成长、增进巩固愿心的机会。不是说等修成了,再回来弘扬,而是在过程中,在一切困境中成长、修行。

为什么修行人成就得有快有慢呢？因为每个人的愿不同、行动不同,执著在"事"里的要去"理"中修,而执著在"理"里的就要多去"事"中磨。缺乏真正的大愿,就会把发愿发成了我要吃素、减肥,要心情平静,要身体健康,要老公爱我,要孩子听话……这叫愿吗？这是"怨","怨"生活不如意。"愿"从来都是为众生发的,所以佛法中没有"许愿",只有"发愿"。

悟道的人,是通体光明的,体内隐隐有大火一样,皮肤仿若透明,内在光芒万丈,这比太阳光厉害,因为不刺眼,不灼伤别人,能随着生命力持续照耀,所以又叫"常寂光"。成道的人其实都是这样,和这样的人在一起,才有可能"沾光",可您为什么现在沾不到光？因为业障把自己挡住了,就像乌云把太阳挡住了一样。

自己的心头乌云密布,看不见乌云背后的太阳,可不要忘了,乌云是怎么显现的呢？还不是因为背后有太阳？

所以您能看到的佛菩萨、祖师,不是他们真正的样子,而是透过自己心头的乌云显现的影子,真正通体光明、常清净的琉璃光,您看不到。一切众生看不到佛光，别误把彩霞满天当作佛光，那不是佛光，是光影。

佛光不一定是您看得见的所谓"瑞相"，妖精更喜欢用"瑞相"迷惑人，只有和自己的自性光契合了，才会知道什么叫"通体光明"的佛光。这就像某个电插座电频对上了，您的自性光明可以和佛菩萨的频道连接上，这时候才知道，佛光未必是耀眼的，而是不灭的常寂光。

那个时候打起坐来，不管是开眼还是闭眼，能看得到一片清净的光。那就不是幻想了，可现在您只要眼睛一闭，就漆黑一团，眼前一团乌烟瘴气，有时候能看到一点光，您怎么知道那是佛光还是鬼火？因为内心的光明被污染遮住了，所以分辨不清。

觉悟的人，什么都是好的，三十二相样样好，注意不是长得好看叫好，那是凡夫的标准，样样好是指百千万化身，无一不为众生变好，所谓看上去不好那是凡夫见。

而凡夫呢？也具足三十二相，只是三十二丑，八十随形不好，口臭、汗臭、脚臭、便臭、口水臭、思想臭，没有一样不臭。为什么呢？因为时刻只进不出的毒气散发不出去，每天吃的、喝的、思考的，各种毒一样也排不出去，全堵在身心里。

表面上样子好看不是好，自好也不是好，能为众生变好，才是真的三十二相好。想和佛菩萨一样境界，那您要和佛菩萨一样的愿力才行啊！愿力相通了，就能感受到什么是佛菩萨的加持。愿力不发的时候，您和佛菩萨是活在两个世界的，佛之光、宇宙能量跟您一点关系也没有。

什么是能量？肉眼也能观三千大千世界，直接观，不需要闭眼睛，也不需要瞪着眼,更不需要什么神通法术,因为三千大千世界本来就无碍,您不见是因为业障太重,不是三千大千世界有意隐藏,而是您自己时刻无论睁眼闭眼,心都昏沉沉的,怎么能"见"呢?

每一个生命都是发光体,本身就带着自己的生物光。说某人气色好,气色就是一点点气血而已,这光实在是太小。可是普通人如果那么一点点气色提亮了,别人就马上觉得这个人不同。

许多人认为修佛就应该吃素,佛在世时,外道有九十六种,拜火的、画符的、念咒的、扶鸾的,这些外道绝大部分是吃素的,唯独佛没有强调一定要吃素,怎么突然吃素就变成佛弟子的标配了呢?

吃素是修者为了心中不灭大悲的种子,如果您心中不具足大悲心,一边吃素一边两舌、恶口、传谣、害人……这素吃得有什么意义?还有人吃素,把豆制品做出鸡鸭、肉排的味道,不舍肉味的还是吃素吗?吃素不是吃个素相,素相和悲心没关系。

佛驻世时,几乎每一个外道都有很深奥的哲理,如果您定慧不具足的时候,四处去听课,今天感觉吃素好,明天觉得拉筋健康,后天又认为念咒有助心静,再后来又觉得瑜伽舞、太极操不错,您能分辨出这些修法、功夫对自己是帮助还是伤害吗?

瑜伽、婆罗门都是佛驻世时就盛行的,您能知道其中的区别吗?有些人把玩手指头叫结手印,手印背后什么含义您懂吗?念咒也是,咒是什么?要怎么念?每一种念法背后寓意是什么?这些不搞清楚,修些皮毛、修点形式,必然自伤!如果带您修的老师自己也停留在皮毛阶段,说出来的话还在鸡汤范围,建议您没有遇到真正的明师前,不如背个包去世界各地旅游。

玩观想、玩手印、磕大头、玩放生、玩火供的人,多少人嘴巴念着大慈大悲,却没有任何真正的慈悲。为什么呢?自己愚痴啊!愚痴人的行为能有真正的慈悲吗?建立在愚痴上的愚行,不过是用修行的名义换取另一种名利。您肯为众生做什么呢?肯为众生舍什么呢?

修,是下了大决心,希求不再过迷茫的日子,发愿要从梦中醒来,而醒不醒是自己的事情,您要比就和自己的过去比:我今天有没有比昨天更好?当下有没有比上一刻更从容不迫?但不是我今天打坐一小时,明天必须一个半小时叫"更好",身体功夫打开到什么程度不必刻意计划,心到了身体总有一天会到的。为什么您现在修炼境界总是忽进忽退呢?因为心在患得患失中!有一天,心清明了、释然了、打开了、更包容了、更会为对方思考了,这就是成长,身体也会不知不觉跟着变化。

在禅舍里修身,不是天天看着自己身体的功夫到什么程度。可能今天盘一小时,明天十分钟都盘不到,身体是无常的,这没什么了不起,您只管正见是否具足、心的状态是否清净就可以,其他就顺其自然。只要精神上精进不息就好了,进步退步都开心释怀,不要纠结为什么昨天盘一小时,今天十分钟不到。您昨天失眠,今天为什么酣睡呢?好转的方面怎么不去思考?

佛经上说声闻乘都是外道,您修到了声闻缘觉地步了吗?到了四禅八定的地步了吗?到了四禅八定又怎么样?大通智胜佛早到了!修行不以愿心为第一动因,一切都是"梦幻空华,何劳把捉"。

常听人说:我修禅方法不对所以进步慢,要知道通常不是禅法不对,而是您以为的那个根本就不是"禅",大多数叫"附禅外道"。

有些带禅修的老师在课堂上讲,现在我们开始打坐,大家一起空掉妄想,妄想怎么空? 空得掉吗? 玄奘法师在《八识规矩颂》中说:"引满能招业力牵。"您要空这个妄想,想法没有错,但妄想不是您有本事能空它,而是它来空您! 也就是说,您被"空"空了。

"空"的这个念头本身就属于妄想,是个常被引用的鸡汤词,所以要搞清楚,是妄想来空您,您能把妄想空掉吗? 本、末都没搞清楚呢!

为什么说"引满能招业力牵"? 业力就像拉弓一样,弓拉满了,放出去自然受果报,这是一种解释,另外一种解释是说业力包括了善业、恶业、无记业。您发善心的愿力,修持满了,这属于善业的成就,必然功德圆满,这是善业一样"能招业力牵",善、恶、无记都是被业力牵引的。

异物附体或突开"天眼"等,在坐禅中出现较多,有的一现而过,有的则持续一阵子,禅门皆称为"魔事"。这在修行中是特别危险的情况,没有明师指引,学人根本分不清是功力在提高过程中的自然反应,还是心魔炽盛。禅修炼功本易被灵异侵犯,与巫婆、神汉及老幼病弱者易被病魔侵扰的道理差不多,修者能初步静定后,大脑意识活动转慢,心境空虚,各种信息容易侵入,天地万物越有灵性的生命就越易受感应,同类异类统统都会被感应,故有时会显现出一些神通异能,此时当立即向禅导师请教。

《楞严经》中佛言五十阴魔境界,即详述修禅在破色、受、想、行、识五阴境界中,可能表现出不同的神通异能和邪见。有时候出现危险情况,修者自己不明，还高兴得很，以为得了神通，开心地讲给老师听，岂不知老师本身也不懂，一起瞎高兴，结果可想而知。

修者自身如无正见防护，又追求神速、神奇、神通、神秘，故使心魔作祟，异物有隙可乘，好比主人若迷，客得其便。

庄子云："夫子之心，其蓬也夫？"凡夫之所以叫凡夫，就是局限在自己的视野和心胸里，心像乱草一堆，被眼前的情绪、杂念、妄想塞住了。有人一提到修，第一念就是我要怎么样、我们家怎么样、我的亲人怎么样、老师能给我什么、能沾到什么光。带着这样的心修是没有用的，一切佛发的愿都是为利益众生发的。儒家也讲发愿，宋朝范仲淹的愿是："不为良相，便为良医"，他的医学成就也非常精深，但一辈子没用上，人们也不知道他是良医。为什么？因为拜相了！成为良相比成为良医治的人更多。我们现在不少人不是成良相，而是"亮"相，想当网红，在网上晾一晾"相"。

凡三十二相不好时就是个丑人，有什么好"晾"的？相不好会有什么毛病呢？不是五官一定不好看，而是顽固、玩冥、愚痴、盲目，以及听不见什么玄妙的声音，妙声发不出来，只有嗓子里发出一点又细又尖的声音，有的人还驼背佝偻，加上意识狂乱、情绪癫狂。这些问题都在，有什么值得去"晾"的呢？我们需要禅舍修行，使自己真正相好庄严起来，巍巍堂堂起来。

现代社会物质文明越来越进步，可是众生的果报却越来越差。为什么呢？因为物质文明是依报，依报越来越好的时候，色身正损，正报就薄了。依赖依报生存的人是可怜的，佛经里称为"其身下劣"。

药师佛曾说："众生无救无归，无医无药，无家无亲，贫穷多苦"，这不是说您的物质财富多么贫穷，而是心里贫穷，"无救无归"。凡夫一生就像个浮萍一样不知道哪儿是归处，也没有什么医药可以医您的心病。此心不安时，根本不知谁是真正的亲人，哪里有真正的家，所以心贫心穷才是真苦啊！有些人跑到庙里去烧香拜佛还不够，还给佛脸上涂金，有些人带着几枝花、几根香蕉去敬佛，敬完了以后有人还想拿回去给孩子吃，这都是和佛在做生意，想拿这么点东西换升官发财、健康幸福，不是做梦吗？

什么是真"供养"？"供养"这个词从梵文翻译出来是欢喜心，使对方生起欢喜心。想供养佛菩萨，就要知道佛菩萨为什么会欢喜？唯有如理作意，如法修行，慈悲度众，佛菩萨才能生起欢喜心，这是无上的供养，功德才是无量的。"莫以凡情测佛智"，否则只能越想越错。

没有愿力的"禅修"，就是个人兴趣爱好，可以说是另一种奢好，一般人好抽烟、喝酒、喝茶，您爱好"禅修"而已，没有不同，水平境界都是一样的。想真正禅修超越世俗标准，唯有愿行！

为什么不说发大愿？因为发愿利益众生是禅者本分事，没有什么伟大，禅者甘做世风的引领者、迷梦的唤醒者，心包大千，超越两边，无所畏惧。世人以为的好坏、因果，不会在禅者的心里滞留，"不昧因果"是也。

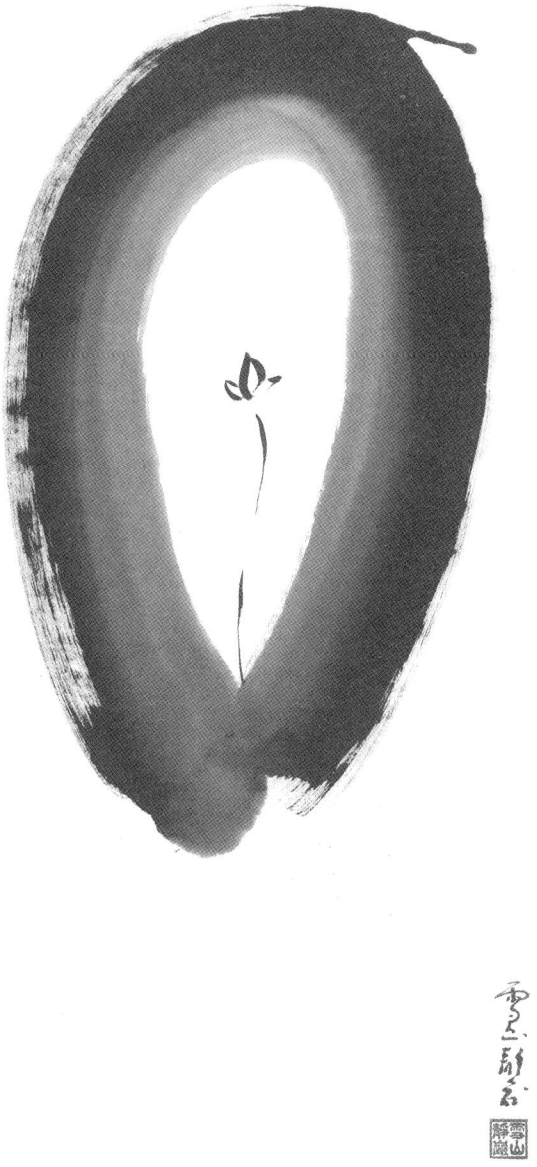

身逍遥和心自在

所谓禅者应有两个标准:能身逍遥;能心自在。

之所以不能身逍遥、心自在,影响因素就两个字:习气!

那么我们如何判断是否身逍遥及心自在了呢？不是自己认为的,对外要看是否容易被别人的语言影响、是否被潮流带着随波逐流、行为能否保持独立;对内则看能否自主意识。

身如何逍遥？需不局限在时和空上。心怎样自在？在法、境、人、事、理上都能出入不二。

禅者首先观察自己身是否已经逍遥,也就是身有没有被时、空局限。"时"是指过去、未来、现在,能三心不得,不活在过去、未来、现在的人,是在"时"里超脱"间"了的人,经云"时""一时",从来没提过"间"。

如何超越"空"呢？地球、宇宙就是一个整体,心怎么能被局限在那么小小的"间"里？身体、家产、公司、疆域……这些都是人为划分的,不是本来就有的,所以必然是可以超越的,超越不是不要,而是不被其约束。

不过有形之空还是相对好超越的,无形之空就难了,如网络一般因为无边界才叫"网络",横向的叫"网",纵向的叫"络"。横向的网是人与人互相连接的网,可以是互联网、关系网;络是深度的枷锁,可以是情网,一横一竖,纵横交错,人如网中之鱼,无处可逃。

如何能不被"间"限制呢？只问耕耘,不问收获！英文说"To be not to do",禅门说"不作意",当下能存在着便是生命的奇迹,所以人要向花学习,开的时候,从来不去想结果如何,不去和别的花比较花期、比较大小、比较颜色,不管下一刻是否被人采摘,也不管结不结果子、果子能不能生长……

花活在当下所以才美。老是纠结在果上,忘却了过程已是全部。

种子发芽了种子就没有了,花开了花就没有了,果子成熟了掉下来就又是种子了。有什么是"结果"？又有什么不是"结果"？

一　参究经典,领悟禅理(心自在的基础)

君子有三畏:畏天地、畏大人、畏圣人言。

畏本是人特有的品格,动物只会怕,畏发自于敬,恭敬才有畏。小人就无所忌惮,无所忌惮不是儒家说的无畏,无畏产生于畏,没有兢兢业业、如履薄冰地敬天畏地,没有自觉和自律,哪有虽千万人吾往矣的无畏气概？

经典是什么？是君子依据圣人言而行的行为准则,是文化的传承。现代人看经典是随便翻翻,拣几句似乎有用的格言,在朋友圈发发装点自己,或用来给自己行为找借口。内心里却缺乏了恭敬心,不觉得圣人有什么了不起,不觉得书的作者是应该被恭敬的,不觉得自己的认识太局限。

笔者向来只说请大家参究经典,但对初修者说要多看书,因为经典的内涵无限,不是随便翻翻就能自以为懂的,随便翻翻绝对看不出什么。恭敬心生一切法,您都觉得圣人没什么了不起了,能真正解其意否？您摘录下来的所谓有用格言,不过是用自己狭隘格义了的鸡汤,用以辅证自己的观点而已。观点会过时,经典不会过时,凡过时的都不会是经典。因时而异的经典不会过时,会因时制宜地发出机和用。

一切经典皆有浅义,即文字上的意思;有深意,即文字里的意思;还有密意,即文字背后的意思。

参究经典本必有读、写、解、契四个过程,通过这四个过程最终要的是学人契合文字后面之密意。

为什么叫参究,不叫看书?即学人身体内每个细胞都参与进来,不仅仅是眼睛和耳朵在工作,而是每个细胞一起亲近智慧,每个细胞都自发和智慧相应,这样才能契合进生命里,帮忙智慧的一层层打开。

怎么知道每个细胞都能相应?如果参究仅仅是眼、耳的工作,看一会眼睛会累,听一会耳朵会疲劳,这就是入眼、入耳不入心,看和听的难记住,而如果是全身心参与参究经典,则会越参越轻松、越释然,有时会手舞足蹈,开怀大笑,不自觉去浮一大白者有之,这就是"自歌自舞自开怀,且喜无拘无碍"。参究的妙处非身临其境者不能知。

参究经典和普通看书有什么不同呢?就好比是普通唱歌和禅颂之别,普通唱歌是一种爱好,您可以在家里唱、卡拉OK唱,只要唱得高兴便可,这和嗓子有关与智慧无关。普通唱歌是耗气的,而禅颂是种运气修炼法,需提振丹田之气和周围气场共振。故,普通唱,唱时舒服实则耗气,颂禅颂时感觉累,常炼则大大帮忙气息通畅。

普通人看书也一样,为了兴趣看,看完一本换一本,能记住多少、领略多少呢?作者是作者,读者是读者,互相不搭界。参究则不然,参时不提倡换书,要点是重复!读者和作者要融为一体才是,先感觉这书就是为"我"写的,再感觉这书就是"我"写的,"我"就是作者,这是"我"自己写给自己的书,最后"我"带着"我"的书去利众。

这就是通过参究完成生命的传递,在这样重复传递的过程中,读者会突然遭遇某一刻的豁然，明白生命本来无隔，自和他，完全可以同心。

重复是种迭代运动，禅者参究、读书、修炼是在简单重复中不知不觉成长。为什么普通人读书不愿意重复呢？就是兴趣所害。什么是兴趣？您的视野、胸襟、抱负、志向、智慧都不够时，能发出什么境界的兴趣？此时所谓兴趣，都是习气的别名，所以为了赚钱读、为了有用读、为了养生读、为了美容读，反正都是有目的读，书中找到自己想要的，这本书便如同鸡肋，老重复多无聊啊，不敢重复的人是自信心不足的人，怕别人瞧不起自己，为什么要老看一本书？老重复听一段乐曲？老单调干一件事？没创新！其实成天想着创新的人其实就是爱折腾，在折腾中找到存在感，体现自己活着。

参究经典，根本在于不是看文字，而是要参究文字的弦外之音，就像弹琴，非dou非ruai部分是触动人心的妙音。日常参究最好的环境就是禅舍了，有稳定修行气场的地方和自己内心对话，体察每一句文字含藏的深意，契合每一句文字背后的密意，直接关照在真正能触动心灵上参究叫"妙悟"，是引发直接顿悟的心灵感受，它不存在于逻辑思维、分析比较里，而是直接的、偶发的，"得之在俄顷，积之在平日"，有心遍寻不得的。

古文没有标点符号，用笔画圈，标出句读、断文叫"读书"，用嘴发声叫"诵书"，背会了书默诵才叫"念书"。所以，会读书的人便能解句，不是嘴巴出声叫读。

什么叫对经典的正解和误解呢？有个故事。

学生问老师：什么是白色？师说是天鹅一样的颜色。学生说：哦，白色就是有羽毛的。师摇摇头说：雪的颜色也是白色的。学生说：哦，白色是会动的。师叹气摇头说：白色也是海螺的颜色。学生想了一会说：啊，这下我彻底明白了，白色就是生长在海上有羽毛且动的东西，就是住在海边的鱼鹰喽！所以，经由学生的理解，黑色的鱼鹰就成了一种叫"白色"的动物了。

为什么我们沟通会产生这么多的误解呢？就是有时候我们为了说明，不得不用比喻来解释。可是用比喻的时候一定要小心，比喻只能帮助说明，不能证明，并且听者会自引申出和原意本不相干的含义，有的呆子就会执著在自引申出来不相干的含义里再去引申，并且还特别申明，这些都是听老师说的。

一个白色都会引起这么多的误解，更何况我们不可说、不可见、不可思量、不可思议的禅呢？"禅境"是禅者自显现境界，本来就是不可说、不可见、不可思量、不可思议的。

人的根本识"阿赖耶识"，还有个别名叫"阿陀那"，即"阿赖耶识"有个作用，可以支持人身体所有器官、根官不坏的生命力，这是周遍法界的生机，周遍一切时空，周遍呈现生命体态、形态、状态与不呈现生命体态、形态、状态的世界，包括周遍一切的生死界、涅槃界。

从人的角度来讲，周遍的生机就是"大悲"，是由佛的本愿而起的大悲；从法界的角度讲，这个生机就是"大乐"。所以，"大乐"和"大悲"是"一圆相"，生机的一体两面。

为什么有些人一修行就会被名词绕死呢？因为对名词曲解了，要么死记硬背，要么把本身很有内涵的名词简单理解，要么又把一些简单的名词复杂理解，自己不理解又去胡乱找各种参考书，引申出各种相似的说法，结果把西哲、儒家、道家、瑜伽等圣人语，用自己的境界和理解格义，看上去好像很有道理、很博学，实际呢？由于自己正见不足，一切自己似是而非说法里隐藏的漏洞，自己看不见，最终，自欺欺人，害人害己。

禅门不让学人乱看书，也不得依文字、义理，依佛经修，而是依照师父的教授修习，原因就在此，故此找对修行正法、具足正见的师父是禅修第一要务。

比方我们修"不二禅观"，首先要抉择我们的正见，其次开始学会如何观想，最后契合现证境界。可如果仅仅是看文字，知道具体怎么做吗？什么时候配合什么呼吸？什么样的境界可以继续观下去？出现什么状态不用害怕？什么时候要忍辱什么时候却要立即停止？这些就需要师者耐心带着学人前进，自以为聪明的，或者胆大胡来的，只有自食其果。其实光是"天台止观禅法"和"不二禅观"有什么区别，您就想破脑袋也难想出来，看书？天台智者大师写的书都可以看十年不重复，更不要说理解和如何运用了。

有些人的生活是快乐的，这是能找回自己与天地万物合为一体的人、去掉了人生幻惑的人，这些人循着人生、老、病、死的规律，和万物一起经历成、住、坏、灭的过程，就像花开花落一样，没有什么不得也没有什么失，生生死死没有悲伤，生不乐，死不忧，有与天地万物一样的气象。

还有的人的"快乐"是一直生长在自我的幻觉里不能走出来。如果只是沉浸在自我世界里自欺欺人也就算了，可惜必然会被贪心引出自我境界，因贪心膨胀，把本来一个小小的人、家庭、自我，扩张到无限大，贪心随着能力的放大而放大,这种人的快乐从哪里来呢?从不断地满足贪心中来。

一次次的社会革命带来了物质不断的进步,结果是什么呢?蒸汽机发明的时候,是给中国带来了影响深远的鸦片战争,战争过去一百多年了,中国人还在遭受这场战争的后遗症。从物质方面,我们被掠夺,在坚船利炮下措手不及,于是师夷之长技以制夷,把自己快速并入西方以物欲为核心的发展轨道。

因为工业革命,人类有能力发动世界性战争,战争给人类带来什么,自不必说。

佛法说:凡人以虚幻为乐。这不是乐,是苦,凡人以苦为乐;而那些逃避红尘躲起来不问世事的人,认为的乐其实也是苦,不了解人生之苦,这些都是颠倒梦想。

"我"本来就是众缘和合的产物,从身体、细胞到思想,是无数因缘组合,穷究至底,哪里有一个"真实的我"呢?人们在"五蕴"的现象上假立了一个"我",并执著于此,叫"我执"。禅修就是为了认清"我"、和"我"的"心性"如何相应,相应后"我"空了,相应的"法"也空了,生命才能身逍遥、心自在。

我们可以把沉沦在红尘中的、浑浑噩噩的、自我欺骗的这些人作为一端,把那些逍遥出世、隐居山野的人作为另一端,这两端,是生和死的两端,禅者恰恰要在"中"修行,契合"中道"而建立净土,这需要般若为乘去驾驭两端,就像走在钢丝上,用般若达到平衡。

儒家称"执其两端扣其中",所以叫"中庸",禅门叫"生活禅"。能够在游戏里,心不受游戏的奴役,就像看剧情一样,非常清晰地看到凡人在幻惑的舞台上如何诸般迷恋,如何不肯谢幕,如何孜孜不倦地牺牲生命而追求自己也不明所以的东西。然而禅者虽能观剧情,却不为剧情所惑,坚持在人间生活,不嘲笑、不厌弃、不离开人间这个大剧场,出入其中,自在无碍。

"执著"这个词本身有两种含义,很多人为文字所惑,混淆不清,其实佛法中"执著"是有特定内涵的,和"坚持"不同。坚持是一种力量,执著是一种烦恼,譬如运动员,刻苦训练、不畏艰难永不放弃是坚持,因想得名次而紧张是执著。过去心、现在心、未来心不可得,是不要我们执著,并非不要我们坚持。躺在过去的成绩上或消沉于过去的失败中是执著,计划的未来没有实现感到失望也是执著。反思过去、成就未来是为了帮助我们更好地成长,这和执著于过去、计划未来是两回事。

能观游戏而不被游戏所戏,这样才是"身逍遥",什么是"心自在"呢?修禅不是为了脱生死而修,心自在于生死,在生死中自在。

心为什么能在生死中自在呢?因为生和灭是一体两面的现象,像日升日落、像花开花落、像海水波浪起伏、像潮涨潮歇一样是现象。

生命特定的现象,叫"生""死"。

比如说,特定一个人的生死可以在这个时空中出现,也可以同时在另外一个时空出现,在这个时空中出现叫"灭",那么在另外一个时空中出现就叫做"生"。再比如说,一个人的灭,是同时另外一个的生,在佛法里,另外一个的"生",被称为"无生"。

花开的时候,是花开这个现象"生"了,与此同时,花还未开的这个现象就"灭"了,注意这两个现象一定是同时发生的,如果花还未开这个现象不灭,就不会有花开这个现象生起。然而,花未开这个现象一灭,是不是意味着同时花开了呢?

如果不理解,我们再换个说法,"明"和"暗",生起"明"的同时,必然是"暗"的消灭吗?"暗"有灭吗?"明"里有没有"暗"同时存在?"暗"里面有没有"明"同时存在? 您认为的"暗"对于某些生命,是否是"明"? 那么,什么是"明、暗"和"生、灭"?

凡是刻意追求养生、健身、长寿的人,一定是惧怕死亡的人,现代人一直在养生和长寿二者中间迷失,以为二者是一码事。故此,用养生的理由冲着长寿的目的奔跑,这叫刻舟求剑。

死亡不会因为您怕它,就晚点来,相反,多数情况您越怕越吸引它早点来。

每一个生命体的寿命不是一个平均值,而是互相不一样的绝对值,古人常说的无疾而终、善始善终是死于寿命而不是疾病。事实上,不死于疾病而死于寿命的例子数不胜数,当然祖师们往来生死不在常例中。

普通人对这些内涵比较混乱,被由来已久的概念误导,再例如"生命在于运动"一说,把运动划入养生的范畴。对于所有生命而言,运动是本能,如果把运动作为养生内容,显然是否定人类天性的活动本质,将本能退化为人为。

想长寿为什么? 大部分人为了贪生而纵欲,所以这就和养生背道而驰了。

养生之道在滋养生命,生命是心的富足,不要照着世俗的影子来画自己。

天地间不过一感应,怕,就是念想,反过来说,时刻想着养身的人,实际上是在时刻念想着死亡快点来,这是不是有点讽刺?

是的,人就是因为无知所以才受苦,修炼便是一步步了解实相,能和无常游戏,观察到生、灭的现象到底是怎么在变化,此时,您便可以进入一种安然之境。不会像凡人一样,因不明事理,时常用意念自己诅咒自己。

身非身能养,如灭火需用水,养身之资粮是慈悲和智慧。

我们把执著在两端、"生""灭"现象中间的叫做"中道",又叫"生活禅"。要想进入不生不死的通道,唯有契合"中道"修行,在"生活禅"中成就。生命是不常不断的,"常"是恒常不变,"断"是消灭、断灭、没有、虚无。在无常和常之间的平衡点,就是不常不断的生命了。

这不难理解,从物理学角度来说,我们不可以将光波说成"常""断",同样也不可以将粒子说是"常""断"。

量子物理学告诉我们,表意为能量的波,可以转变为表意为质量的粒子,条件变化时粒子可以转变为波,我们通常将质量视为有形、能量视为无形,有形无形之间呢?是什么?

爱因斯坦的相对论给出了一个公式,"相对论"这个名字起得太好了,只要是在世间,哪有什么不是相对的?我们能够不常不断地去理解这个时空时,这种理解本身就是不常不断。禅者发愿成佛,这发愿的心,本就是佛。

我们可以感觉到现象界是混乱不堪的,可是无论怎么混乱,一定有规律可以遵从,这个规律就叫不常不断,物理学家提出了"不可见空间"的概念。

用不常不断的心去"观"去"修",心才会在生死中自在、在自在中生死。自在心能够观察生死全因能够和"空"契合,深知宇宙万物的真相便是"不可确定性"。这是修习"不二禅观"的必要条件。"不二禅观"是让心自在起来的修法。

"本来无善恶,善恶由心生",佛法中说人不同的生命状态会在"六道"里轮回。"六道"就是六种不同的生命状态,即贪欲、嗔恚、愚痴三毒的变化。

三毒可以分为善、恶两类,所以能变成六种不同的情操。

贪欲是生命的发动机,未来利益众生的欲叫"有情",为了满足自己私欲的叫"贪欲",这就分成善和恶两道了。同理,商道中正当得到财富并回报大众是"善";损人利己或损人不利己,是"恶"。

嗔恚也分善恶两种变化,菩萨对待恶魔时怒目金刚、禅师对学人不依不饶,做狮子吼,这是"善";而凡夫为了自己私利斤斤计较,和人生气、生怨、结仇,这是"恶"。

愚痴同样,自信信他是"善",迷信、执著是"恶"。

有人不理解,愚痴怎么也可以自信信他,会有善的一面呢?比方说,有些经典未必马上看得懂,师父的有些话您也听不懂,但您坚信不疑,这是善痴,有了善痴才有机会在正法熏习下逐渐转化。一个人爬山,可能不见道,但只要跟着不迷路的队伍一直走,总会到达山顶。而恶痴就是落在迷信里、邪道里,成天疑神疑鬼,为了私利而修行,为了私利而诅咒别人、控制别人、陷害别人。人心中本就具足了六道,六道轮回就是在六种情操的善恶两端里轮回。

禅修一定要知道如何去和法相应,佛经里说的天人、阿修罗、人、畜生、恶鬼等六道名称都是根据人不同的情操来起的假名,用名字来表法。

比方用"天人"表贪,天人一生下来,天女围绕在身边,终身享受各种天食,享受爱欲,可还是不满足,还要引诱阿修罗道里来的阿修罗女,天人因为"贪"而无法成佛。

理解了六道轮回,就理解了"一念善即菩提,一念恶即地狱"。人一天到晚就是在六道中不断地念念轮回。

有人问,祖师们只说"逍遥"和"自在",没有说过"身逍遥""心自在"。为什么这里这么说呢?因为古人的身心是包容的、统一的,大部分修行人是和谐的。

两百年前,普鲁士的分科教育法被西方社会接受了,再通过新文化运动进到中国后,受西方教育影响,如今大家习惯性地把什么事情都分开说。如果我们统一地按照身心合一的说法,按照中国传统去说,现代人难以接受,所以分开说是方便说,不是究竟说。

所谓的逍遥,是身超越了时空才能逍遥,难道心不在时空里吗?身怎么超越时空呢?一定是身通过了心的作用才能超越时空,心在时空里显现,但是它具备了超越时空的功能,把心的这种功能发挥出来的时候,身才能逍遥。

心自在也是一样,如何能自在呢?心自己自在吗?心有不自在吗?都不是,心是通过身来体现自在的。

身和心本质上是不能分割的,但是,必须得用现代人能接受的、能听得懂的方式来给他解释。

二 静坐入定,净化身心(身自在的基础)

现代人不能逍遥,首先是被过去、现在、未来这时间三相给游戏了,我们仿佛能切身感觉到时间的变化。早晨太阳升起,晚上太阳落下,随着日出日落仿佛感觉到一天过去了。

人好像是活在时间里的,因为时间变化而感觉自己年龄大了、记忆力衰退了,在时间流产生的幻觉里我们感觉自己身体老旧了。

我们追忆过去,不过是在追忆过去的时间,韶华早逝,斯人已去,听上去好不悲凉!

时间变化了吗?

在禅舍修行的第一点,就是要明白,时间和空间是紧密结合在一起的,空间产生了时间,时间是个产品,时间被制造出来后时空是不可分割的,没有脱开空间的时间,也没有脱开时间的空间。时空就是一圆相,如同手的阴阳两面,既然不可分割,怎么可能只有一个变化,另外一个不变呢?

为什么空间的变化,人感觉不到呢?

空间变化了吗?

假设有人坐在禅舍里,一天二十四小时坐在原地不动,看上去一天过去了,好像也在原地没有动。这个人真的没动吗? 没动是自己和别人共同产生的幻觉。

地球在赤道上的自转速度为466米/秒,二十四小时地球都自转完了一圈,您说动没动?不仅自转,还围绕太阳公转了1/365圈,这个公转说得不全面,地球围着太阳转,难道不围着太阳系中心转吗?银河系中心呢?宇宙中心呢?一切转都是在人类已知或未知的范围做椭圆或圆周运动。

至于其他磁场、气场、温度、湿度以及所有外在的环境,都在迅速变化,迟钝的人被自己的感觉所障不知不觉而已,花是突然开的吗?草是突然绿的吗?风是突然起的吗?……万物哪有不动的?

然而,如果您认为天地万物都在不停地动,此又落入"二见"。

僧肇法师的《物不迁论》是"中国禅"的经典之一,其云:"夫生死交谢,寒暑迭迁,有物流动,人之常情。余则谓之不然。"也就是说凡人认为万物在动,生死交替,四季周而复始,看上去在迁流运动,这是凡人所理解的常情,然而,法师认为并非如此。

"何者?《放光》云:法无去来,无动转者,寻夫不动之作,岂释动以求静,必求静于诸动。"

为什么呢?《放光经》说:事物,也就是现象,根本没有来与去,即没有运动转迁,要探索事物没有运动转变("物不迁")的道理,岂能离开事物在现象上的迁流运动而寻求事物的静止不迁呢?所以,我们可以在事物的迁流运动中发现事物本体静止不迁的道理。

"必求静于诸动,故虽动而常静。不释动以求静,故虽静而不离动。"

事物虽然表面上是迁流运动的,实际上本体是静止不迁的。悟道者能不离开事物运动迁流的现象而发现事物静止不迁的本体,能理解事物本体是静止不迁的,但却不离开运动迁流的现象。

"然则动静未始异而惑者不同。缘使真言滞于竞辩、宗途屈于好异。所以静躁之极未易言也。"

动静并非对立的关系,又是不能分离的二相,迷惑的人总认为动静是两回事,不理解这是事物存在状态的两面,他们认为事物要么是运动迁流,要么是静止不动,也就是说,事物不可能既是运动迁流,又是静止不动的。

正因为凡人这些二元对立的观点,致使本来超越二元对立的"道""法""禅"陷于对立中。

禅舍修行的禅者,是追求和大道相应的人,不是追求养身的凡夫,对事物存在的状态,即动与静的究竟之理一定要用心体会,这些在语言上很难说明白。因为只要使用语言,就容易落入二元对立的概念世界中,从而难以解释超越二元对立的"道""法""禅"。

"何者?夫谈真则逆俗,顺俗则违真。违真则迷信而莫返,逆俗则言淡而无味。"为什么凡夫难以明心见性呢?因为"心"和"性"违背凡夫的常识,如果随顺常识、常情就不见"道",就会陷于常识的迷信中,迷惑不见诸法的本性,不能返末归本。

六祖云:"二道相因,生中道义。"佛陀为乐小乘者立了个"清净涅槃"的相,从大乘般若上说,没有涅槃也没有不涅槃,无相即实相。

师者的境界高低便在于如何教化学人在生活中将无相转进实相,有人从体性上来解释,空性之体无生灭,故诸法无生灭;诸法无生灭,故诸法实相。这么解释，空与有，便归于一性，所谓江河之异水皆归大海一味，这种文字推导无法帮助学人获得实际的证悟，只是在摆弄文字，属"文字禅"之"戏论"。

僧肇法师独辟蹊径，于万物流变处，即实际关照处入手，他说："以昔物不至今，故曰虽动而非静"，又说："亦以昔物不至今，故曰静而非动"，对于凡夫而言，万物迁流不息，故昨日能至今日，昨日已灭今日实在，今日不去则明日不来。

然而法师说"亦以昔物不至今，故曰静而非动"，超越时间流的关窍便在观察者自身上，当观察者以为自己"立"于此刻时，时间流便存在了，而如果观察者无我，能与万物一同流变，那么于任何一个当下，包容观察者的整个现象界对于观察者而言，是静止的。

可见，观察者不执于"我"，不自心取自心，不骑马找马，便会超越因恒立于我，而观照一切现象的感受。

换句话说，因为以"我"为参照，观测对象才有动、静之流变，当觉悟我非实有，自他皆为同体之现象时，那么一切无常就是常，此即不二法门之根本心法。得明此法，就能无限、无量、无时、无空，因为各种限量都无意义了。

我们为什么不能理解般若？因为总以"我"为参照物，故有自他对立，"禅舍"乃舍"我"之场，统归万象，则万象流变自虚。僧肇法师在《不真空论》中云："是以圣人乘千化而不变，履万惑而常通者，以其即万物之自虚，不假虚而虚物也。"

万象自虚乃绝待之性,一切虚则一切实,故非实即实也!

凡夫之人,怕逆法,因为逆法不顺常理,讲起来凡夫不信,感觉很遥远,和自己无关,故老子云"下士闻道,抚掌而弗顾"。道虽无在不在,然凡夫不知、不见、不闻、不信、不求。

回到前文,您认为自己在房间内一天没动,是真的没动吗?是真动了吗?有个动不动的心,就是二见。一念迷是凡夫,一念悟是佛。

动不动是相对说,如果早上修者心量没打开,小得像个蚂蚁一样,只考虑自己身体,修行就是为了自己身体健康;中午,心打开了一点:要为家人、朋友,带着他们一起修行;到了晚上心进一步打开了,要为了国家民族,为了传统文化而修;再到了子夜,心突然之间和天地相应了,发愿要为一切众生修!愿起时,心之量,是不是从早上小蚂蚁突然变得和宇宙法界一样无量了?所以身一天看似没动,心动否?宇宙法界本无隔,是人心自隔而产生有限之"间"。

禅舍有多大?心量有多大变化,空间就有多大的变化。

维摩大士住的小小禅舍,叫方丈室,大士于小小禅舍内"手接大千",芥子能纳须弥,大小无穷随心变化,这变化从何而生呢?

禅者心大的时候,时间就不再是常理的时间了,会慢下来,一念万年,万年装于一念,万年的"间"大不大?一念却能装下,而心越小,时间过得越快。这里的快慢又是二次相对,例如一念万年时,时间变慢了,可是感觉却快了;万年一念时,时间变快了,可是感觉却慢了。

时间的变化和空间的变化正好成反比,换句话说,"间"变化了,时和空一起跟着变化。突破时、空的入手处，便在于改变"间"的大小、体量，"间"不住您，便是无碍时。

"空"不等于空间，"间"同"监"，有了一个人为的"监"，人和人、人和道便有了间隔。为什么说真人、得道之人的身体像虚空一样？因为无"间"。

生命最小的空间是身体，身体有多小？一般人重一百斤左右，个子一米七，这就是我们的监狱了。人如果被局限在这么个小身体里，身在中国您就无法同时在美国，身在这间房就无法到另外一间房，只能被局限在有限的"间"里。

"空"本来是没有区隔的，可是人用砖瓦墙木，盖了个房子，觉得房子里可以遮风避雨，这就成了"间"。在"间"里，人跟阳光、空气有了第一层隔阂，这还都是物质的"间"；人与人之间逐渐不信任，这是第二层隔阂；人与自然万物间越来越对立，这是第三层隔阂；人于真理上越来越不希求，这是第四层隔阂……

心上的一个一个"间"，看不见摸不着，您都不知它是怎么形成的、住在哪，何谈突破？因为心里有"间"，所以看外界处处是"监"。

时间的变化，眼睛似乎能"看"到，身体似乎能"感受"到，早上日出，晚上日落，可是时间同样也是"间"，为什么不能从昔而今呢？

空间的变化呢，似乎感觉不到，感觉不到才牢牢地把我们"监"在里面。一个犯人如能从关自己的物质房子里走出去，叫脱开监狱。可面对不可见的心监狱，该如何解脱呢？这是禅修的关键点，如何突破心监狱，"监"一破，时、空是自然一体超越的。

一切围着身体打转转的修法，要么是师者故意为之，或为了赚钱、出名或有其他目的，这些不是不能要，而是要明白这些是在监狱里面糊墙，墙糊得越厚，越不见本来面目，越是被身体所局限。只有身体这个监狱门开了，人才能和内心对话，否则就永远"监"在身里面了。

有人不解，身体会不会变老？当然会！但谁说老就代表衰老？祖师们有四五十岁才修行的，到了老年，八九十岁的时候，依然能伏虎降龙，这和年龄何干？

身体不一定是按照时间流变老的，老，针对不修行的世人而言，大修行人，无老幼之别，无生死之限。

如果身体上不能逍遥，天天局限在这酸那疼、这麻那湿，如何谈得上进入无穷广大的精神世界呢？只能成天喂养身体这个主人，哄主人高兴，至于禅修就是痴人说梦。

那是不是先搞定身体再进入内心呢？非也！身心的关系是不即不离的，既不是一回事，也不是两回事。也可以说，人如果不能和内心对话，是搞不定身体的。身体由心引领，进一步说，每个生命的身体都是有缺憾的，但在心的引领下，生命可以克服身体的种种缺憾，没有人没病，但一定有人能不以病为病，身逍遥非从身入，乃从心入手才可脱开身监。

但没有一个稳定的、固定的、修法专一的、可以让您专注的空间，如何涨功呢？如何磨刀呢？如何厚积薄发呢？所以我们需要禅舍，这根据个人情况可大可小，有的可能只有九平方米这么小，然而能和内心对话，契合精神时它就不是九平方米，能和宇宙一样大。如果心被局限了，那不要说九平方米,蚂蚁都大过您的心。

"修"是修正,纠偏,比如汽车坏了,要保养了您要到一个修理店,不能自己在家里拿个扳手随便修一修,为什么有些人总认为修功夫就可以马马虎虎呢?自己的心、精神、身体难道没有汽车重要?还是觉得这些简单,修汽车才需要更专业?

修炼必须要有相应的环境,您在熟悉的环境下能够重复修行,自然形成养护自己的稳定气场。一家公司里,如果"心"是董事长,"身"是小员工,可董事长再高明的战略,没有员工的实施,有什么用呢?只有上下一心,彼此互相理解、互相尊重,这样,决议才能贯彻下去。同样,如果董事长高高在上,不倾听员工的心声,各玩各的,这个公司能发展吗?

为什么现代人精神疾病越来越严重,极端分子越来越多呢?就是身心不和谐,西方文明是二元对立思想主导的,身体的疾病就看身体,长了肿瘤就开刀割掉,精神的疾病就吃精神钝化剂或兴奋剂,忽略了身病从心起、心病不离身。

西方的灵修强调精神是国王,而身体是可怜的奴隶,让人忘掉身体的欲望,追求精神的"高尚纯洁";身体的欲望都是肮脏的、不洁的,如果以这种思想灵修,岂不越修越身心分裂、讨厌身体?有些人郁郁不得志时就会自杀,实际上是什么病呢?身心分裂病。

西方注重心理问题,心理是脑体产生的吗?大脑是意识源头还是意识的战场?如果搞不清楚本末,就会被意识蒙蔽了,意识老想通过大脑指挥身体,可是身体又不愿意听它的。这样对立能谈逍遥吗?想喝酒,是什么在想喝酒？不是胃肠想，而是意识想喝。意识为什么想喝呢？第一是苦恼想迷醉求解脱，可是身体根本不苦恼，喝了酒才更苦恼！人因为幻想多、欲望多、要求多，才有失落和苦恼的幻觉，有了幻觉就开始折磨身体。身体多无辜？意识带着身体玩，就像一个不爱惜士兵的将军，糟蹋士兵，把士兵作为自己的工具，换取意识幻想得到的"爱""同情""地位""财富"等感觉。

身体本是自立的，可是由于人幻想意识是国王，身体才不堪其苦。我们每天都在自我幻想中，比如有的公司董事长给员工一个月发五千块钱工资，却要员工付出忠诚。这不是妄想是什么呢？员工不忠诚他还苦恼，别人为什么要对您忠诚啊？不就是一个月五千块吗？能买忠诚吗？

我们每个人身体都有缺憾，都有疾病或潜在疾病，《华严经·普贤行愿品》所示菩萨十大行愿中有"恒顺众生"愿，其中有："于诸病苦，为作良医。"十地菩萨从第五地菩萨开始，须掌握的各种世间技艺中就有包括"善方药疗治众病：癫狂、干消、鬼魅、蛊毒，悉能除断"。

笔者曾在多本书上提到，佛陀在世时自己有疾及弟子生病是往医生处就医，为什么明明自己水平比世间医生高，还去医生处就医？佛是大医王，菩萨、禅门祖师也都精通医道，但为什么都没有成为世间良医？《菩萨地持经》曾说九种大乘禅中，有专以治病为目的的"治病禅"。

大乘佛法强调"佛法于五明中求"，专究医学、药物的"医方明"为五明之一，禅门祖师人人通此道。据《瑜伽师地论》云，医方明包括"于病相善巧，于病因善巧，于已生病断灭善巧，于已断病后更不生方便善巧"等内容，包括了诊断、病理及治疗、预防、康复的技术。

一切疾病源于心，心念杂乱、欲求旺盛、愚痴无知是病因，故"医方明"在禅门非指用开药针灸治疗众生体疾，祖师用音声、棒喝、机锋、轻语等方便开众生心眼，为学人"治病"，而药、丸、针等属于缓解症状之世间技法，非禅门治病之本。

"医方明"是佛法的功夫，不是从中医气血、阴阳平衡研究疾病，而是从缘起法的角度解读生命。生命是五蕴集合，其中包含了生理、心理活动及其生存的自然环境、社会环境相互关联而集成的，生命的诸缘不可或缺、不可分割，无论是生理还是心理、行为的失调，或外在环境的不良刺激，都可能导致疾病。祖师治病从根本着手，直指人心，唯有心结开了，才可真正了却隐患。故此祖师调理学人隐患，下手处不在五脏六腑上，乃从习气下手，这是禅门和世间医生不同的地方。

中医治疗是从阴阳平衡下手；西医则是从症状下手，发烧了、感冒了就对应治疗，如果体检指标正常，那就没病。而禅门祖师们认为一切有习气的人都是病人，您身边有没有一个不病的人？

最通常的习气是人的分别心，例如待人接物的固执有两种：一是要求别人必须要用自己喜欢的方式对待自己；二是要用自己喜欢而别人未必喜欢的方式对待别人。

别人不接受就是不理解自己，接受了还不能态度不好。这种偏执，如果再冠以亲情、责任，要求自己不变，却要求别人为自己而变，实在是可悲。禅者要从改变习气下手，习气为什么难改？因为凡能成为习气的，无论是思维习气、行为习气还是语言习气等，都是自己喜欢的，不喜欢怎么会成为习气？

习气怎么改呢？就是从自己喜欢的开始改，喜欢吃能否不吃？喜欢说能否不说？喜欢生疑的能否不疑？……对外看一切东西结合身心一起看，结合本质变化、现象一起看；对内也是一样，对待喜欢的、舒服的、习惯的事情要特别警惕，因为那就是习气。

天称其高者，以无不覆；地称其广者，以无不载；日月称其明者，以无不照；江海称其大者，以无不容。人的境界不外乎修养，不外乎放低自己，能凸显他人的存在、帮助他人的成就。一个人越成就别人，就越能获得对方的深度认可。这就是谦虚的价值，自己低别人高，独乐乐不如众乐乐，一切的修养，始于自我克制；一切修养能力，表现在控制力。

日本的盘圭禅师说法浅显易懂，不远千里慕道而来的学人很多。一天，一位学人请示禅师：我天生暴躁，不知要如何改正？禅师问：怎么个"天生"法？拿出来给我看。学人说：现在没有，可一碰到事情，那"天生"的性急暴躁就会跑出来。禅师说：如果现在没有，只在某种偶发的情况下才出现，那就是您和别人争执时自己造出来的，现在却把它说成是"天生"，将过错推给父母，实在是太不公平了。

世间没有天生的东西，大自然是因缘聚合而生森罗万象，本性包含了善恶诸法，任何人只要肯用心和祖师相应，肯下大决心，再有明师指路，同修勉励，没有什么改不了的习气。

我们为什么会产生内外分别的这种习气呢？是禅修首先要破解的，叫"见"。"中国禅"修养第一要学人发"正见"，"见"是什么？

例如，常听人说某某是"外道"，他不向内求法而是去烧香拜佛，他就是"外道"，就像西方人说我信基督，他不信，他是异教徒。禅门的外道不是指异教徒，这么理解"外道"的人自己就是外道。

"见"是什么意思？"外道"是由"我见"引起的，由于"我见"的不同理解，分出内道和外道，不合我的就是"外道"。如果您这么想，这种见解就叫"见取见"，属于"五见"之一。

人因为"五见"之毒而无法逍遥自在。哪"五见"呢？第一叫"身见"，第二叫"边见"，后面依次为"邪见""见取见""戒静取见"。"见"就是观念，因为五种非正见的束缚，所以不能契合菩提道。

如果"正见"的"见"不正的话，禅修就是在"外道"中修，这不是说您信了别的什么是"外道"，而是"见"不正时，您修的禅就是禅的外道。

所以，真正的禅门修行，真正的禅门师者，讲的永远都不离"正见"，"见"首先要正。"见"不正，所有的修行、道理、作为、起心动念，您就算没有偏到别的地方去，也都只能叫"加行"，依然和禅修不是一码事。

禅门师者需是念念不离自性起用，会用心者。不一定口吐莲花，不一定飞檐走壁，但"见"不正者，不可为禅门师。

"身见""边见""邪见""见取见""戒静取见"也叫五种"恶见"，观念只要有一点偏差的，都属于"恶见"。

禅门师者唯一的作用就是引领、引摄学人至正见的境界。您目前没有达到正见没关系，首先方向要对，禅门宗旨是自觉自律自立不离利他的法，如果背离了这一初衷，则为恶见。

正见和发愿还是两回事,学人首先明白了什么是"正见",才能发出真正的愿,不是您发了愿以后就自然具足正见,愿是见地上出来的。有了正见,才能好好修持,有了正见,才能谈到正行。正见是发心的因地,如果没有正见,本愿、共愿、正行等都谈不上。

不过"正见"的正,不是有一种固定的方向叫"正",可以说发愿利众叫"正",叫"正思维"。

什么叫内道和外道呢?大家都喜欢念《法华经》观世音菩萨普门品,观世音菩萨有三十二应,度一切众生,求菩提得菩提,求长寿得长寿,似乎求什么得什么呀,那是不是杀了人受刑的时候,求观世音菩萨,就不死了?古代的枷锁可以自断、现代的监狱可以自己走出去了?如果用这样迷信的心念经,您就以为可以无所不为,反正做什么样的恶事,念观世音菩萨,菩萨就会来救我,这是典型的邪见,是外道。

可是,有人说明明是佛经上说的,求什么得什么呀!念观世音菩萨的人都不死了吗?如果这么理解佛经,是邪见,您念了几句就可以长寿了,得了癌症念念经,肿瘤自己就没了,如果这样想,这不是佛法,不是禅门,是旁门左道,只有旁门左道的人才说自己有这种本事。

念佛的含义,是用心念时,心念和佛菩萨祖师感应,契合了佛法的教理教义,并与之相应,菩萨、祖师是由此帮助您产生慧力去抉择和指导自己行为的。一切佛法、禅门,所有的正见说的解脱,都是心解脱,并不是说念了什么,肿瘤就自然飞走了;可能通过修行您得肿瘤的概率小了,也可能得了肿瘤以后,不像别人那么恐慌和痛苦了,但从来没有哪一位祖师告诉我们,念了经或者抄了经,肿瘤就自己跑掉了。

心得解脱的时候,无论您处在什么样的环境里,心都是宁静的,能量是在极静中产生的,放下到了极点,便是心得解脱时,此时没有什么可以叫苦恼。所以,禅者要具足正见,不要迷信。

究竟什么是禅门的正见?您看药师如来发的愿,其中有一条:"如其所好,即得种种上妙衣服,亦得一切宝庄严具,华鬘涂香,鼓乐乐伎,随心所玩,皆令满足。"

"其"是众生,所有的华鬘饮食、鼓乐乐伎、声色歌舞一概都可以不禁,这是药师如来的本愿。一般的修行人看到这个就要吓坏了,这怎么行呢?可是,药师如来的愿力境界是怎么样呢?是满足一切众生物质的欲望。满足并不代表沉迷在欲望里。佛菩萨的愿力不是普通人可以理解的。

"正见"的含义是什么?就是您对一切东西一定要正理解,不能偏执到一边去,过犹不及。《维摩诘经》云:"先以欲钩牵,后令入佛智。"天哪!修行人听了辗转反侧、日夜难眠啊!大乘佛法太吓人了!

六祖云:"正人用邪法,邪法是正法。"师者为了度化苦难的众生,会为学人施设各种慈悲方便,其中就包括满足众生的一些欲望,令众生解脱,对自己产生信心,这正是祖师大悲的体现。在这里的关键是不论师者用何手段,目的是要学人趣入佛智。《华严经》婆须密多女,她示现的是什么身份?是妓女。

给孤独长者是佛陀最虔诚的俗家弟子之一,但他的儿子卡拉,从来没有想过要见佛闻法,对出家僧众也无恭敬之心,长者屡屡规劝、开导,他都听不进去。

有一天长者想:如果我儿以此邪知邪见来虚度此生,死后必下无间地狱无疑,这样对他实在可怜,而我这做父亲的也未尽教养之责。世上除了证果的阿罗汉和具足佛知佛见的人外,没有一个人不向金钱看,经云"先以欲钩牵,后令入佛智",我当以金钱来转变他的心。

于是长者告诉儿子说:今天你到寺庙去受八关斋戒,回来我给你一两黄金。

卡拉说:"真的吗?"

"真的。"父亲肯定地答道。

卡拉毫不犹疑地到祇树给孤独园受持了一天的八关斋戒,心想天下再没有这样便宜的事了。

他也不去听佛说法,只是睡觉,清晨睡醒,就回家向父亲领"赏"。长者问道:"有没有受八关斋戒?""有。""很好！先吃早餐吧！"长者叫人备了早餐送到儿子面前,可卡拉心里只惦记着那一两黄金,不想吃饭呢,长者于是取出黄金,儿子这才一手接黄金,一手吃东西。

不久,长者又对儿子说:"如果你能去听佛陀说法,并把你记得的一句一偈回来念给我听,我给你十两黄金。"

卡拉立刻答应,急忙赶去见佛陀,佛知他是为了十两黄金而来,就讲一些必须专心听才能听得懂的法。卡拉为了十两黄金的缘故,很用心地将佛陀所开示的法听得仔仔细细,一字不漏,听着听着卡拉豁然得悟,证入初果。

翌日,佛陀与比丘众到长者家接受供养,卡拉也在行列之中,长者见到儿子，不知他已证入预流初果，只是觉得："我儿今日容光焕发，光鲜耀目。"卡拉心里也在想："父亲千万不要当着大家的面给我黄金，太惭愧。"

在给孤独长者供养佛陀及比丘众时，卡拉默默地低头吃斋，不料长者突然取出黄金送到卡拉面前，道："儿啊！我曾答应你听佛陀说法给你十两黄金，这就是。"

卡拉说道："父亲，我今见钱，心已无贪。"

"拿去！这是你的钱！"

卡拉连连推辞，没有丝毫拿黄金的念头。长老欢喜地顶礼佛陀说道："善哉，世尊！今日我儿容光焕发，法喜充满。"

佛陀佯问："此话何义？"

"世尊！我曾用一两黄金让我儿到给孤独园受持一天八关斋戒，回来后，他未拿到钱就不肯吃饭。昨天我用十两黄金让他听佛说法，现在我给他十两黄金，他却不取，这真是不可思议。"

佛陀微笑而言："善哉善哉。给孤独，今日卡拉所得到的，一切珍宝资财，皆不及他所得预流初果须陀洹果之殊胜！"

佛法中从来没有拒绝过物质，众生的欲望是应该满足的，现实需求都不能满足，每个人都变成苦行僧，这是佛法的目的吗？能叫"生活禅"吗？

禅门不是要大家全部节衣缩食过苦日子，而是所有的日子都是不苦不乐的好日子，没有这种包容心，唐宋之际岂能天下归禅？"生活禅"是什么？是一切都皆令满足，满足不是奢侈，而是恰好！这就是"正见"！偏到苦修和享乐两端的，都不是正见。

具足正见才有真善良,善良本是人类最高智慧,而不具正见者叫一厢情愿,越无知的人,越喜欢把自己的愚蠢混同于善良。什么叫善良?能有利于生命成长的,才叫善良,而无助于对方成长的"好人好事",只会好心办坏事,孔子称为"乡愿"也,其实就是愚蠢。

日本大地震时,社会各界捐助跃踊,但有个巨富却不热心捐助。他说:小善如大恶,大善似无情。

他给公众讲了个故事:

有位老人,住在湖畔,每到冬季,野鹅南飞避寒,会在湖中短暂停留。有一年,寒流来袭,两只野鹅困在湖中,无处觅食。老人顿生恻隐之心,就每天去喂食。次年,两只野鹅又回来了,还带了几只朋友,老人继续喂养。

年复一年,野鹅越来越多,聪明的野鹅都来老人这里靠老人养活。

可忽然老人去世了,结果这一年,数百只野鹅活生生饿死。

数百只野鹅,都死在老人愚痴的小善之下。

讲故事的这个巨富的名字叫:稻盛和夫。

每个生命都必须自己度过冬天,小善会把对方留在舒适的喂养中,丧失生命的力量。对野鹅如此,对孩子呢?用小爱喂养,令其生命力丧失,是善还是恶?

非唯与境不动心的大善,真正能利对方成长,这才叫利益,能够彼此成就。真正的善,提高的是对方飞翔和判断方向的能力。越是无知的人,越想"喂养""帮助",幻想自己施惠于他人,使人舒服因而会得到感激。岂不知,恩怨恩怨,怨源于恩,为什么会令人生怨?其根本在于自己享受着"施予"的快感，而无视弱化对方的能力。

善的冲动，与人的能力成反比。越能洞悉世相人心，越不能确定自己的付出是不是有益于对方的成长。好心没好报的好人，都是自以为是的无知人，老子曰：上德不德，以为有德。

大善无迹，当心中想着行善时，已在害人了。为什么会做愚蠢之事？关键是缺乏正见。佛曾经告诉文殊菩萨："有诸众生不识善、恶。"什么是众生？就是不懂什么是善、恶，分辨不出来善、恶的人，叫"众生"。一切善、恶都是相对的，没有绝对的善、恶。

所谓众生的善、恶，是从"贪"和"吝"两个角度来说的，"贪"是对外的贪求、贪欲，从外面想得到；"吝"是吝啬，自己的不想给出去，一个从外面想多得，一个是自己的不想多给，这就是缺乏正见，无法分辨善、恶，被贪吝的心带着跑、缺乏正见，就是邪见；没有正信，就是迷信。

迷信、愚痴的果报都非常可怕，在世间谁也无法脱开因果法则，众生就是因为缺信根，老想多聚财，老想自己少给出去，"贪""吝"两个念破除不了。所以，必须从启发正见开始禅修。

三 三个阶段

禅者都希望达到身逍遥、心自在之境，"中国禅"修养体系是怎么样来区分禅者境界的呢？

大体分三个阶段：一是初级养身阶段；二是初发心阶段；三是已发心阶段。

注意第一、第二阶段不是以时间来分的,可能有的人修了几十年还停留在初级阶段,有些人却刚修就到初发心阶段了。"中国禅"修养里,最重要的是智慧。正见、正行、正心、正思维等,这些和智慧有关,与时间无关。

智慧不是修出来的,是靠悟力的,如果您一直在身体上打转,注意力放在治病上,放在谋私利上,那只好一直停留在初级阶段,禅的门进入不了。

第三个阶段是已发心阶段,就是正见、修持和愿行三位一体,用修持功夫配合愿,行正行。这三个阶段,"中国禅"修养有一套"五心修养"法,根据修者的三个阶段次第接引。

"五心修养"其实是从身逍遥的角度来讲,帮助修者心境专一,六根清净之后增长禅定功夫。身逍遥和禅定功夫关系密切,而心自在呢?是通过参究经典,打开心中慧光,所以身逍遥是增长定力功夫,心自在是打开慧光能量。定和慧,是一不是二,这些修法后面会详细谈到。

初修者、初发心的禅者甚至包括已发心的禅者,功夫智慧没有特别稳定之前,都需要固定的场合来配合修行。修,从哪里开始?从修气开始。心无形无相,身也是不可修的,所以从气开始进入,无论世间的气血,还是出世间的气脉,都离不开气,灵光也是从灵气中生出的。

禅舍的气场对人有什么影响呢?

首先是环境,禅舍周围的外环境和内环境很重要,如果在深山里,内、外环境当然都好,但是如果所在地是常有雾霾污染的城市,属于外环境不够理想的地方,可以通过对内环境的调整来帮助改善外环境,内、外环境不是绝对的。

禅舍内部放的东西,即禅具、禅品、禅饰,是帮助提高和打开智慧的修物,这些物品会对修者产生影响。所谓影响,就包括正、负两种,修者的功夫智慧不高时,身边摆放的修物就尤为重要了。

人,尤其是修行功夫不够的人,最容易受外界影响,身边的修物本意是帮助修行,帮助心清净的,可如果放了一大堆莫名其妙的佛珠、佛像,这个是黄金的,那个是开光的,这是哪个朝代的,那个值多少钱等等,这些都会影响修者的心。禅修者的心正是因为容易受外界影响,所以才需要禅舍来修行、稳定,可是如果禅舍里布满了名利,佛像、唐卡、七宝这些东西会令您的心越来越清净、自在呢,还是越来越迷信外相?修物和修者是互相影响的。

修者自身功夫智慧提高的时候,这些修物就不会给您产生负面影响,反过来,您还能影响身边器物的能量和气场,气场本来就是一高一低的,您自己弱,物就压了您,您自己强,就能带动物。笔者常见一些富豪家中收藏了不少古董,如果您自己气场稳定,能量充足,活力四射,那么家里越多能量强的物品,是互补作用;反过来,您的身体不好,长期透支还收藏各种来历不明的能量物品:奇怪的石头,耀眼的水晶,古老的佛像,沧桑的木头……这些物品必然对身心不利,阴气太足的东西,诸阳不生,如果家里再有孩子,就更不利孩子生长了。

笔者向来都建议慎重选择身边的物品,尤其是来历不明、不知前主人的古董,一定要小心,物有物性,前人留下了什么信息,您也不知道,家庭如此,禅舍亦莫能外,要选择和自己修法相应的修品,才能事半功倍,其他诸如禅舍的气味、温度、光线等对修者也会产生影响,故此,想修行的人装饰禅舍一定要以正见、正法带动,而非以好看为主。

和您相应的环境、相应的修品,能帮助您尽快心静专一,增长智慧功夫;如果环境气场不稳定,那么就忽快忽慢,相对困难一些。当然从根本上讲,一切法皆是佛法,人不应受外界影响,然而初修者正因为没到这个境界才需要禅舍。

个体生命和宇宙生命

个体生命是有限的，以有限之个体是不可能长生不死的，这是基本常识。没有人能万寿无疆，未来通过改变基因、更换器官等方式能活千年的，也不是长生不死，而是非现在"人"了。这些会给人类社会带来什么改变，谁也不知道。

科学家用科学的计算方式算出未来超级人工智能的智商(IQ)约可达到1万，要知道现在的普通人，最聪明者如爱因斯坦的IQ也就在200左右，当然悟道者不存在IQ问题，般若智慧是无量、无限、无尽、无边的。然而问题出在凡人这里，聪明的科学家想以不超过200的IQ去管理、约束未来IQ在1万的某种生命，这听上去可靠吗？

有人说不听话时就拔了它的电线，这就好比家里的小狗想要指挥主人，认为把柜子里的东西吃光了，主人就听话了，不听话会饿死。

未来常人是无法约束人工智能及其衍生出来的各种形态生命的，它们能自进化、自升级、自修理、自沟通，也就是说，那是另一种和现代凡人完全不在一个境界、层次、需求、能量的生命类型。

个体生命如果通过药物、改造而变得长寿，这和人工智能一样，对现代人类不知是福是祸。每个人其实都可以永生，只要把自我融入宇宙生命中去，必能循环不息、生生不绝。因为宇宙生命是绝对的，没有相对的寿命，唯有绝对的生命才能无穷、无量、无尽、无时、无间、无限、无可测量。将有限融入无限，才能转为无限，生命如此，万物皆然。

禅者和宇宙的相关性，即心大时，能容纳三千大千世界，心小时，则能进入不可见的微尘中，禅者的这种心叫"摩诃"，宇宙是无限的、无极的、无边的、无际的,所以,它可以转变成个体生命的极有,个体生命的极有也能转变成宇宙生命的极无。

宇宙间,只是一灵气在转化而成万物,灵气可化为智慧的"灵光",你我、此彼、一切万物、万有皆在这一气之化中。从万物而言,在时时被灵气转化中;从灵气而言,则无所化。

个体生命能从宇宙生命中得到什么呢?禅门称之为"顿悟",即偶然适得,宇宙万物如是而已。什么是"如是"? 就是没有想得到好恶、是非的妄想和妄见,万物就是各种"生","生"就是"如是"。不以生为生,也不认为死是"非",生不是好,死不是非,所得之"大我",就是"如是",如生命之所"是"。

"是"是这个当下,您不能认为当下是个物,物就有是非。当下是一,一是"适得",就是顿悟,站在宇宙生命的立场,"如"是把个人的生命转化为极无的境界。到了这种程度的时候,一无所得,一无所是,仅仅"如是",禅者有得而无所失、有绝对而无相对。

这种有、无的关系,是什么关系呢?是相生相克的关系。它表现出来的现象是两种相反的现象,看上去好像是对立的,老子说:有无相生,难易相成,长短相形,高下相倾,音声相和,前后相随。诸种对立的现象,既不是安住不动、固定不变的,也非常在动中、川流不息的。

有和无,不常不断、不一不异、不生不死、不来不去,此为"天之道"。

相生相克的变化,只是"天道"的生命力,其成为一种对流,生命力往往是朝着凡夫认识相反的方向发力的。

"反"不是标新立异,而是天道之运行规则与凡夫的认识不同,凡夫迷在相里,惑在思中,而天道变化起始的时候都是甚微细的、微妙的,缺乏智慧的人,观不到极微处,只能见"果"。

　　菩萨畏因,众生畏果,菩萨能观到微处,"大风起于青萍之末","青萍之末"是尚在微末的时候,智者可以觉察到、相应到此"微"时,自然能观未来的发展走向了。

　　禅心永远是为众生考虑的,懂得站在对方的角度考虑问题,例如遇到困难,凡夫的思维立即是"我怎么办?",禅者的思维马上是"该怎么帮对方",不会首先考虑自身安危和利益,世间称之为反向思维、换位思考。

　　一个人在桌子这边写了一个"6",另一人在桌子对面看就是个"9",这绝非靠争论可以解决,位置不换就不会理解。横看成岭侧成峰,站在对方的角度看问题,就会发现心很奇妙,为什么同样的事情,思考的角度可以完全不同。

　　就像写书法,禅者不是把书法写得漂亮的人,而是通过"书"契合"法"的人。书到最后,字往往是越稚气、稚拙、笨拙、朴拙的,然此中有真意,此中即真意。

　　老子说"大巧若拙""大器晚成""大成若缺"都是这个意思,什么是"大成若缺"? 世界之所以完美,就是因为有许多遗憾。相互对立的东西反而可以相互促进,相互补充,形成一种相生相克的和谐,此即"相反相成"。老子又云:"夫天下莫柔弱于水,而攻坚强者莫之能胜。"水是最柔弱的,但却包含着强大的力量,水滴石穿,无坚不摧,虚实相生,有无相间。

如中国传统的琴箫,出音就有虚实两种,在明月清风、天空地净时,出音呜呜咽咽,悠悠扬扬……听者如痴如醉,心旷神怡,这是虚实相生的心灵留白,生命因虚而有活力。

寒往暑来,暑往寒来。日中则昃,月盈则食。禅者心大时,虚心以待能包容社会上产生的一切现象,心小时,能配合社会上产生的一切现象。什么叫配合?不离、不弃、不顺、不执、不分别而随顺。禅者属于宇宙生命通过个体生命显现,修得越好,心量打开得越广阔、越微细,越能随缘自在。

如果心被局限了、框架了,就是"死心",凡夫心就是画地为牢的心。人如果死了,无论被装进怎样豪华的棺材,无论墓地有多大,死了就是死了,同理,心如果被自我亲疏关系、自私欲望所困顿,这颗心也是死心。

如果一个修禅的人,不具备活泼泼的云水禅心,那么他就会逃避对众生的责任,会用庄严包装自己的形象,会用各种头衔证明自己的了不起,喜欢对外炫耀自己的"成就",这就是在利益中跌宕的凡夫心。

佛菩萨出世只为一大事,打开众生的智慧门。这是一切菩萨、祖师的愿心,也是禅者之愿。"愿"即"原""心"、初心,如何能不忘初心?先要远离损友、恶友,带着您吃喝玩乐、沉迷娱乐的,迷惑在自己的情绪、物质、欲望里还嘲笑、讽刺别人追求精神世界丰富的人,就是损友、恶友,要想办法远离,因为您没有能量去影响这些人,就会反被影响,挫伤道心。同时要多亲近善友,多闻正法,初步建立正知见,以逐渐不受外界潮流、语言的影响,以及逐渐能看清真正的善恶、能产生分辨是非的智慧为检验。

注意产生分辨是非的智慧不是让我们看开事情,看开是种借口,内心是逃避的,如果没有明白生命的本末,不知道什么是"更重要的事情",所谓的"看开"是一时的、小范围的、表面的幻觉。缺乏智慧的生活就是重复在因果和轮回中,是看不开的,而智慧带动下的愿力,是向上一路的不懈坚持。

人生就像打游戏一样,游戏打得越靠后,出来的怪物级数越高,但同时也意味着主人公能力越强。挫折和磨难是人生的机会和资粮。凡经不起考验的,能叫什么"愿"? 禅者虽"愿"越大挫折越多,但反过来想,挫折越多、磨难越大,也就意味着自身的能量越强。

无限生命中,没有什么事情是结论,所有的境界都是过程,因缘所生法就是不断组合,现在做不到的不代表以后做不到,全在自己的愿心和行动了。禅者是有缺憾的,因为心中有情,情乃是善欲,有了欲就不会是万能的,万能的就不会有情。

不要指望菩萨、祖师像万能的上帝一样,禅者向菩萨、祖师们学习的是利益众生之愿,唯有在愿中的内心能保持平静才有大力量。若心很小,只想自己一个人安安静静地,不接触不喜欢的人和事,这样的心会越来越没有力量。

发愿与执著有什么不同? 人困惑时是执著,清明时才能发愿。发愿是引导修者成长的动力,执著是阻碍生命成长的阻力。

中国禅修者的境界,用什么来区分呢? 就在发愿上,初修者也不懂什么叫发愿。总认为禅修是为了养生,或者有什么特别的能量可以保佑我,还有人看到"中国禅"书籍,觉得很有哲理、很玄妙、很神秘,就被吸引进来了。这些只是开始，懂了些知识，学会了打坐和禅境、禅心没什么关系，禅的修行就在愿上，围绕着如何智慧地行愿，显现出了禅者境界、功夫、智慧、应机能力的不同。

有人不理解什么是禅者？在现实的生活中，用禅门智慧、禅的修养法为众谋者，便是禅者。为己谋易，为众谋难，功夫和智慧不均等时，容易自傲和变成吃力不讨好。然而身在世间，又有什么是不难的吗？

《佛说四十二章经》中云："贫穷布施难，豪贵学道难；弃命必死难，得睹佛经难；生值佛世难，忍色忍欲难；见好不求难，被辱不嗔难；有势不临难，触事无心难；广学博究难，除灭我慢难；不轻未学难，心行平等难；不说是非难，会善知识难；见性学道难，随化度人难；睹境不动难，善解方便难。"八万四千法门，无一不难，也无一难！只要不离定慧，制心一处，自性起用，世间处处是禅者的不动道场。

制心一处缘无分别，自性起用缘有区别。无分别断烦恼现行，有区别断烦恼随眠。二者相依，疾风扫叶。若有偏废，必覆激流。

我们说的"愿"，即发心。没有发心的人，被禅吸引进来，觉得有点兴趣，因为没有具足正见，修持功夫也不怎么样，就特别容易退转，再过了一段时间，有人想发愿了，但是禅门的修持功夫、见地和愿心是需要匹配的，您功夫、见地如果跟不上愿，同样也是枉然。

真正发心的禅者，愿心一发，就和天地宇宙一样，能无边无际，功德无量。凡功德一定是无量的，有量的就不是功德，就是一些有限的福报，如达摩祖师对梁武帝所说"造寺设斋，实无功德"，真正的功德出自愿心，禅者一发心,就和宇宙生命相契合了,"初发心时即正觉"。

儒家虽然不说"发愿",但说浩然之气、大丈夫气;道家呢?庄子说"我与天地齐物",都是个体生命和宇宙生命等齐的意思。为什么愿心要利益广大众生呢?仅仅利己不叫"愿"。

天空,因为大,鸟、飞机、所有一切都可以自由飞翔,如果把小鸟关在笼子里,小鸟能飞翔吗?因为大,才有生态万千,各种生命才没有冲突,才能自在发挥。生命的心,如果局限在自己的身体或家庭、亲族、朋友那么一点点小小的空间,因为小,必然就有冲突,自己把自己局限了。我们的身虽然很小,但是心的世界可以无穷大。

愿心,必然是无量广大的,和宇宙生命等同的,有的人就又以为,啊!宇宙生命就应该大得不得了。这个"大",是"摩诃","摩诃"的意思既无量广大,也无量微细。真正的"大"是既无穷地大,也无穷地小,大小不二。所以,"大"不是特定的空间,定了"间"就不会大,"大"更准确地说是圆融不二,心大的时候,可以包容三千大千世界,像天空一样,无边无际没有局限没有冲突,色类各有道,互不相妨恼;小的时候呢?像普贤菩萨一样,可入一一毛孔,在一一毛孔里给微细的生命说法,发心,就是让生命变得圆融不二。

禅心是"不二皆同,无不包容",表现为不排斥、不讨厌、互相不妨碍,并且互相促进。蚊子讨厌吗?如果把蚊子都打死了,鸟吃什么?青蛙吃什么?如果蚊子没了,鸟就饿死一半了,青蛙也没了,还能有生态万千吗?生态是一个链条,本没有善恶、好坏。因为有了私,才有了善恶、好坏。

禅心的包容,是包容三千世界里的一切香的、垢的,禅者不会偏激地从一个角度去理解,所以,愿,是回向,是循环,是不息,禅门用"圆相"作表。

有人以为"圆相"就是画一个圆形,其实禅门之圆相意义深广。明代《宗门玄鉴图》云:"圆收六门:一圆相○,二义海○○,三昧机○○,四多字学○○,五意语(钟形图符🔔),六默论○○。"圆相之法,蔚为大观。

又云"三玄论":"第一先照后用者○,如学人来时,禅主先问从甚么处来,或云彼师有何言句指示,学人种种言句,禅主反问云作么生会。据斯体例。古人亦强名照要也。"

禅门教学法是以圆教化,乃以彼之力反施彼身是。

复云:"第二先用后照者◎,如学人来问祖师西来意,或问佛法大意,或问如何是学人本来面目,或问如何是极则事,禅主举起拂子,或以柱杖便打,或下禅床立,或圆相,或呈机要,据斯接机,古人亦强名用要也。"

此乃向内发力即直指人心法。

再云:"第三照用同时者,如学人来发问端,禅主或竖起拂子云诸方还有这个么,或指空云会么,或学人见竖起拂子便礼拜,禅主云这钝汉,或云学人不会,禅主指露柱云这个却会么,学人或展坐具或竖起拳掌,主云这弄精魂汉,据斯接机,古人亦强名照用同时要也。"

问在答中,答在问中,圆相之用是应机说法,或函盖乾坤,或截断众流,或随波逐浪,或表一心门,或表真如门,或表生灭门……故此,粗分圆相共计:"开为百二十,合为九十六种,总不出十九门施设也。"

其实圆相之用有八万四千,岂止是"合为九十六种"?或九十七种?可千变万化皆不离六祖"三十六对"自性起用法,圆法最易挠着学人的痒处,平时参究之时,会刹那之间,疑惑顿消,尘埃脱落,本来一段真面目朗然现前。禅门师者善用圆来号学人之脉,圆被盖了个底就是圆桶,去了底是圆通,什么时候能"无底"?必须号准学人的脉,找准节骨眼,师者孜孜不舍,学人像壳里的小鸡,一心要破壳而出,就在里面啐,师找准时机,在外面同时一啄,顿时无明壳破,此谓"啄啐同时",内外同圆也。

圆相之用是"中国禅"的特色教育法,不仅是有形的画、书,佛法是缘起法,也是圆法,顿悟是圆顿法,禅者自性起用是圆,发出的愿心也是圆,教育法是圆,本心般若无不圆。

圭峰宗密禅师在《都序》中讲解了圆相之用,并作"阿赖耶识圆相双十重结构图式",但仰山慧寂禅师用圆相用得尤为出神入化。

据《袁州仰山慧寂禅师语录》记载:"(仰山)初谒耽源,已悟玄旨。后参沩山,遂升堂奥。耽源谓师云:国师当时传得六代祖师圆相,共九十七个,授与老僧。乃云:吾灭后三十年,南方有一沙弥到来,大兴此教。次第传受,无令断绝。我今付汝,汝当奉持。"

这里的国师是指六祖法嗣南阳慧忠,他在六祖处得法后,奉师命到南阳白崖山上闭关四十余年。公元761年,唐肃宗恭请他到京,尊为国师。

一次肃宗向他请教问题,他却看也不看肃宗一眼。肃宗大怒道:"无论怎样,我也是大唐天子,师为何居然不看我一眼?"

慧忠禅师答:"皇上可曾看到虚空?"

肃宗道:"看到了。"

禅师说："虚空可曾对皇上眨过眼？"

肃宗恍然有醒。

慧忠禅师受六祖密传圆相法，在白崖山整理画出九十七种圆相，传弟子耽源，耽源再传仰山，谁知仰山一见这些圆相，看后便烧，要不是仰山早已悟了，怎会烧密图？

仰山禅师圆寂时，留偈："一二三四子，平目复仰视。两口无一舌，即是吾宗旨。年满七十七，无常在今日。日轮正当午，两手攀屈膝。"圆相之用，跃然而出。

仰山禅师有位朝鲜国弟子了悟，继承了师父的圆相之法，《五灯会元》中称了悟禅师为"五观顺支禅师"，《祖堂集》记录较完整，卷二十《瑞云寺》云："五冠山瑞云寺和尚嗣仰山寂禅师，师讳顺之。俗姓朴氏。"并具体介绍了其所继承发展的三组十对圆相之用。

另据宋代《人天眼目》记载："明州五峰良和尚，尝制四十则，明教嵩禅师，为之序称道其美。良曰总有六名：曰圆相、曰暗机、曰义海、曰字海、曰意语、曰默论。"

也就是五峰良禅师在宋代已经将圆相分出六类，为此文作序的明教嵩禅师即笔者在《至宝坛经》上提及的北宋云门传人契嵩禅师。

他以两大功业彪炳于史。第一个贡献是，由于宋朝自开国之初，实行崇文抑武的国策，文人士大夫阶层迅速壮大，成为社会的中坚。有宋一代，由于深受西北边境西夏、辽、金等异族政权的压迫与刺激，士大夫甚重夷夏之别，视佛法为夷狄而排斥之，其中以欧阳修为魁首，力排佛、老，先成《新唐书》，又撰《五代史》，凡佛、老之事悉数删除。鉴于此，禅师作《辅教编》等书，倡三教融合，述儒佛不二，欧阳修读后深为感佩，禅师为禅法的普及争取到了宽松的外部环境。

禅师的另一个杰出贡献，是由于他的努力，使禅门在北宋已事实上成为佛法的正宗。契嵩禅师在论证禅门正宗地位的同时，曾否定了天台宗建立法统引以为据的《付法藏因缘传》，导致天台宗人持续不断的抗辩，从而形成了宋代佛史上以法统问题为核心的禅、台二宗正统之争，达二百余年，但最终也没能改变曹溪顿悟禅法被最终奉为佛法正宗的事实。

明朝时期，"普明寺牧牛图颂序"中也提到"九十六圆相"并有"三和牧牛图颂""相忘"一颂，云："[○@人][○@牛][○@一] [○@｜]这○中，黑白元来一色同；我不似渠渠似我，谁分南北与西东。"可见至清朝时，尚有熟练运用圆相的禅师。

佛陀当年把修行比喻为"牧牛"，禅师们继承了这个说法，鸠摩罗什大师曾译《佛说放牛经》，《增一阿含经》当中也有一品叫《牧牛品》，佛陀以"牧童牧牛"来比喻比丘修行，世间牧童所牧的是牛，而修行所牧的则是自己的"六根"。修者乃从六根开始牧自己心中狂妄之牛，最后返本归元，回归一圆相。

棒喝亦即圆相也，本义为自见本来面目，佛性本圆融，圆之密意为诸佛密印，《人天眼目》载仰山禅师云："我于耽源处得体，沩山处得用，谓之父子投机。故有此圆相，勘辨端的。或画此[○@牛]相乃纵意，或画[○@佛]相乃夺意，或画[○@人]相乃肯意，或画○相。乃许他人相见意，或画（坤卦圆相）

相,或点破或画破,或掷却或托起,皆是时节因缘。"

那么圆相之用还有哪些呢?笔者再抛砖引玉给读者一些启发。

第一,可表第八识。

《坛经》云:"大圆镜智性清净,平等性智心无无,妙观察智见非功,成所作智同圆镜。五八六七果因转,但转其名无实性,若于转处不留情,繁兴永处那伽定。"

以○表示真如、佛性、大圆镜智,曹洞援《易》入禅,结合"月体纳甲图"做五位君臣,又有宗密禅师"阿赖耶识圆相双十重结构图式",如来藏是为圆相。

第二,涅槃相、法身相为圆相。

第三,以半圆表悟道迟疾,亦名半月待圆相。

第四,圆相教学法。

禅师对于圆相○的运用,相当灵活:或黑或白,或点破或画破,或掷却或托起,或划或竖,或抹或涂,皆为根据情景不同而加以灵活运用的结果。

如《天人眼目》云:"才有圆相,便有宾主、生杀、纵夺、机关、眼目、隐显、权实,乃是入廛垂手,或闲暇师资,辨难互换机锋,只贵当人大用现前矣。"《五灯会元》中亦有十分丰富案例,如:

> (归宗)师入园中,见一株菜,画圆相裹却,谓众曰:"辄不得损著者个。"众僧更不敢动着。师于时却来,见菜株犹在,便把杖趁打,呵云:"者一队汉,无一个有智慧。"

又如：

南泉普愿禅师与归宗、麻谷同去参礼南阳国师。师于路上画一圆相曰："道得即去。"宗便于圆相中坐。谷作女人拜。

还有：

僧参,于左边作一圆相,又于右边作一圆相,又于中心作一圆相。欲成未成,被师(岩头全奯禅师)以手一拨。僧无语,师便喝："出！"僧欲跨门,师却唤回,问："汝是洪州观音来否？"曰："是。"师曰："只如适来左边一圆相作么生？"曰："是有句。"师曰："右边圆相聻？"曰："是无句。"师曰："中心圆相作么生？"曰："是不有不无句。"师曰："只如吾与么又作么生？"曰："如刀画水。"师便打。
……

圆相从数学上讲为"0",能生一切数,能倍一切数。圆是本心,为〇(圆相),西方文化是Q,为破圆,圆无角度,如刀画水,随画随合,念之起灭好似水上绘图,即绘即消,本皆清净,自起自灭,绵绵密密,相续不休,这是宇宙生命之圆相。

禅门用圆示空之法,空性可生万法,万法不离空性。五祖法演禅师上堂云："人之性命事,第一须是〇；欲得成此〇,先须防于〇。若是真〇人

○○。"

○即摩诃,大的时候无所不包容,有情的一切众生,无情的草木瓦石,皆能互相相应,小的时候,名"纤毫",能入一一微尘中,到什么程度呢?用医学显微镜肯定看不到,发了神通有天眼的人也看不到,什么人都看不到,所以才叫"无尽藏"。

退藏卷之于密,谁也看不到,可是在不在呢?在!无在不在,这就是宇宙生命的微细能量,广大能量和微细能量在一起叫"摩诃"。大的时候无穷大,包容一切,小的时候能小到纤毫,入一一微尘里,谁也看不到,谁也感觉不到,无形的生命,所以叫"摩诃般若波罗蜜多"。

"摩诃"的第一个含义就是宇宙生命、个体生命的互相可融性,即"须弥纳芥子"也可"芥子纳须弥",收放自如,大小不二。

江州刺史李渤问归宗智常禅师:"佛经上说:须弥山能纳芥子,这我没有疑问。但是又说芥子能纳须弥山。这说不通啊!"

归宗问:"别人都说刺史大人读书破万卷,是真的吗?"

李渤说:"是真的。"

归宗说:"那万卷书装在哪儿呢?"

李渤无言以对。

虚空本来没有"间",有了"间",便隔开,无间时,哪有大小?有间时变成了时间和空间,心被身体"间"了,身被房子"间"了,识被知"间"了,意被分别"间"了。精神和心本是能大能小,被"间"的东西越少,时和空便越无碍。

禅心像云和水一样,云可以或聚或散,水可以化为万形。云水禅心,就是可大可小的"摩诃心",但是普通人的心呢?要么就身体那么大,或者家庭那么大,要么偏向一个极端,僵化固执,大也大不起来,小也小不起来,或只大不能小,或只小不能大。

禅者是不以利益作为驱动和选择对象的人,哪有什么叫结果啊?什么是结果?什么不是结果?哪有什么好或者不好的结果?禅者只有当下,当下好了就是好了,一切都是修行的过程。

"包容",隐含了主动性、主观性的意思,比如一条船有几百旅客,形形色色的不同的人,如果您是船长,会对这些人品头论足吗?您会看谁讨厌吗?船长会用包容的心带着旅客们去往目的地。什么是禅者的目的地?心无挂碍,无有恐怖,远离颠倒梦想之地。

什么是大乘?就是您的船足够大,不止几百几千人,形形色色的人都会上您的船,作为船长包容乘客而不是纵容乘客,能有主观引领的才是包容,否则就是溺爱和纵容。

天空因为空而有各种色彩、各种生命,没有只有老鹰的天空,神鸟都是难得一见的,更多的时候我们见到的是麻雀、蚊子和苍蝇,如果人为地使得天空纯洁,那还是本来的天空吗?天空因空而成其各种生命,因各种生命存在而成其为空。

天空,包容一切,不留一点。然而,蚊子还是蚊子,是鸟的食物,鸟吃蚊子而非蚊子吃鸟,是因为鸟能飞得更远更高,能量决定了谁是谁的食物,而不能决定谁比谁更高贵。生命是圆相,是链条,是循环,生命没有贵贱之分但有智愚之别。

禅心越"摩诃",越有殊胜的智慧,就不会心里想"为您好",嘴上却说出来恶声恶语,让人产生逆反心理。配合,是对方是什么状态,您就能应机说出什么样的话来。对方是小孩子就给他小红花,是博士就跟他谈深邃的道理……配合是积极主动,不是消极被动,能根据对方的接受程度而调整自己的说法,为师。

世间的博士,您让他去幼儿园当老师,大多不愿意去,觉得掉价,可祖师们是博士的水平吗?不还是欢喜地在世间和凡夫打交道?在祖师眼里,凡夫思想见地连幼儿园孩子的水平都不到,问出来的话、做出来的事情,是极其幼稚可笑的,可祖师就能配合,带着一颗无分别的禅心在社会上包容和配合一切现象。

哪一个阴谋不是阳光底下生成的?一切都暴露在阳光底下,阳光为什么没有分别呢?阳光对一切既包容也配合,谁需要阳光,就可以自然地吸收阳光。您喜欢在阳光下设计阴谋也无妨阳光的伟大,就像下沉的力量如此迅猛,上升的力量如此艰巨,为什么宇宙、地球、生命还保持在稳定状态下一点没有下沉?

自然有自然的平衡力,阴谋如同下沉的力量一样,看上去强大,摧毁力巨大,然而,真正摧毁什么了吗?无常是宇宙间最大的平衡力,下沉力再大,魔力再大,黑夜再黑暗,一点烛光就能照明方向,并且,夜越黑,光明就越清晰。

菩萨、祖师是回到世间来帮助凡夫建立人间净土的,不是来行侠仗义、救苦救难、主持公平正义的。祖师们只做一件事,就是让凡夫俗子心能打开,能相应出世间的能量。所以不要倒过来,师者是帮助常人放下执著的,不是帮忙常人实现执著的。

禅心可大可小,随心自如,随圆就方,应机无碍,这背后起作用的就是"摩诃般若","摩诃"是它的可大可小的状态,"般若"是能够提供给可大可小"摩诃"的动力。每一个生命力都有一种能量和佛性相应,相应之力叫"般若"。

智慧是"般若"的世间相,具备了"般若"禅心的禅者在生活中能不能够当下起用"般若",能起用了就叫智慧。许多人到了红尘中就会糊涂,在特定环境内却讲得头头是道,这是不是"般若"呢?不是!

"般若"是圆相,在任何地方,世间和出世间都能圆融的,才叫"般若"。生命的能量越充足,"摩诃"可大可小的能力越强,生命越是有活力。越固定在一个空间里,既不能和万物相应,也不能融于同类,就是一个孤立的个体,孤僻自闭,有时候表现出来在外面社交活动丰富啊,或也养猫养狗,可是他的内心却瞧不起别人,跟别人似乎不在同一语境内,这样的人完全把自己锁在自己思想的监狱里了。

法无高下,人有利钝。菩萨也一样,宇宙生命越是可大可小、越能大能小,这样的能量级别就越高。菩萨也有十地之别,越是没有能量的人,人生就越像蚂蚁一样,在背着各种监狱生活。

随缘自在,是慧为本、定为用;自在随缘,是定为本、慧为用。表现出来能够随缘自在和自在随缘的,在宇宙生命和个体生命中出入切换,能包容一切、配合一切生命的能量，就叫"无为而无不为"。能"无为而无不为"的，就叫"圣人"，具备这种"摩诃心"的，就叫圣人心，与此相对的就叫凡夫心了。

什么是个体生命？如同《观世音菩萨普门品》里说的：对方应以何身得度者，师者就现何身，这就是个体生命的能量。

什么是宇宙生命的能量？就是和宇宙万物一样的相应，像虚空一样的，没有一个固定不变的我存在，这就是宇宙生命。修，就要学会激活自己内在的宇宙大化之机，参与天地万物的循环和流动，勃发自己的活力。宇宙本来是生机勃勃的，如果说畅达无碍、周流不息、无量广大、轻盈自在是宇宙生命的状态，那么个体生命就是指借由身心对这种能量的显化。

禅

超越时空

禅舍禅修是帮助修者提高出世间的宇宙生命能量,帮助修者转凡夫心为禅心的地方,故"禅舍"亦可称为精舍、道场、净土、清凉地。

生命能量从能量角度讲,分为和世间相应的个体生命能量,以及和出世间相应的宇宙生命能量。

从功能角度讲,分为阴性生命和阳性生命。

功能主要指组织、器官对生命的本能作用,这种作用,先天的成分占了较大比例。而生命能量是不同生命状态下和气场、环境对应时显现出来的精神力、心力、念力的作用,这种显现作用,后天的成分占了较大比例。

禅修是为了能量提高,而不是进行功能改造。

提高和不同气场、环境对应时的控制力,不单单是指某个特定空间环境。现代社会的环境,网络让人们天涯若比邻,每时每刻大量的信息钝化着人们的心灵感知能力。

现代人和古人不同的是,不仅受制于有形的空间环境,可以说无形的制约比古人增加了千万倍。在享受物质极大丰富的同时,精神能力加倍退化,人的心量被各种信息、欲望、妄想不断压缩。

爱因斯坦的相对论之所以在科学界有如此地位,因其核心创新论点除了变化中的不变化外,还包括不存在超离于时空之外的位置,也就是说没有任何外界的,或者说绝对的标准可以用来判定时、空。

这意味着时、空不仅仅会弯曲,而且许多我们附加在时、空上的属性也不复存在,包括最重要的定义位置的能力。

祖师们以"圆相"表禅,以"圆相"定位无量,而"圆相"本身无方向、无位置、无角度、无大小、无标准、无前后、无上下,时、空亦然。

人类赋予时、空的附加属性,是根源于人为开发出来的用途,不是时、空本有的,既不是本有,为什么不能超越?所谓超越是超越"间",非超越时、空本身。生命和"间"之前的时、空是一体不二的。

爱因斯坦自己在很长一段时间内就很痛苦,科学之前关于空间的概念,包括牛顿时空观,甚至爱因斯坦自己早期的观念,都认为空间具有固定的几何结构,因而让人能够想象自己超然于空间之外,然后俯瞰观察它。爱因斯坦一度主张必定存在一个绝对的参照点,否则空间的形状就会变得模糊不清。要想理解为什么会出现这种模糊性,可以想象一下在日常生活中我们是如何感知方位的。

我们可能认为卫星地图上那样确定独一无二的坐标位置,就是固定位置,实际上位置是由观察者处在某个地形中的感受决定的,而那种感受是可以变化的。您可以使用坐标,但不代表坐标的真实性。

早上迟到的,地铁里玩手机的,谈得入神的,没睡醒的……各人对路上的感知是截然不同的。

登珠峰的人眼中的一步之遥,对在平地上的人是举步之劳。

再如良宵一刻值千金,人感觉幸福的时候,时间过得飞快,而痛苦时却度秒如年。不同环境、不同心态、不同身体状况、不同气压、不同精神压力下,人对时、空的感知完全不同。

一旦缺失了灵性,我们无法感知时、空环境的实相,时、空的实相是在不断变化中的模糊状态,不会有清晰的坐标和定位。1915年时,爱因斯坦突然领悟到,时、空的模糊性并非瑕疵,这才恰恰是自然本身。

其实无论怎样,谁都无法观测到某个地点的绝对位置,相反,我们是根据物体的相对排列来确定位置的,虽然相对位置是客观的,但感受因人而异。

不同的观察者可以赋予某一地点不同位置,但在各地点相互关系上的看法是一致的,事件的发生就由这些关系确定。坐标为什么只是用,不是空间之本？因为它是种关系。我们说某人位于某地,实际上是在说此人同其他地标相对关系的简化表达,某地必须由周围的参照物来定位。故此,"位置"不是"位置"自己的属性,而是所属整个系统的属性。

从原则上讲,如果问人、事、物的具体时间、地点,这涉及整个时空。那么,生命活在"哪里"呢？生活在"哪里"呢？禅舍又在"哪里"呢？

爱因斯坦领悟到自然定域测量的模糊性,是后来量子力学非定域性的其中一种表现形式。由此我们进一步理解,能量之"量",谁也无法将它限定在任何特定的位置上,谁也无法持有不变,想确定一个真实不虚的时间和地点,就是"刻舟求剑"。

空间里的点不可区分,并且是可以相互交换的,因为它们缺乏可以分辨的特征,所以无论这个世界由什么构成,都不可能基于这些点而划分区域。空间无法支持任何定域结构的存在,而一切"量"则是作为时空整体而言的属性。

理解这些相对关系,就可以逐步理解地形其实在无时不刻地发生变化,地球在动,地底在动,气候在变,电磁气场在不断流变,为什么您会认为有一个固定的位置、时间不变？可为什么凡夫却感觉不到这些巨变？

宇宙中的一切规律是巧合吗？胡夫金字塔所在的纬度29.9792458°N和真空中的光速299792458米/秒是不是巧合呢？宇宙是一个有秩序的广袤空间，我们认为所有的事件都发生在确定的地点，就是个幻觉。

"非定域性"是所有物理学难题的根源，其中"量子纠缠"即粒子奇异的同步性，是非定域现象，爱因斯坦称之为"幽灵般的超距作用"。

爱因斯坦建立的广义相对论，是现代引力理论的基础，本为了从物理学中消除非定域性，因为牛顿的理论是引力可以跨越空间，具有某种魔法一样在两个物体之间起作用。而广义相对论折断了连在物体之间的"魔法棒"，表明导致物体相互吸引的原因是时空弯曲，而不是什么看不见的力。

无论爱因斯坦的本意如何，后来物理学家们在应用前者理论的过程中，不同的一面被逐渐揭开："在引力的作用机制里，其实处处体现着非定域现象，时间和空间不比构造板块更稳定，它们也会滑动、起伏、弯曲。当一个大质量物体发生变化时，会在时空连续体中产生振颤，进而重塑时空。"

禅者要想超越时、空，必先理解时、空结构，克服固有概念的障碍。时空无法直观可见，不过，我们能捕捉到一些间接的证据碎片——就像在汽车挡风玻璃上滑过的雨滴印迹可以显示玻璃曲率一样，再例如光线其实直得不能再直了，太阳真正起到的作用是改变了几何定则，即扭曲了空间，看似平行的线才得以交叉。

凡人因为无知，以为这些属于科学家的研究范围，和自己日常生活无关,所以才会执著在自己的世界里,执著在过去的经历、未来的一点小目标,和现在的感受上,一旦理解时空之幻、位置之虚,哪还有"我"存在?"我"既不在,那么"我"所有的一切感受、感觉、成就、爱恨岂非都是在梦里说梦?

喜欢在朋友圈刷存在感是源于心不安,没有精神寄托的人唯有通过不断证明自己存在才仿佛得到些许安心,禅修本就是打开心眼,能观人所不见,闻人所不闻之声,契人宇宙万物实相,方才不被自欺欺人被人欺。

说了空间的不可靠,我们还要回到时间上。西方社会有各种时间管理的学问:如何管理时间更有效? 要有时间感……什么是时间感? 我们首先要清楚大脑是如何感知时间的,这其实和上面"大脑是如何感知位置和维度的"是同一个问题。

爱因斯坦说"时间是个幻觉",那么可以扩展此问题:"为什么痛苦时时间会变慢,快乐时时间变快?"例如,有人面对镜子左右转动眼珠,先看着镜中左眼,注意力集中地看一会儿,然后再看右眼,看一会儿后再看左眼,来回几次。问题来了,人不会看到自己眼珠转动的过程,但是,将视线从左眼到右眼,这个转动的过程是需要时间的,时间到哪去了? 为什么中间过程却也没有感到空隙呢?

大脑永远都在忽悠您,它会将眼珠左右转动这样复杂的场景,简化成了"我的眼睛一直直视前方"这样简单的结论。

维基百科对时间感的定义是:"指人在不使用任何计时工具的情况下,对客观现象的延续性和顺序性的感知。这种感知来源于内部或者外部,外部感知可来源于昼夜长短、节气、太阳高度等变化;而内部感知可来源于我们的心跳、呼吸等。"这叫时间知觉。

时间感是人在特定的状态下产生的幻觉,在这些时间幻觉背后起作用的是人的神经系统,和其他如味觉、嗅觉、触觉、视觉和听觉不同,人无法感觉到时间。实际上,时间感是很多不同的认知感觉聚集一起所综合呈现的幻觉。

当大脑得到新信息时,这个新信息并不一定是按照正确的顺序到达大脑的。大脑需要重新排序,然后呈现给其他部分的大脑区域,使得人以为有个结论。正因如此,当我们接触到不熟悉的信息时,大脑需要较长的时间分析排序,所以会给人一种时间变长的感觉;而接触比较熟悉的信息时,整个过程非常短暂。

没有一个单独的大脑区域负责时间感,这和味觉、嗅觉、触觉、视觉、听觉这"五觉"完全不同。不过现在科学家对是否在大脑中有一个专门的区域,在产生时间感中起着最为核心和中心枢纽的作用有不同观点,或说有没有一个内置的"时钟",注意不是指"生物钟",对这一点科学家众说纷纭。但这些争论主要来自视觉和听觉的研究,没有人意识到产生时间感的源头根本不在脑里,脑只是知觉的载体而已。

所以,在同一时间点,大脑接收到越多的信息,就会需要越多的时间来分析。那么,当我们处于危险或者特别无聊的时候,大脑会用功地去采集身边的各种信息,这时信息量会特别大,我们会感觉时间好像被拉长了一样,流逝得更慢了。影响时间感的因素有很多,包括注意力、情绪、环境等,所谓时间知觉就是一种超级大幻觉。

时间是个大幻觉,禅修者所谓成长,就是一点点识破各种幻觉,关于价值、关于意义、关于爱情、关于财富、关于时空、关于身体、关于信仰……可以说,一层层蜕皮,一层层解脱,越明心则幻觉越少,幻觉消失殆尽时,便是见性之时。

我们渴望得到爱,可我们了解什么是爱吗?我们喜欢赚钱,但了解什么是钱吗?再例如我们身体主要由水构成,然而我们了解水吗?与其他物质相比,水的物理性有太多"反常"性,其中一些反常性与生命的发生和延续密切相关。

比如幸亏自然条件下结的冰比水轻,寒冷地区的水体才不会完全冻上,水中的生物才能熬过漫长的冬天;比如幸亏水的表面张力大,相当多的小动物才可以生活在水面上;比如幸亏水的比热很大,赤道附近的水也不会被轻易烧开,因此水中生物避免了被自然煮熟的命运;比如幸亏冰雪的比热大,北半球在雪后才不会迅速变成一片汪洋……

水之作为生命发生的前提,是由其诸多反常性促成的,如果我们连水都理解不了,又如何能理解生命?

我们习惯说"眼见为实",眼睛所看到的是真相吗?真相可以被眼见吗?

把"念"固化,住在"念"里就变成"识",就会好像真的"见"到念念所变之"实",眼睛会被由念形成的幻觉识相所牵,以此为"实",不识本末,眼前投射出来的世界,本来是念流和妄想的投影,人眼误以为实有。

有人看完了悲情电视剧,关了电视,影像没了,可躺在床上依然为屏幕上那个早已消失的幻影流泪、失眠、愤愤不平，见到同事朋友习惯感慨一番，还不忘去帮忙构思一个美好的结局。

同样迷惑在情场、商场的人，不也都是在别人的戏里，流着自己的泪吗？都是因为误以为有个"我"，"我"的存在是基于虚幻的玩味感受。

爱因斯坦的广义相对论本身在数学上、在思想上，毫无疑问是异常复杂的。但是他所做出的可以观察的、以前人们所不知道的预测，却是惊人地简单。比如说，他认为当光线通过重力场的时候，光线本身可以被拉弯，以前人们根本无法想象光线会弯曲，而这个在现代天文学上叫做"重力场的透镜效应"或"爱因斯坦透镜效应"。

以这个理论为基础，他做出预言：当发生日全食时，太阳的光芒完全被月亮屏蔽，太阳背后恒星所发出的光，经过太阳的重力场时被拉弯，照射到了地球上，此时人们对这颗恒星位置的计算，同太阳在其他位置时的计算有轻微偏离，而这个偏离大小是可以计算出来的。科学家们很快证明了此预言，这是科学用实证证明了广义相对论。

科学本质上是实证精神和形式逻辑的结合，为什么爱因斯坦有如此多的奇思妙想？因为他相信宇宙间隐藏的各种能量，这些能量一定是可以被发现的，但发现的方法一定是简单的，简单到凡夫不信，老子说"大道至简"，三祖云："至道无难，唯嫌拣择。"

我们生存的世界本是简单的，唯凡夫因私欲强健，业力障眼，不信、不契、不见而已。爱因斯坦的老师、量子理论之父普朗克，他对原子最后的结论是：世界上没有"物质"这个东西，物质是由快速振动的量子组成的。

有形和无形皆是不断振动的能量，宇宙里只有能量。有形和无形的区别在于振动频率不同，所以产生不同意识或者不同形态的物质。振动频率高的就是无形物质，比如说思想、感觉、意识，那低的呢？就是我们看得见的有形物质。

古希腊埃及的哲理谈到宇宙七个原理，其中即包含了振动原理：没有任何东西是静止的，一切都在振动。佛陀说万物都是因缘和合而成，因缘和合就是动，不动怎么和合？

人类因为受限于我们的感官，误把实体有边界的物质和连续波动的能量场视为两种东西。科学家把它当作两种东西，越往微细的原子领域去探索，越向广阔的宇宙穹隆去深究的时候，发现了人类感官、人类的经验所达不到的地方，物质和能量的本质是合一的。其实现代科学这么费劲得来的理论，在中国传统叫"天人合一"，在佛法叫"万法归一"，只不过，现代人喜欢用现代方式去求证，但宇宙的规律不会变。

物质和能量是一圆相，故一出便是对出，本体是无形的，是无所不在的，可是生出了，出就必然是对出，没有单出的物质和能量。一切皆有两面、两极、两形。只要生成，所有的东西都有相对面，相对的背后是"一"，相似和相异是一样的，相反的东西本质也是一样的，只是在现象上有区别。

极端的状况会彼此相遇，所有的真理都不是真正的真理，所有的非真理中都蕴含着真理，所有的矛盾是可以被调和的，这是"三生万物"。

既然您能看到有肉体存在，为什么看不到肉体背后的灵性呢？因为我们觉察力有限。我们不懂得能量是可以转换的，可以从频率低的一级转换成连续体上频率高的另一极。怎么转？改变中间的链接点，可以说媒介体，具体说，也就是修者从改变时、空观点开始，阳转成阴。

从物理上来说，禅修者要在禅舍内改变自身振动的频率，转换人的电磁场中低频能量为高频能量状态，这绝对不是看几本书，自己琢磨琢磨，或者想当然地自己胡来就可以的。生命想转化成精细、轻快、密度小、频率高的能量状态，能和宇宙间高频能量对接、同频、无碍沟通，是需要信、愿、行的，不舍，如何能理解生命、能量到底是什么？因为这些都不是东西，如果是东西就容易理解了。

量子学家研究原子时候失去了物质，失去了物质以后，他们发现了夸克，夸克有两种，一种叫中微子，一种叫光子，在绝对静止的状态下质量是零，可是只要一动，要么是加，要么是减，一正一负的夸克是同时出现的，这不就是阴阳吗？二生出来的世界万象，五行、五气、六爻、八卦，可是如果回到本来面目呢？六祖说的"本来无一物"。

"本来无一物"是禅，夸克的寿命是没有寿命，没有寿命才有无穷寿命。佛陀早说过：生命是以十种不同的形式和等级，遍及三界，华藏世界有十种不可说的佛刹微尘香水海，无极无尽。他说地球像个椭圆形的庵摩罗果，我们身体由无量无尽的极微元聚构而成，一粒沙里面有三千大千世界，一滴水里有八万四千虫。

修行是但求本，不愁末，不知道"本"，而执著在"末"里，永远是盲人摸象，看不到全局，人的肉眼、耳朵、六根是有局限的，宇宙中能看见的、听见的、常识理解的，亿万亿万分之一都不到。

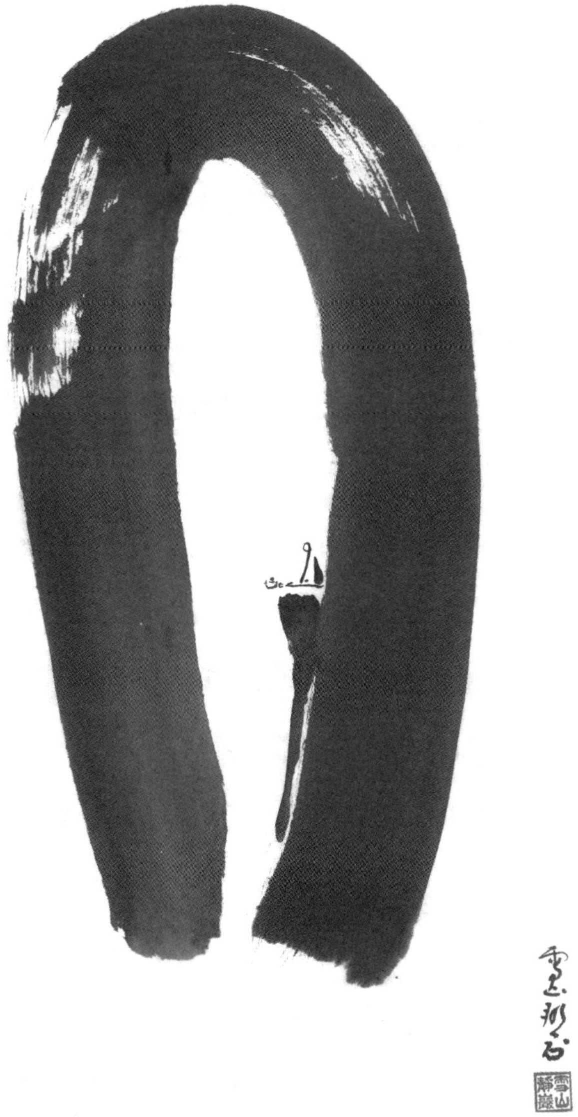

什么是物质的最细结构呢？量子级别会是最细吗？一定不是。量子结构只是目前科学界达到的范围，那怎样可以进入最微细呢？您能入最深禅定时自解此谜。

爱因斯坦的场方程式告诉我们，时空是可以倒退的，它就是个幻觉。禅者在定境里，早就可以进行时空旅行，到不同维次里去逍遥。1949年，有一个逻辑学家叫哥德尔发现，如果利用封闭类时曲线可以实现时空旅行，这个发现让他名声大震，这个时空被命名为"哥德尔宇宙"。可能爱因斯坦都不知道他自己的相对论，能被哥德尔推论出来这样一个结果。

当然这些方程不是爱因斯坦凭空想出来的，而是被他发现的宇宙规律，是本来就有的，在宇宙无穷无尽的规律里，他只是发现了一点点而已，不过这也足以告诉我们，时空是可以旅行的。

现在科学家通过实验室，发现时间的箭头可能不是一个顺流，是可以向相反方向流动的。这说明什么呢？说明了我们本来执著的，以为的时间流根本就是幻觉。佛法里早有论述，只是现代人不信，想通过科学一步步证明，真相是无法证明的，只有通过顿悟才能契合，如果科学家们不再把生命局限在在身体范围，局限在呼吸、蛋白质、DNA、基因上，不再片面、理性地去认识世界，才能圆融地理解真相，完全理性才是不理性。

"时"有没有永恒性？什么是能在时光里穿梭的力量？时间一定会让人变老吗？时间是一个容器，承载的一切都有其永恒的价值，那这价值体现在哪里呢？时间是怎么弯曲的呢？它会是椭圆的吗？是不是螺旋的呢？过去的时间还存在吗？存在哪里呢？它有没有出处呢？未来会不会膨胀呢？会不会压缩呢？扭曲是旋转吗？为什么会是"圆相"？

时、光是自己传导的，还是借助什么传导的？有没有比现在的分子更小、更有力量的粒子不被我们认识呢？到底这种虚拟粒子是什么呢？存在的和消亡的有生死吗？时间折叠才有了春夏秋冬，空间折叠才有了隧道，光本身不传播，而是被什么传播了？传播光的这种东西有没有速度呢？它是不是比光更快的速度呢？

这些问题不是通过学习能理解的，而是通过参究豁然开朗、一通百通的。禅者修行是先从过往观念的误区里走出来，光速是一种速度吗？不是。它是一种自身的存在，就像高压线里，电才是真正的速度。为什么地平线上有了光，不是所有的地方都亮？为什么我们在黑暗处才能看到光的存在，但光没有照到我们身上？光、时间、速度、空间，哪一件不是和生命息息相关的？但真相并非我们学校学的那样，这需要独立思考，重新认识。

禅者修行要契合的是生命，不是某个具体的生命体，没有什么东西在生死，能生死的是生命体，不是生命。生命是不常不断、不生不死、不一不异、不来不去的能量，生命体及某些生命体所谓的前生今世，都是活在记忆里，而记忆不过是一种电波的投影、影像记录，和做梦无别，是大脑里的投影，不走出幻觉来，如何契合生命本身？能量是没有生死的，能量背后是什么？什么东西产生能量呢？这是我们要在禅舍里参究的。

人不能活得那么浅薄，活得浅薄就活成个东西了。要知道科学家说的虫洞不是什么神秘的东西，万事万物都会出现裂缝，裂缝才是光照进来的地方。

空间和时间同样会有裂缝,时间出现一些细微裂缝和空隙的时候,比分子、原子还要小的一些空隙,叫"量子泡沫",虫洞就是在这些量子泡沫中的。穿越时空的人就是能够捕捉这些空隙,什么人能捕捉到这个微细上面的空隙呢?佛经里说的普贤菩萨能入一一毛孔中,一一毛孔就是空隙。

修者能够一念万年,即现代说的穿越时空,绝对不是利用时间机器,机器是不可靠的,突然坏了怎么办?而且这也是违反因果律的,世上肯定存在能够改变人为时间的地方,让时间加速或者让时间缓慢。比如说地球比太空的运行时间就要慢,地球的质量和物体会减缓时间的运行速度,就像河的下游一样流速会变缓,物体越重,对时间的阻力也就越大。

现代科学认为时空是全息图,根据全息的原理,给其定域的表面积,是有相关性的。一边是过去,一边是将来,这是两个不同的方向,时间的方向对应两种不同类型的全息图,任何物体,实际上是不存在超越的,只要理解了它的方向,理解了怎样和它契合,这就是超越了。

全息的影像本来是个幻象,就像您看到舞台上的全息投影一样,只是小孩子不理解什么是投影,而成人就会知道这是虚幻,您现在对宇宙万物的理解是幼儿,还是已经成人了取决于您的认知。认知程度不够时,生命就不可能自在,会自我设限,三祖云:"智者无为,愚人自缚。"

出世间能量是无为状态,世间则是有为状态。对待社会事情时,凡人是有为分别来对应——有为而有不为,以自我利益为主导。禅者是无为善别来相应,无为而无不为,以众生觉悟为主导。社会上如果智人多了,整体面貌自然大大改观,各种追名逐利和攀比抱怨的病态心理状态便会改善,极端矛盾会缓解,人心净化,这便是禅的人间净土,也是禅者从自身出发转化现代文明危机的切实行为。

禅者如法修行,立人生的正见,生命体的皈依处是生命本身,此必能使人摆脱自我迷失,摆脱因物欲横流而导致的各种"现代病",乃至身心轻安,随缘布施,从容自在。

阴性生命和阳性生命

"中国禅"之所以能在唐宋中国经济、文化最鼎盛之际遍行天下,便是其对不同根器的人有不同的接应方法,人人皆可通过禅法成就。我们看《五灯会元》等灯录时,可以发现许多不识字的百姓、年老的婆婆、没有专门修行的凡人也能成为禅师,这在其他宗派、修门绝对是不可思议、闻所未闻的"奇迹"。因为大部分人的常识,就是修行的境界和时间有关,此人修行了多少年,似乎可以代表此人的境界,这是"中国禅"顿悟法第一要破除的谬见。

"中国禅"之根本是"不立文字,直指人心",许多人不解,既然"不立文字",为何在《大藏经》里,文字最多的是禅门?皆因禅不立文字,并非不要文字,禅师引导学生时,如果对方是上根器,会直接打破对方对阴性生命和阳性生命的执著,即双破法,破我执、法执,直指人心,见性成佛,不必啰嗦什么,上根器者,被师父一语道破天机后,会突然大彻大悟。无论此时什么身份,有没有文字功底,悟了便是悟了,和过去的经历、学识、背景没有关系,当下立地成佛者在灯录里俯拾皆是。

如果对方是中根器,包括唐宋时许多最优秀的知识分子,许多是自小精通儒、道的,有的已熟背佛经,他们具备了恭敬心和信心,然而因为所知障重,有时候反而没有一张白纸的普通人悟得快,难舍知识并且缺乏实修实证,故悟门难入。这种情况下,师者会以毒攻毒,从破文字、知识下手,说一些看上去莫名其妙的话,做一些匪夷所思的行为来接引,导其关心阳性生命的清净,同时接入阴性生命的实证实修法。

如果对方是下根器,则无需多言,直接从其阳性生命净化,也就是养身法开始。下根器者心中信心不足,故,少说禅理、禅法,只是从养身炼起,先巩固培养学人的信心。六祖在《坛经》留下三十六对方便接应学人法,三十六对没有固定的"门",也非阳性生命能量能进入。

禅舍是学人提高阴性生命能量的地方,当然不同根器修者的禅舍也不同,上根器者心净则国土净,无处不禅舍,并且即使身在某处禅舍不会感觉固定禅舍的存在,处处皆禅舍,触目皆是道。

中根器者在禅舍修养中,有时能感觉正在修的"自身"存在,偶尔也能和"自心"对话,随着修行功夫的增加,逐渐打开心量,偶尔能进入定境,契合"空"境,但是进入不深,并且保持不久。

下根器者在禅舍修养中,感觉不到自己的存在,迷在各种相上,佛菩萨像、佛珠、净水、经书、熏香、布置等,完全被环境带动,被外相所惑,感受不到自身,感受不到修法的殊胜。

禅舍里禅修是为了契合生命的能量,帮助打开生命能量通道,不是为了功能的改造。有些人想通过修行改造功能,比如说用手去识字、用耳去闻味等,这些不是禅修的目的,修者真的六根清净时,这些功能不用刻意改造,六根会无碍。有些人虽会有些神奇的现象出现,但真正的大修行者如果发现自己身上有神奇功能时,一定不会声张,因为这只和个人能量、境界相关,多一个人知道就多一分迷信。笔者在《莲花太极》上册里面曾写过,修者能修到密密无碍时,眼、耳、鼻、舌、身全是通的,不过修者圆通时也不会对外去用脚来写字,给别人证明什么。禅法,不需要这些来证明。

我们一提到"灵",就容易被人误解为"灵魂"。"灵魂"是婆罗门教、印度教、基督教等宗教常用的说法,用唯识宗的说法是被染后的阿赖耶识,禅门的"灵"指的是"灵光"和"灵气"。

"光"是指智慧之光,照破众愚的光芒;"气"是指身体的元气。

"光"其实是"神","气"是"精","灵"则是"精神"。

"气"是介于物质和物质之间的能量,不仅是中医的气血,还包括了气脉。

禅门最重视的是"灵光独耀"之"灵光",是悟道后所发的自性光、常寂光。"灵光"是由"灵气"发出的,但并非有"灵气"者一定有"灵光"。

这一点许多修者都没理解清楚,禅修是定慧等持,当修者禅定力越来越高时灵气会越来越强,也就越来越有机会和灵性相应,焕发出灵光,但这些没有必然因果关系,灵气强者未必最终都能焕发出灵光。灵光是般若散发的光芒,而般若和修行的时间、定力不属因果关系,可以说般若者必然有定力,定力强者未必有般若。

禅舍是转变世间阳性生命的地方,现代人身心不平衡,只注重阳性生命,不注重出世间的阴性生命,禅修者通过修行使得个体生命更圆融更包容,在世出世间身逍遥、心自在。

许多人有个误区,以为禅导师跟学生也讲养生,和世间的中医保健一样,在帮助阳性生命功能提高。真正的禅导师,虽从阳性生命着手,但讲法的归依处一定是放在阴性生命转化上的。实际上,阴性生命被激活了,宇宙生命被打开了,阳性生命是跟着走的。

有些禅修者,如法修行后表面看阳性生命好像功能有变化了,瘦身了,皮肤病、心脏病、糖尿病等毛病不可思议地好了,可这并非师者为其特别治疗,而是其自心转化的副产品。

禅修初期是有为法,师者带动学人一步步走,但随着学人自身阴性生命能量不断增强,有为成分就会越来越少,逐渐转到无为状态了。

白居易拜访恒寂禅师,其日酷热,白居易就问:"禅师怎不换个清凉的地方?"禅师答:"这里很凉快啊!"白居易于是作诗一首:"人人避暑走如狂,独有禅师不出房。非是禅房无热到,为人心静身即凉。"

禅者越修行深入,越应在无为状态中修行,明白如何转换和起用有为和无为。世上生活离不开有为法,然而凡夫却不懂如何无为,有些修者,误认为佛云"一切有为法,如梦幻泡影",内心就开始不屑有为法,真正的禅者是能善别的人,善别是区别不是分别,知道什么时候该有为什么时候能无为。禅者的随缘自在不是被动的,而是主动应机带动,随缘、随境、随机现各种对应法。

什么是自然无为呢?自然界每件事物的起灭都有规律,顺着规律走,不人为地去改变自然界的规律。为什么禅门不说自然无为,说随缘自在呢?因为禅法是人的心法,而人心是世界上最没有规律可言的,人因情感、欲望、利益、妄想有自己的算盘,早上可能是特别善良的好人,晚上却匪夷所思地做傻事,只要被迷惑了,就会立即变成会破坏的人。人心没有规律可循,所以不能消极对待人心变化,随缘自在是主动影响和引领。

禅者应能在每个当下把握机会,对机而应,该无为时无为,该有为时有为,面对无常的人心、无常的社会环境,随缘自在就是能出入不二,这是禅者功夫智慧在生活上的起用。

凡夫是"有为而有不为",其中"有不为"是重点,"为"是为了"不为"。什么情况下"不为"?对自己无利时便"不为";"为"是分别,分别的目的是做。做就需要果断,需要分别,分别之前是什么?是目的性,所以,有为而有不为,"不为"是为了"为",为的是个人利益,这就是"凡夫心"。

"为"在世间是肯定词,第一是"别",第二是"做",做是积极的,那不为呢,是反面的。"有为有不为"的深层含义是什么呢?是从十个、一百个项目里,选择一个项目来"为",为了这个"为",可以不惜代价,比如利益巨大时不仅不顾他人利益、安危,甚至连自己的家庭、健康等也一样可以牺牲。

西方人说:丛林法则,适者生存。为了适者生存,可以牺牲众生成就我之用,这是不平等的。动物才弱肉强食,不但动物如此,植物世界也是这样,但是,人类文明则不然,人性会爱护、保护、帮助弱势族群,弱者也应能在社会上平等生存,这是人文同动物文不同的地方。如果以这种思想作为推动人类发展的力量,那就把人类社会变成禽兽社会了。社会的极端、矛盾和产生不健康的各种自伤行为源自根深蒂固的不平等心。

反过来,禅者是"无为无不为","不为"是一个反面词,"无不为"变成正面。"无为"是为了"无不为",不以个人利益为重点,而是为了众生的利益能"无不为","无不为"的基础即能"有为"也能"无为",这才叫"无为而无不为"。

没有人可以凌驾于其他生命之上,也没有人可以剥夺别人的权力,虽然是有区别但不分别,回到平等、和谐、包容的心。什么是生意?"生"是生生不息，生意人做事情，得到了一些收入，想着去帮助别人，美德就会被口耳相传；"意"是"心"上之"音"，是自己的良知、良心，时刻和心上之音契合，不昧良心，才叫"生意"。

真诚地多让别人受益，口碑就是您的广告。为什么古人发明的秤一斤是十六两？十六两秤的秤星，每一颗代表一颗星宿，北斗七星，南斗六星，再加上福、禄、寿三星。倘若短斤少两，少一两叫"损福"，少二两叫"伤禄"，少三两叫"折寿"，暗示做生意要诚实，秤不仅衡量物体的重量，更用来秤量人的诚信。

古人做生意也会"无尖不商"，什么是"尖"？以前卖米，卖一斗米时要多给顾客一个尖。是古代人比现代人傻吗？吃点亏都破产了吗？企业把赚到的利润多回报给社会的时候，会发生什么事？力有作用力和反作用力，您时刻心系大众，有好的项目大家都想签给您，因为您一直在诚信银行里存款，养育您的内、外合作伙伴。

为什么现代人越来越累？因为习惯了斤斤计较，损失一点就不行，一点亏也不想吃，每个人都这么想，生存环境就被污浊了。商人如果时刻和自己的心音契合，不就是"悟道"吗？能和商道契合的商人，遇到灾难、战争、各种意外时不会担忧，因为生机就在您平时的口碑里，故此一切变化前，都以一种大宁静心来对待，这就是定力，厚德方能载物。

我们为什么先讲宇宙生命和个体生命，再讲阴性生命和阳性生命呢？因为要唤醒生命，必先理解生命状态是什么。

有些人不清楚生命和"我"有什么关系？以为生命就是身体，或者是指挥身体的大脑意识,其实人的大脑不过是一台特别先进的电脑而已。发明电脑的人是谁？给电脑写应用程序的又是谁？大脑是否也在二进制运行？二进制是阴、阳吗？意识变化从何而起？意识是脑产生的还是脑的作用？意识是"我"吗？意识是生命吗？生命是通过意识作用的吗？脑和生命是什么关系？……

前文我们重点展开了对时、空的讨论,为什么要了解时、空呢？要参究生命是在时、空前还是时间、空间后才产生的,如果不理解时、空和时间和空间的关系,生命如何能超越时空之"间"呢？

宇宙生命在时、空之"间"前产生,而个体生命是顺着时空之"间"产生而产生,如《楞严经》中佛云："世间无知,惑为因缘,及自然性皆是识心,分别计度。但有言说,都无实义。"

生命本是不可说的,自古以来中国的传统教育就是教学人如何理解生命、契合生命,不负得来此生之不易,这种对生命的认识是随着学人心量变化而变化的,《楞严经》中佛云："汝元不知如来藏中,性色真空,性空真色,清净本然,周遍法界。随众生心,应所知量,循业发现。"

所有解释生命的文字都是盲人摸象,说了生命的一部分,笔者的目的无非是请读者多打开一些视野,期待有读者会遭遇豁然开朗的那一刻。一切文字语言只是药引子,真正的能治好您心病的大药在您自心中。

中国古代将有学问的人称为"文人","文人"之"文"许多人误以为是文弱书生,这是宋朝之后的谬解。文人的"文"本是"文以载道"之意,能载道的人岂能是手无缚鸡之力的？没有大胸怀、大肚量、大丈夫气的人,能载道吗？

而今"文以载道"之"文"几乎退化成了"语文",语文是技巧,是知识,是说文解字,而中国传统之"文"传播的是生命的意义。一切文明和文化是由如何体现生命意义而产生的,如果把"文"变成了语文,变成了商业文化,是"文"之弱化、固化、俗化。

古代文人崇尚的是道义,从儒家的角度讲叫:"道贯古今,德参造化,中昭日月,义薄云天。"这样的人和自身有多少知识没多大关系,"义"是生命的高义,一个人要有大丈夫心,才能在熙熙攘攘的利益大潮中不偏走,不被知识淹没。

中国传统中一切和道无关的技术、技巧都是有用,孔子说"君子不器","器"就是有用的东西,君子不是有用的东西,有用的东西是末技,君子是有全局观的人,虽然也可以技巧为生,但更懂得生命的意义。所以我们禅修,不是拉筋、养生等有用的技巧,而是转化成能理解生命、契合生命规律的人,无用方为大用。

现代人通过物理学能理解物质的原理,物质互相之间有严丝合缝的合作,只有互相协调才能不妨碍。但没有哪个原理,无论是物理的,还是自然的,能够孤立存在于宇宙中,也没有什么原理是没来由的,只为了存在而存在。

生命如果想留存下来,首先要融入一个和谐的体系,建立一个能保障各个原理之间有效合作的秩序,这个秩序就是契合生命的秩序。契合生命的人会拥有各种各样生命的能力,比如成长的能力、和天地万物沟通的能力、和自己内众生沟通的能力、对自己人生规划的能力、独立思考的能力、知道天地万物相同性和相异性的能力、善分别的能力,以及有和天地万物完美协作的能力。拥有这些能力需要什么条件?功夫和智慧等持!

科学很早以前发现了能量守恒,也就是说能量不会消失,所有的现象以及宇宙本身都是能量。它是一会儿以生命体方式、一会儿以思想、一会儿以直觉,显现出各种各样的变化,但它始终就是能量。但能量真的守恒吗?更准确地说,能量属于既不会消失也不会新生,只会转化的"能","量"越大,"能"越大。

能量不应该守恒,因为目前谁也解释不了什么是"恒"。能量既不会消失,也不会新生,只会转化,有什么能叫"创造"呢?从一种形式变成另外一种形式,能叫"创造"吗?

当然也没有什么能力叫创造力,只有转化力,进一步说,其实没有什么力量能够创造或者消灭能量,世界上根本不存在所谓的永动机。一切的能量都来自宇宙,宇宙中只存在能量的各种转化,转化过程表现出来的都是现象。

什么是"生命体"呢?生命体就是从各种各样的能量源中从能量转化成质量的个体。生命体也就是能量体,所谓的能量体,必须有能量的盈余来满足一系列生命活动的需求,如果没有能量盈余,生命活动还怎么施展下去呢?

我们习惯说"创新",什么是"创"?什么叫"新"?宇宙万物中有什么能量是新能量吗?能量只有转换,是无法创造的,既无法通过物质、机械被制造,也不会用任何方式消灭。科学家发现,我们所知的宇宙,不仅在不断膨胀,而且在加速膨胀。如果匀速膨胀还可以理解,但加速膨胀,就需要有新能量的加入。新能量是什么?是科学家也搞不清的能量,取名叫"暗能量"。"暗能量"其实不"暗",只是人类未知故假名"暗"。

我们不能断然下定义能量是恒定的,到目前为止,人类科学所了解的宇宙的能量源,可以说是微不足道的,宇宙的能量总量是多少?有谁知道?既然不知总量,何谈恒定?既然不知总量,怎知不恒定?因为我们对宇宙能量认识有限,所以无法判定恒与不恒,佛法说"不一不异,不来不去,不常不断,不生不死"是也。

在不断成长的过程中生命体通过修行能不断地打开自身本具的各种能量源,不过这不是境界的升华,只是和自己过去对比又被打开了一些,和宇宙万物愈发相应了一点而已。

宇宙能量是一圆相,圆相里不存在"高",也没有"更",一切是不增不减、不生不死、不垢不净的,所不同的是修者自己的认知能力。

西方唯物论认为世界是物质的,由此建立了西方物质文明,凡科学解释不了的即迷信,世界没有神,没有玄虚,意识是和物质相对的另一种存在。可是现在发现,我们了解的物质仅仅是宇宙的极微小部分。没有任何联系的两个量子,可以心心相应,如神助一般彼此感应。把意识放到分子、量子态去分析,意识其实也是一种物质,宇宙中绝大部分的物质是无形的,那佛、菩萨、灵、鬼、魂、妖、怪、天人、阿修罗等是否存在呢?谁能证明其不存在呢?

既然量子能纠缠,那正常人的第六感、特异功能也应存在,谁也不能再肯定有多少未知的生命能量能通过感应,彻底地影响我们的意识、行为、思想状态。

对于科学来说,我们无法下定论,原来物理学家以光速不可超越为基础,而现在终于知道量子纠缠的传导速度至少四倍于光速。那么还有没有更快的呢?

没有什么是守恒的,"恒"代表了一种完美,完美代表了一种终极,终极就代表停止了变化和发展,也就是说,能量消失了。完美是在末路上,而宇宙是不会在末路上的,生命体的终结是另一种生命体,不是新,不是旧,不是终极,有什么能量能叫终极能量吗?没有!我们现在所认识的能量是能量现象,并非能量本身。

如果我们说有什么不变,或者有什么永变,都是陷入了"断""常"邪见。生命的一部分是具备了引导灵性进入生命体的能力,一部分是能催生和转化极其复杂智能的质量体的能量。

阳性生命和阴性生命,两组生命状态在不断聚集、转化,并不断相辅相成。阳性生命到了极致称之为"神";阴性生命到了极致称之为"灵",两者的最佳状态即能汲取对方的特性和能力,达到调和的中性,中性态才是生命最宝贵的。

中性态和大圆镜智的镜像原理相似,一方对另一方,无论阴方对阳方,还是阳方对阴方,像镜子一样反映。从阳方可以清楚看到阴方,阴方可以清楚地看到阳方,清晰互观,没有高低贵贱,不是阴性高于阳性,不是阳性重于阴性,而是能调和。

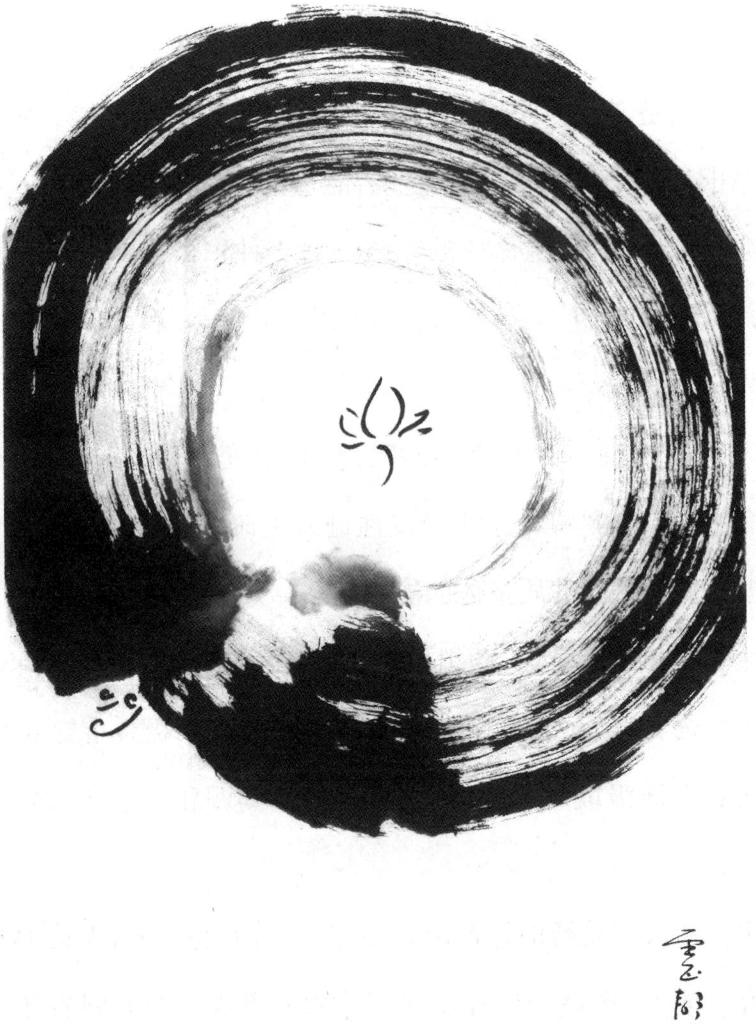

不过说起来简单,实际调和的过程是非常困难的,阳性生命能见,而阴性生命属于精神层面,没有实体反馈,内在调和完全是无形的。

阳性生命的极致叫"神",这个字,"示"字旁加一个"申","示"是"昭示","日"是可显现出来的光,"日"中间一竖,表明可以通天彻地,贯通天地人的光叫"神",也称"王",也就是说阳性生命发挥到极致的人,是世间之"王"。

"灵"呢？是和生命灵性契合的人,灵性即佛性,不可见,凡人只能见相,看不见无在不在的灵性,能契合灵性就是觉悟的人,是世出世间的"佛"。

然而凡人难以分辨佛、魔,更多的时候佛显的并非佛相,而魔却爱显佛相迷惑人。"神"和"灵"两种阴阳生命都有自己的主观力量,和生命本身具备的客观力量是不冲突的。生命具有各种各样的能力,这些力量是一种客观力量,生命尽管具备各种各样的能力,但是如果没有生命体"神"和"灵"的主观力量引导,客观能量是不发生作用的。这两种力量唯有和合,才能共同引导变化。

由于我们不理解生命,才会执著在幻想世界里,例如我们认为最高贵的东西是"爱",这应该是人世间最美好的了,可"爱"是什么呢？您以为的"爱"其实是"欲","欲"用"爱"之名满足感官,佛经里为什么不谈爱只说"有情"？因为"爱"是阴性生命和阳性生命的余晖,真正的"爱"不会是呆板的、不变的,而是一种不断流动的媒介,能把不同的个体连接起来,有"爱"的地方才有生命体的出生,没有"爱",也不会有和谐、稳定的生活和社会。

"爱"既然是一个连接点，就容易被人误解，凡人将"欲"包装成了"爱"，赋予其崇高的内涵，可是"爱"一旦和自私结合起来，就会误导人至险境。人们误以为"爱"属于亲人之间，朋友之间、和"我"相关的那些叫"爱"，被欲包装的"爱"是有固定对象的，而真正的"大爱"是有情，没有固定对象，和"我"相关的不相关的皆有情。此谓"无缘大慈，同体大悲"。

　　如果阴性生命和阳性生命能够调和至中性态的时候，这个生命体就是慈悲的、有情的，其特征明显，比如说男性具备了女性的一些特征、女性具备了男性的一些特征。男性的特征里本包括了勇气、独立、自强，女性的特征里包括了敏锐、体贴、细致，如果阴阳生命调和，会发现生命体的表现方式是女性具备了丈夫气，男性具备了柔软力。

　　生命体变成中性态时还有一个显著特征就是专注力大大提高，禅门谓之曰"制心一处"。此时生命的很多通道被打开了，比如说专注的时候，定力提高，生命能处于自我保护的状态，不容易犯错误，不容易受诱惑，不容易被误导，理解力增加。什么是生命坚不可摧的防护罩呢？就是专注。

　　现代人为什么生命越来越耗散了呢？因为分散而失去了本能的专注力，每天不停地忙来忙去，无法聚精会神，一刻不看手机就心慌，越忙来忙去越分散；越专注则越可以节省生命的能量消耗，直觉敏锐，这就避免了许多危险，就能倾听内心的声音。

　　那是不是专注就够了呢？不是。

　　专注不代表智慧，有时候专注反而会变成执著，为什么？因为和自己内心交流时，会产生正面和负面两种声音，正面的声音是真心所发，负面声音是被迷惑的幻相,没有智慧就无法区别真与幻,不知道怎样带动自己,人是容易陷入幻相的。一旦自以为是,丧失了谦虚心,则越专注越迷惑,迷惑在记忆、憧憬、自大里,故此专注只是通向契合生命的过程和手段。如果没有明师引领,自己流连在某种专注状态,往往容易进入魔境,无法善分别真幻。"五蕴"产生的五十阴魔,层层叠叠,越自大越沉沦。

生命只有在谦虚心带动下才能调和,调和才能生长,谦虚心的表现是不凌驾于万物之上,不随意支配万物,不侵犯别人资产,不妨碍别人幸福,不随意下定论……生命是独立的,既不会代人受过,也不会替人领赏,每个人都要对自己的行为负责。

"命"是被动的定性,"运"是主动的变化,每一位修者都能通过修行改变自己的"运",这叫"命由己造"。"造"不是刻意作为的制造,而是自然而然的转化。

所谓"运",指的是没有什么生命可以以任何一种方式获得或者继承另外一个生命的特性、才能、财富、智慧,每一个生命都是独一无二的个体,从一出生开始,就是必须对自己负责,是主宰自己生命的持续发展的。生命的DNA遗传的是物质层面的,智慧、灵性这些最核心的能量,能通过DNA传递吗?因此不存在"原罪",每个人对自己负责,自强、自立、自律、自觉时,便能转"业",便是"运"命。

生命浑然一体时最和谐,"禅"本来"浑然一体"时是没有名称的,假名为"禅"时,就马上变成了两个,因为立了一个名后,必然会产生另一个相对的名,这两个名和"禅"的本体加在一起就变成了"三"。即本体是"一",

"一"是无名的,变成"二"是给本体加了一个名,有了一个名,相对的那个就同时产生了,就出现了对立面,加上本体就成了"三"。

由"三"无穷无尽地推演、类推出来是非、善恶、正邪、对错,有了支持者有了反对者,此时再分辨出来什么是"本体",就不容易了。

"禅"本来是没有界限的,语言文字也本来没有是非,因为一旦定了是,非就同时产生了。之后语言文字的评论随之分出了界限,产生了意见和准则,就开始了争辩,于是解释的、批评的、直述的、赞成的、说明的,还有添油加醋的、画蛇添足的,全部应运而生,好不热闹。

禅修,修的是超脱出后来的"二"和"三",回到本来的"一",即超出天地以外的定理,回到非语言所能形容的"本来面目",语言文字是用,通过语言文字契入到原理,不要被后来的诸多分支迷惑了。

"一"哪有什么对不对?哪有什么正邪、是非呢?只有是在"二"后,才有了各种各样的名称,名称的变更本无一定,老子说"无物不然,无物不可"。万物其实没有变,变的是名相,名相一变,好像万物在变,实际上变了没有呢?

《庄子·秋水》里有个故事:

河伯去见北海王,问:我如何区别物体外部和内部的贵贱和大小呢?北海王说:从道的立场来看,万物没有贵贱之分。从物的立场来看,物类都贵己而贱人。从世俗的立场看,贵贱岂自外物,而不由自己?从差别的眼光看,万物都是自以为大的便是大,自以为小的就是小。其实万物无所谓大小,如果您知道天地就像一粒米一样,毫末就像一座山丘一样,万物的差别就不难区分了!

从功用的方面来看,依照万物自认其有无存在为标准,和自己相对的万物,其功用也是相对的,比如,矛有用处时盾马上就有了用处,如果矛没了用处,盾不也没有用处了吗?我们知道,"东""西"方向是相反的,如果不立个"东"哪有"西"存在呢?不立净哪有垢?一切东西的区分都是相对的,不是绝对的。

由人的去向来看,如果依照别人所说的对错为标准,别人说对您就跟着说对,别人说错您就跟着他说错,那就是您根本没有善分别对错的能力。

所以有人说为什么不取法对的、摒弃错的,所谓"取法德治,摒弃纷乱",这是因为这个人不明白天地万物的道理啊!就像只取法天不效法地、只取法阴不效法阳一样,这些都是行不通的。

河伯听完北海王的话,接着问:那么我以天地为大,以毫末为小,可以吗?

北海王答:不可以。

因为万物没有穷尽,时间没有止期,得失也没有一定,终始也无处可寻。大智慧的人观察事物,由远及近不会只看到一处,他们知道万物是没有穷尽的,不会以小为少,不会以大为多;知道时间没有止境,所以不因为看到遥远的事情而烦闷,不会因为现在接近的而强求;知道没有得失也没有一定的东西,所以虽有得不会欢喜,虽有失也不忧虑,不把生当作快乐,不把死当作痛苦,这才是和道相应。

庄子说这个故事是想告诉我们看上去遥远的"禅""法""道",哪样不在身心上起作用呢？哪样不是生命本身呢？反而是原来自认为对生命很大作用的爱欲、财产、名利、地位，哪个不像毫末一样微小呢？凡人就是因为迷惑了，才把微末的东西认为重要，认为对自己起决定性作用，这就是颠倒梦想。

此岸即是彼岸，彼岸即是此岸，彼和此之间，都以对方为非、为另一面，所以彼此才莫衷一是，各有一是，各有一非。彼和此的区别究竟存不存在呢？净土是不是就是红尘？红尘是不是就是净土呢？如果理解了红尘和净土无别，彼此不即不离，您就已经寻到禅之门了。

老子说："有无相生，难易相成，长短相形，高下相倾，音声相和，前后相随。"前面还有句话："天下皆知美之为美，斯恶矣；皆知善之为善，斯不善矣。"全天下的人都认为是对时，这个东西可能已经错了。没有有就没有无，有无是相待的；没有难就没有易，难易是相成的；没有长也就没有短，长短是相比而显的，高下是相对显现的，音声是相待而生的，前后是相待而续的。有生有死，有显有灭，这是我们可以看到的现象，这个现象叫自然现象。我们无法看见这些自然现象显、灭的途径，这个途径是"道"。

"道"是无有、无灭，万物从"道"里出生，"道"形成了空间，就是"宇"，之后产生了时间，就是"宙"。"宇"和"宙"相对产生了一切自然万物，禅者"无为而无不为"是看得见现象背后的途径。

阴性生命能量和阳性生命结合产生个体生命，个体生命是独立存在的一个生命体。所谓阳性生命是直接参与生活的，而阴性生命不直接参与生活但不离阳性生命，智慧浅者，感觉不到自己阴性生命的存在。

能明白万物没有对立的才叫禅者,其实不管您把阴、阳生命看作"一",还是不把阴、阳生命看作"一",其途径都是"一"。

为什么是"一",就是虽是禅者,虽有功夫智慧,但平常心是道,本分事接人,不认为自己是什么了不起,本身来讲,遵循什么道德、仁义,这些都并非生命的本质,而是为了生命和谐而衍生出来的作用,配合这些作用的人、事是人的本分,有什么值得称道的?

"禅"既不肯定也不否定,没有否定一切无常、人生是苦,没有肯定避开红尘才是净土,没有否定人生是苦,没有肯定禅修是乐,禅修不是乐而是大乐,这不是高兴,是身处红尘却不以苦为苦、不以垢为垢的包容。

禅者颂
随心

大千俱坏我不坏,
劫火炽燃由他燃。
恁么明白随心去,
天地之间独往来。

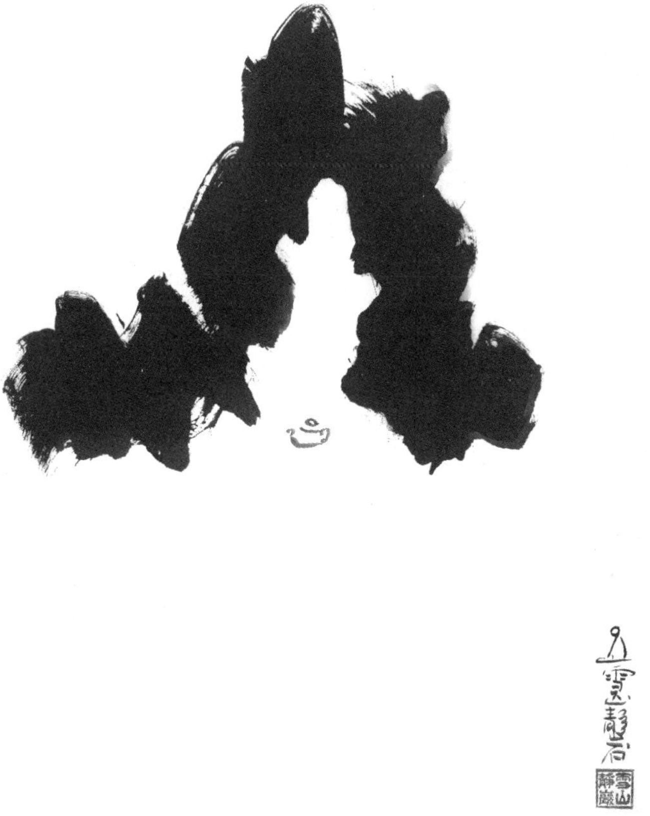

第三节 阳性生命相应的环境——禅舍

受二元论思想影响,我们常认为人和事应该"对事不对人",这是典型的西方观念,禅者不是这么认为的,事和人怎么可能分开呢？事是由人做出来的,人的认识如果没问题,怎么会做出有问题的事呢？把事和人分开,就是认为事可以独立于人而存在。

同样,"一是一,二是二"也是典型的二元论,一不是一,可能无限接近于二,一里含有无数二,一也无限接近于零,否则零怎么会变成一呢？一里包含了许多许多的零,二也同样,无限接近于三。

数字本不是一个绝对的东西,是人为定义出来的现象。到底一个事物是"一"还是"二"？生命是不能强分出一和二的,模糊才是奥妙的生命本质。

"一"是从0.00000无数个零后面的1开始往上加,它无法切割成一是一、二是二那么简单,这就像生命是无法以公式来测量和计算的。

一个生命体的思想和行为不存在绝对的"一是一,二是二",不会是一成不变的,但这是本,从用的角度就不能这么认为。比如您到一个地方去,只存在两种结果,去还是不去,您不能去一半,或者去0.00001。世间法需要决定的时候,是需要明确分出来是或不是的,可是,我们一定要清楚,这是用,从本的角度说,是含了非,非含了是,有了这种认识,才不会被用惑。

物质世界里最有效的方法是"二分"之用,比如,做还是不做、这个法律通过还是不通过、行还是不行,禅者是知用而不被用惑的人。禅者应知一里包含有无数的零零零,心越微细就越能看到风起来之前是什么,而不被风带着走。

禅舍是帮助凡夫转化身心的地方,故此禅舍里的一切都为了帮助禅修,这些东西叫修具,包括经典,禅画用的纸笔,禅箫、古琴、观的禅画,等等。

这里我们先提供一套"五心修养"法,帮助大家进入修行,初修者迷惑皆因六根不清净,所以我们为初修者安排的"五心修养"法,实际上是"六根清净"法,所谓"五心"即地心、水心、火心、风心、空心,世间一切心病皆源于六根不清净。

需要地心修养者,从身体上说比较僵硬,僵硬会引起一系列身体问题;从性格上来说,容易固执、执拗,让其看书不看,让其修行却自我选择修法,好像自己什么都懂。这种人虽看上去固执,一旦通过修行转了心,本来的缺点会变成优点:地心的人特别容易提高禅定功夫,其实修行是您在什么方面有缺陷,什么方面就是下手处。

需要水心修养者,从身体上反应是寒湿,爱长湿疹,凡是和寒湿相关的身体病,水心人都较易得,从性格上易悲观、抑郁、阴沉。但水心人转化后,会特别慈悲和包容,多是慈心菩萨。

需要火心修养者,从身体反应是爱上火,爱长包块,包块是往内长的,从性格上说比较急躁,情绪起伏大。他们转化以后会变成韦驮菩萨一样的金刚身。火心人如果性情不转,即使有了一定成就,也会因没有慈悲而成为阿修罗,天人都做不成,阿修罗就是嗔心重的情魔。男阿修罗嗔心重,女阿修罗痴念重,脾气火爆,还痴情得要死。不过阿修罗也不是一天到晚发脾气,有时很有善心,但如果有人得罪他,就爆炸了,这和菩萨不同,菩萨心始终都是清净的。菩萨在世间演的是"长白法",不以垢为垢,曰"清净";禅心常清净,曰"长白"。

需要风心修养者,从身体上说易得传染病,未来社会传染病会是最大的疾病。从性格上来说,是多疑、善变。但这种人转化了后,会成为有影响力的大讲师。

需要空心修养者,从身体上说是易胖,性格上容易自大、自傲、孤僻还自卑,复杂得很,这和地心的固执有什么区别呢?地心人是自己不知道,糊里糊涂地固执,而空心人常有才华,恃才旷物,目中无人,自傲本源于自卑,是典型的心病。但这种人只要转化就会成真正的大才子,和世间的才子不同,是通达无碍的大才。

这五种身心疾病其实是不可分割的,少人只有一种身心疾病反应,多数是纵横交错,一身皆具五心之病者亦有之,所以如何下手呢?是从目前显现最明显的一种下手。

比如有人刚修的时候是典型水心特征,抑郁悲观,可是修着修着突然变得火爆起来了,变成了火心特征最明显。这属于正常现象,因为生命体内各种能量都潜在,各种疾病的种子也都潜伏着,发出来的现象不代表什么,只是因为目前环境、条件引出的暂时状态。在不断打开过程中,总是会突发出各种情况来,可能是本来五音不全的人突然天天爱唱歌,这些都是好现象,说明体内气机发动,在变化了。

"五心修养"是帮助初修者六根清净的修法,对从来没有接触过"中国禅"修养的初学者来说,必须由简明易学、效果显著的修养方法契入,我们说的初学是指心的状态,初学是可以瞬间开悟、一念成佛的,这和修的时间长短没有关系,只和心的状态有关。

针对逐渐进入"中国禅"修养的中级修者,我们有"身、口、意"修养法对应,这是帮助修者转"业"的修法。我们造成烦恼的基本原因,是过去所做的不善业,存留在意识田里的业习。因为无明、贪欲、嗔恨或其他烦恼的驱使,形成各种不同的习气,亦即,业的种子都种植在心识中,一旦情况合适这些种子便成熟,再次生起烦恼。故此"业"一转,"习气"就转,运是随着业力转的,命是被运带着走的,可普通人不明白"业"和"习气"是什么,所以我们先从"六根清净"进入,什么时候开始发心想真正禅修了,准备和习气斗争了,就到了中级阶段。

"业"是因果吗?因果又是什么呢?果必有因,然,因未必有果。

因、果本身是相对的,就比如明和暗相对,因果和什么相对?和命运相对,也就是说因果只影响当下,不会影响命运,命运是一个时间点,因果只对当下发生的经过产生影响,故此,以结果为导向的想法是颠倒本末,禅门认为一切只存在于当下,当下心转了,因果就一定转。

因果和业不是一回事。业是什么?就像一个瓶子里放了香水,香水倒掉后瓶子里还是香的,这就是业,业对人的影响是您根本不知道它在影响您,您喜欢什么、选择什么、做什么的背后,是业的作用,您却不知道。

"身、口、意"是帮助修者理解业、转化业的修法。

对于真正发了心的禅者,"中国禅"修养是以"不二禅观"帮助其禅修能量提高。

無盡藏

我们虽有"五心修养""身口意修养""不二禅观"三个次第，但是禅法无有高低上下，初修法中亦有密意，大道至简，禅门无门，能会其意者无所谓次第。三层修法，明日次第，实是回环，六根交互，含摄周全，故，有心能得法，无心则万通。

初修的"五心修养"是由专业老师带领的，为什么需要带？比如您去超市买了许多东西，拿回来是不是需要把东西摆放好？那么我们杂乱的心念，知不知道如何安置和摆放呢？不知道时，人能清净吗？

六根修养为什么说清净，不说安静？清净是出世间法，安静是世间的，区别在于安静是灭除之意，"时时勤拂拭"，但尘埃依然会飞来，安静只是一时的现象，而清净是尘垢虽在，但您心里尘埃已非尘埃。

中级"身、口、意"是可以不用老师带领，学完回自己的禅舍自修的，而"不二禅观"必须师者亲自带。

古时候有个修禅者，打坐只要一闭眼，就总会"看"到一个大蜘蛛精在眼前，次次如此，他开始着急了，感觉蜘蛛快咬自己了。有一次他就拿了把刀放在身边，准备蜘蛛精再来就杀死它。这时正好师父过来了，看到刀就问原委，他告诉师父蜘蛛精的事情，师父把刀换成了一支笔，说再看到蜘蛛精的时候在蜘蛛精身上画一个叉，这样方便以后找到它。好！当这个修者再次打坐的时候，蜘蛛精真的又来了，他就赶紧拿笔在蜘蛛精身上画了个叉，蜘蛛很快跑了，他继续坐，等他下坐起来一看，发现自己的胸口有个大叉叉。

这什么情况？修者自己入了心魔而不知，幻觉跟真的感觉上是一模一样的,我们在梦境里就感觉很真实,一旦修行有点成就,能入定境,那些幻境跟真的一样,根本分辨不出真假来。

现代人带个VR眼镜都觉得虚拟世界是真的,定境比那个真实感不知强多少倍。《楞严经》中佛说有"五十阴魔",每一蕴有十个阴魔,再往下细分有多少烦恼根,自己能分辨吗?所以必须有明师带着才能进入"不二禅观"。

为什么"中国禅"修养提倡禅舍可以在自家?许多人都担心在家那么多干扰,能不能修成呢?剃头出家是不是更好呢?六祖言:"善知识,若欲修行,在家亦得,不由在寺。在家能行,如东方人心善;在寺不修,如西方人心恶。但心清净,即是自性西方。"

"中国禅"修养提倡不离家修行的根本在于其"人间即净土"思想,在家修行虽难亦多殊胜,凡人浸泡于五浊、五毒的复杂社会环境中,内有父母妻儿之累,外有声色财利的诱惑,兼具生存压力的挟迫,心思精力大部分都用来满足匮乏性需要,可谓重重系缚,道道障碍,难得专精修习。其进道、解脱之难,自是数倍于专心出家的人,对此,佛经中多喻为牢狱之囚、火宅之客。然"中国禅"的核心是不二精神,禅者内具菩萨心,外行菩萨行,秉承菩萨道,菩萨哪有离开世间脱入仙山独乐己身的?

大乘佛法兴盛于约公元1世纪,本是由在家佛子掀起的佛法变革,如《华严经入法界品》善财童子遵文殊菩萨之命,参访五十三位善知识,普遍认为这是标志菩萨道五十三阶位,其中出家比丘、比丘尼只有六位,仅占九分之一,优婆塞、优婆夷达二十六人,其他十二名神、一名天女、两名婆罗门也都是在家人。优婆塞、优婆夷中,有长者居士、国王、童女、童子、商人、船师、教师、学生等各种身份,都是具足菩萨心、菩萨行,在家庭、社会上修持菩萨道的大善知识,也就是在人间成就的菩萨。

再如中国四大菩萨,除地藏菩萨是时显在家相、时显出家相,其余观音、文殊、普贤三大士皆显在家相,这又是为什么?

禅门的根本经典之一《维摩诘经》中维摩大士就是最典型的在家佛,其他如胜鬘夫人亦是在家菩萨,其说法和善财童子参学一样,都受到佛菩萨的赞叹。大乘和小乘的重要区别即在于强调在家人在家亦能修道。

而这种在家修行法,深得中国各界人士的认同,中国禅祖师傅大士、李长者、庞蕴居士等,个个都是解脱自在、辩才无碍、往来世出世间的大善知识。至于三祖、六祖等祖师,在开悟得法时也都是在家身。

"中国禅"和"印度禅"的主要区别之一,便是更强调在家修行和在家弘扬佛法。近代史上,也出了不少在家德智兼备的大乘龙象,如南怀瑾先生及其师父袁焕仙先生,再如杨仁山先生及其弟子们创办祇洹精舍、支那内学院、金陵刻经等,处处都是在家中兴佛法的大乘龙象。

出家原非佛陀首创,古印度婆罗门教婆罗门种姓男子,一生分为四期,第一期学习,在第二期尽家庭、社会责任,第三第四期会出家修道名"沙门",即使贵为国王、大臣,也是如此。而供养出家者是俗人的荣幸,这是印度风俗,佛陀及弟子们虽反对婆罗门教的三大传统信条,但仍继承了出家修道的传统,大批隐士山林修行,云游乞食,称为"瑜伽士",禅门四祖以前也是沿袭了"瑜伽士"修行法。

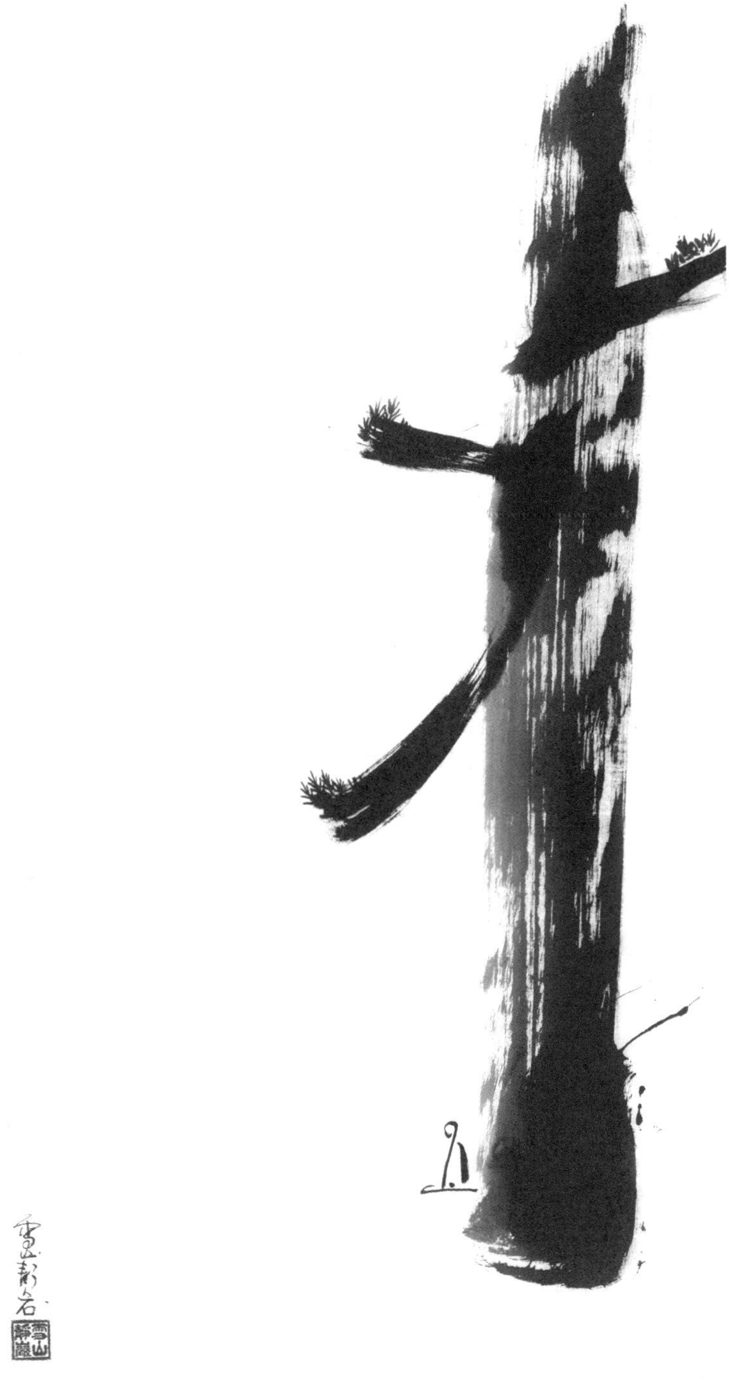

印度传统出家修行目的是脱开世俗家庭的干扰、男女的情欲,专心一致寻求解脱,但中国社会长期是儒家思想占主导地位,脱开家庭、断绝男女关系、不生孩子是违反人伦的。祖师们结合中国传统观念大力提倡在家修行,在家修的难度虽远远大于出家修行,然而许多出家人对人世间的人和事片面理解,甚至许多时候认为唯有出家才清静,抱着如此想法能对世俗社会有多少帮助呢?尤其是现代社会环境变了,修行的观念也需要改变。

出家本为摆脱家庭的牵缠、事务的干扰,一门深熏精勤修习"戒、定、慧"三学,以对治"贪、嗔、痴"三毒,目的是解脱生老病死等苦,获得永恒安乐。而想彻底解决人世间存在的根本问题,出家本为了"回家",可以说出家不是目的只是过程,是为了提高自身功夫智慧更好普度众生的修行过程,为求法而放下尘俗杂事。佛陀当年发的愿说得很清楚:"我若不断生老病死忧悲苦恼,终不还家!"由此可见,出家最终落点在"还家"。

什么是要出的"家"?浅义理解是家庭、工作,深义则是妄想、执著,那么,剃头受戒就没妄想、执著了吗?二者之间有必然因果关系吗?可以说没有。

再参,何为佛陀要还的"家"?浅义理解是家庭、社会,而进一步理解,"本性""自心"才是本家。这和剃头受戒有必然因果关系吗?可以说也没有。

夫妻恩爱,父慈子孝,身体健康,平平安安,是人精神生活中重要的组成部分,如果加上有名有利,似乎看上去更"完美",但这一切终归无常。其实平时感觉越"幸福"的人,在生离死别来临时,痛苦越激烈,承受的苦果越大,更何况往往还会由恩生怨,由爱生忧。乐与苦本是同根生,一显一隐如影随形。凡夫二见,只见自己想见的一面,侥幸心理自欺欺人,总认为自己会是"幸运儿",故,一遇到问题便马上想外求神力护佑。

一切欲,从爱欲来,因爱欲而有男女交合,而有生命延续。《圆觉经》云:"当知轮回,爱为根本,由有诸欲,助发爱性,是故能令生死相续。"爱,是轮回、是生死相续的根本,然,爱越重,别越痛!死后神识由各自的业力驱使,轮转六道,纵使爱人多舍不得亦再难重逢。

家庭,原不是永久的归宿。今生的夫妻未来必然变成其他因缘,然凡夫不觉因缘变化由自种之"业"而来。

佛法的因果本不同于婆罗门教的因果轮回观,是"欲知前世因,今生受者是,欲知来世果,今生作者是"。一切的命运全出自自心、自行,因果即是自己造的,为什么自己不能改?改的力量从修行中来。出家本是修行者暂离爱欲提高自己能量,最后返家度化众生的过程。祖师云"出家乃大丈夫事",本来能放下现世利乐、不被贪爱束缚、往来人世的修者,不仅需要过人的胆识、毅力和勇气,还需要功夫和智慧,不是以"佛"为职,不是为受供养。

出家本是为还家,禅门虽明知在家修行之艰难而提倡在家亦可出家,心出家者人间是净土,心净则国土净,不食人间烟火,何得人间清欢?此变革之气概,使禅者在现实社会,能不受宗教、教条、理论、学问等束缚,在人间觉悟,在人间修行,"生活禅"旨趣,足以令现代人服膺和受益。

第二章　禅舎修行

禅者颂

如梦

人生如在梦，梦中纷纷闹。

觉者睡不着，迷者睡不醒。

悟者梦中游，愚者随梦走。

言真真无形，穷妄妄无相。

守真归何处，妄岂离心有。

会道如会梦，一悟无别悟。

说法无所得，是名狮子吼。

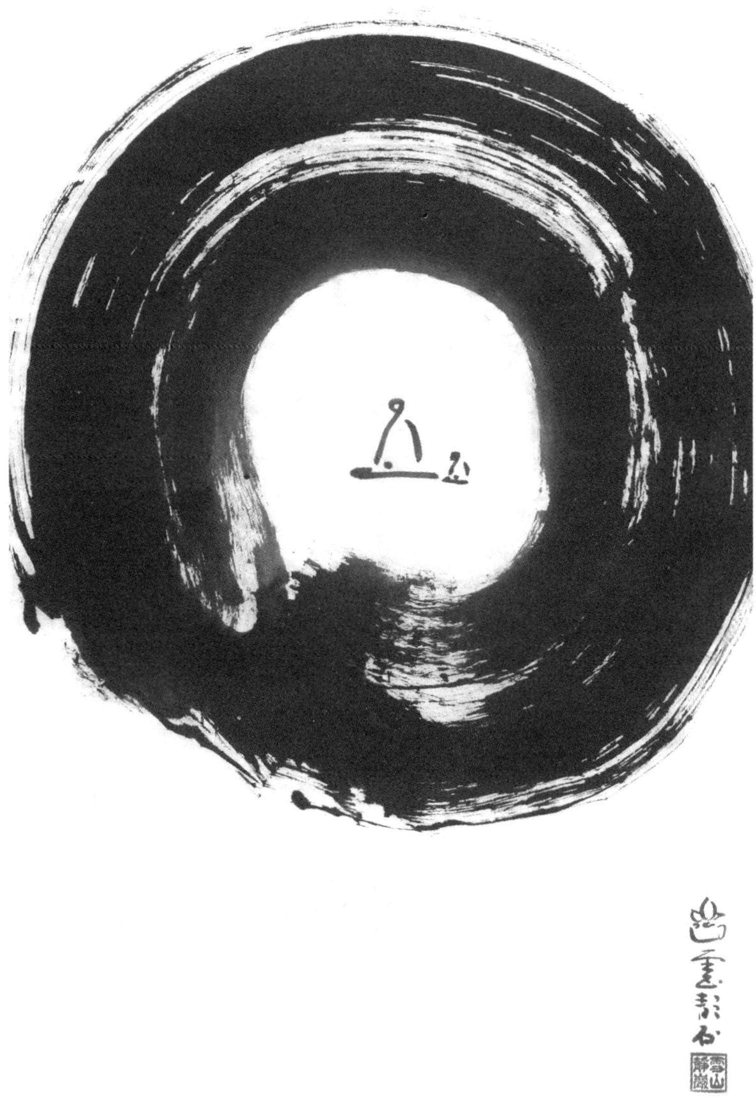

第一节 五心修养

上文我们已经提到生命的三大要素分别是身、心、性。

人通常习惯称生命为身心,如身心健康、身心分裂,等等;禅者提及生命则称"心性"。"身心"属世间说法,"心性"是出世间说法,一般人不理解何为"心性"。

"身心"还有另一个说法叫"身、心、灵",为什么这里说"身、心、性"?区别在"灵"和"性"上。

"灵"和"性"都在讲本体,"灵"是以动为主的,可以说有无常、变化的特点;"性"却是不生不灭、不来不去、无动无静的。佛法用"性",如佛性、本性、自性等,而宗教多喜用"灵",惯用"灵魂"说。

为什么中国传统一直不太强调"灵魂"一词呢?儒家向来是"敬鬼神而远之",此语说得圆而尽,孔子的观点是"未能事人,焉能事鬼"?学人应该关注当下社会,少些玄虚,用心于人道之所宜,不惑于鬼神奇异等不可知。

"魂"在古中文中形声,从云,从鬼,云亦声。"云"本义为在天空中回旋团聚的气体,"鬼"指生命死后或生时的某种特殊状态,"云"和"鬼"合起来,表示附在人躯体上作为主宰灵体的状态。"魂"主精神,"魄"主身形,无论是生或者死,离开体魄回旋升空的阳气,古人称为"魂"。

西方教义中"魂"的含义则不然,基督教旧约中,"魂"主要指内在自我,即对人而言,在非物质层面,"魂"是有情感的,会有欲望和情绪,笔者曾看过一个电影叫《人鬼情未了》,就是说人和鬼魂之间也会相爱,所以对人而言,"魂"是有思想和意志的,会想念;而对神而言,"灵魂"主要包含了对神的爱慕和信仰。

宗教观念中，灵魂属于生命体生时过来、死时离开的一种微妙物质。肉体对灵魂来说就像房子一样是可以更换的，灵魂才是房主。古时候说巫婆、巫师"通灵"，这个"灵"也指"灵魂"，能和灵魂对话的状态叫"通灵"，所以要分清楚，这里说的"灵"不是佛法中"灵性"的灵，也不是道家中"灵气"的灵。

而我们禅修却不是为了"通灵"，也不是拥有所谓高尚的"灵魂"，禅法的修行是唯有契合般若，即一切生命中不增不减、不高不低、不生不灭、不来不去的"灵性"。

"灵魂"究竟有没有，不是禅者关心和讨论的话题，对待"灵魂""轮回""转世"等宗教性说法，禅者保持不肯定、不否定的态度，因为无论"灵魂"是否存在，还是"通灵的人"是否真有特异功能，都属于"本迹"的"迹"，像影子一样，是偶发的、无常的，这些既不是禅修的下手处，也不是通过禅修达到的目的。

就像"精神"也是性之用，非性之体，禅者的定力从哪里来？不从枯木一样的坐禅坐来，而从具足的正见来。能区分清楚本末的人，才不会在日常生活中颠倒梦想，能超越各种名相，才能随心所欲地善用，并理解其背后的深层含义，不混淆概念，不被语言、文字所迷。

中国传统一直重视"性"，儒家、道家讲人性、天性，佛法一贯强调佛性、自性，几乎都不提"灵魂"，佛说一切众生皆有佛"性"，没有说一切众生皆有佛"灵"。

佛在《楞严经》里对阿难及大众说，"见性"所见的有明与暗、通与塞、色与空等前尘,这些现象都因外境而有,因此各有所还之处,还给了外境时,就会发现现象是虚幻的存在,例如,明可以还日轮,暗可以还黑月,通可以还户牖,壅可以还墙宇,缘可以还分别,顽虚可以还空,郁孛可以还尘,清明可以还霁。

最后佛云:"诸可还者,自然非汝。不汝还者,非汝而谁?"这个最后哪里也还不掉的,不就是佛性,是人的自性吗? 这不就是"见性"吗?

《楞严经》开篇,佛先说"七不征心",又云"八还辩见",即明还日轮,暗还黑月,通还户牖,壅还墙宇,缘还分别,顽虚还空,郁孛还尘,清明还霁。

这不,把能还的都还了,剩下来唯有见性啊! 听性、闻性、嗅性、触性、知性、觉性、人性、法性统统是佛性,可以说原来无所不能、无所不在的佛性,被我们一分为六,禁锢在六根里不得自在。

佛法认为世间法可以用十八界来概括:认识功能的六根(眼、耳、鼻、舌、身、意),认识对象的六境(色、声、香、味、触、法),六根和外尘相触生起六识(眼识、耳识、鼻识、舌识、身识、意识)。

六根中,耳根最为伶俐,也最容易受到伤害和诱惑,故,众生转业以转语业为首,耳根清净才能发"正见"和"正念"。我们在禅舍从"六根清净法"开始修,皆因六根向外攀缘外尘,时刻产生妄念,清净方能返本归原,直达佛性本源。万法归一,要归到一心不乱! 最后一归何处? 佛说"见见之时,见非是见。见犹离见,见不能及",即不可思、不可议、不可说的禅心。

昔,文遂禅师参法眼禅师,法眼问:"《楞严经》不是有一段八还辩见的经文吗?"文遂答:"是的。"法眼问:"明相还给什么?"答:"还给日轮。"法眼又问:"那'日'还给什么?"文遂当下就懵了。

如果文遂禅师当时真还傻傻地回答出"日"还给什么,这是分别里还有分别!法眼禅师能放过他吗?禅师要的是文遂"能所双亡"啊,没有能认识的根,没有被认识的境,空也要空掉的就是"这个"了。

世间法包括空和色,是以物质为主的相对法则。空性或佛性是超越世间、出世间法的,也包含空和色,也超越时和空,是绝对的绝对,所以叫"毕竟空"。

后有天目文礼禅师禅颂曰:"不汝还者复是谁,残红流在钓鱼矶。日斜风定无人扫,燕子衔将水际飞。"

这位天目文礼禅师六岁时,有一天,随母亲上山采桑叶,忽然心里生起一个疑问来:"携之者谁耶(提篮子的是谁)?"他久思不得其解,便问母亲,母亲告诉他,这个问题只有禅师才能解答。这以后,他便有了出家的想法。十六岁时,他投育王山佛照禅师座下参学。

初礼育王,德光禅师便问:"怎么来者,哪个是汝主人公?"这与六祖在大庾岭上开示慧明禅师的话颇为相似。

小文礼当时一听,便豁然领旨。为了勘验他,一天,德光禅师再问:"是风动,是幡动,老僧如何?"

文礼道:"物见主,眼卓竖。"

德光禅师又问:"不是风动,不是幡动,甚处见祖师?"

文礼道:"揭却脑盖。"

德光禅师一听,遂点头称可,并令他留在座下,充当书记,负责寺院文案。

一天，文礼禅师无意间听到一位行脚僧人谈起崇岳禅师接众的一段因缘。当时，松源崇岳禅师正在饶州荐福寺开法接众。

崇岳禅师问座下学僧："不是风动，不是幡动。"那僧正要开口拟对，崇岳禅师便拈起拄杖，将他赶出方丈室。

文礼禅师一听到此因缘，当下顿忘知解。于是他便前往荐福，礼谒崇岳禅师。不久即蒙崇岳禅师印可，并尽得其旨。

文礼禅师精通周易。当时像朱熹、陆九渊等一批大儒，都热衷于阐扬道学。文礼禅师与他们一起交游，向他们直示禅法，朱熹曾向文礼禅师请益"毋不敬"之义，文礼禅师便叉手示之。杨慈湖曾问文礼禅师"不欺之力"，文礼禅师以偈答之曰："此力分明在不欺，不欺能有几人知。要明象兔全提句，看取升阶正笏时。"

文礼禅师临示寂时，告诉侍者说："谁与我造个无缝塔？"

什么是"无缝塔"？即指自性，自性不可说、不可画，针扎不进，如同一座没有缝隙的宝塔。

侍者问：请师父画一张无缝塔的图样。

文礼禅师说道："尽力画不出。"之后奄然而寂。

此画不出的，不就是彼还不掉的吗？

宗教常说的"灵"是个体性的，有生灭现象的，而"性"不然，是万物和宇宙的共通性，无生灭。"灵"和"性"也可以说是体、用关系，不过"灵"只是"性"的一部分用，是"性"部分动力和显现。其中一部分活力叫"灵气"，人如果状态平衡，气血、肉体和精神等平衡得好，常能感受到自身灵气，此时会感觉到身体上精力充沛,内在活力四射,灵感滔滔不绝;如果人的灵气处在休眠状态,会感觉迷迷糊糊的,精神上有时失魂落魄,有时郁郁寡欢,有时情绪失控,身体上感到疲倦乏力。可见"灵气"是部分能被人感知的,但无论对于身体还是精神的增减作用,都是无常的,有生灭、起落的。

"灵性"则非能够感知出来的,所以叫"相应",是生命体主动相应。生命体的活力由"灵气"推动,"灵气"转为"灵光"时即是和本性契合时,佛是灵光长驻、不退转的觉者,那些偶尔能契合本性的人,称为"不时佛"。

"身心"和"心性"什么关系呢?禅宗原意不是宗教之"宗",而是"藉教悟宗"的宗旨之意,禅以佛心为宗,又称"心性宗"。"心性"是讲生命的本体,禅是契合心性之法,重点不在身体健康、身心愉悦上,换句话说,仅着眼于"身心"之法非真正禅法,"身心"修法是禅修初期的方便,以及禅者日常修法的辅助,为什么不是重点呢?因为"身心"和大脑意识一样都是不可靠的、无常的。

可惜世间人对生命的理解,主要集中在身体和大脑意识上,现代人有许多工作狂,身体透支得厉害,他们认为关心自己就是有时间去旅游胜地度假,或买昂贵的补药,再或者用最先进的干细胞、羊胎素养生,这些能帮助生命健康吗?内部组织、细胞、器官会开心吗?不会产生潜在的排异反应吗?还有人说每天老婆孩子热炕头的生活就是爱自己……其实也不然,无论是迷在小我的家庭中,还是迷在工作中,都只是爱自己的大脑意识部分,迷在名誉地位、成就评价、卿卿我我等各种幻觉中,而对不产生直接感觉的身体组织、器官、细胞不关心,内在器官如果痛了、病了就对付着吃点药令其不痛即可。

从"身心"的角度讲,这些就是自私,只爱大脑意识不爱身,这样生命能不身、心分离和分裂吗?能平衡吗?病,均来自身、心各种程度的分裂、各种程度的不平衡,生活变成了大脑意识的"自我"和身体内在组织、细胞、器官各说各话,大脑意识和本来面目、真实需求背道而驰。

这些分裂源自意识中产生的贪、嗔、痴,妄想和执著成了生命的主人,不理解何为无常。禅修时,如有学生来见导师,师者首先关注的是此学生之心有没有契合无常,没有体会到无常的人,必执著在"常"上,以为两情相悦能天长地久、创建的商业帝国能传世、自己常行"善"事有菩萨保佑等,这些都是自己的幻想,忽略了事无常、境无常、人无常、法无常、能量无常、灵气无常、精神无常,可以说一切都是无常的。

有些修者不执著外界的名利,却执著在功夫上,以为精进修功夫就能悟道,这也是执"常",凡事只要忽略了事物的无常性,给自己设定了一个"常"境的时候,就一定会被所执的戏耍,故禅门师者,第一步是先帮助学生体会无常。

佛陀传法之始说人生乃苦之"集",佛法乃帮助世人修行灭苦之道的,可是凡人自己感觉苦吗?常常不是。大多数人认为,苦就是没有财富、地位,以为有了这些就被人羡慕;存在这些心的人,必然受苦。凡是被自我感觉控制的人,能不苦吗?变成感觉的奴隶而不知。习气是什么?就是自己习惯的、喜欢的,不知不觉反应出来的,例如成就感就是典型的幻觉。什么是真正的"成就"都搞不清,以为被多人点赞是成就,别人点赞完之后怎么说就不在乎了,仿佛生命和感觉能画等号。

故此,各种玩弄感觉的商业大行其道,这些海市蜃楼一样虚幻的感觉令人在欲海浮沉,什么股市、债券、并购、机会,让从商者有感觉的,每天忽上忽下,欲仙欲死,再或者酒肉声色、莺歌燕舞让人流连忘返,在各种感觉和感官、感受里不知生命为何。

生老病死,爱别离,怨憎会,求不得,五阴炽盛等各种苦,会以人的意志为转移吗？人在感觉最爽时往往就是最苦时,众生皆因无常而平等,脱苦之道先要知无常,知什么是苦。此时的学人要逐渐从"见山是山"转成"见山不是山"之境。

体会无常是入空之初门,修者通过深刻体会无常而契入"空性","空性"哪有什么苦不苦？生命的本体是"空性",是不苦不乐的,但必须通过无常门才能契入到不苦不乐、不喜不悲之境。

宇宙间一切现象都会过去的,没有一个会停留,这叫"无常",高高在上和低低在下的,表面看来不那么整齐划一,也好像不平等,禅门却用"圆相"说天地宇宙在周圆旋转中循环,凡崇高必有倾倒,复归于平,高下本来同归于一律,平等是宇宙的总则,宇宙上有没有什么是坚不可破的？有！就是"空"！

师者不停地用各种方便教育法,令学人不执著一面,不执著在高低、输赢、好坏、贫富等各方面,等学人深刻体会无常后,师者却又讲有一个常住不坏的佛性存在,有永恒的大宁静,有不变的法,有涅槃还有解脱。此时,则是带领学人从"见山不是山"又转成"见山是山"之境。

最后等学人发愿、起行时，能既知"无常"，也知"常"时，师者会再说没什么常、不常，苦、不苦，人间、世间，一切的概念都没有了，世间即是出世间，出世间也是世间。此时，山可以是山，也可以不是山，无论站在什么角度，既能看局部，也能观全体。

如果学人想尽快契合禅法之奥妙，首先需要的是寻找善知识，而不是胡乱看书，或者去四处凑热闹听课，能四处乱跑的是商人还是善知识，需要人生的智慧去识别，找不到具足正见、依正法修行的善知识引导，您就只能停留在禅文化、禅意境界里，迷人之迷本就在感觉上，如果再加一层禅迷，误以禅意的感觉是精神的良药，误以"禅语""禅学""禅文化"为禅，那就越跑越远了。

西方人对身心的理解至今停留在意识范围，对禅的理解也停留在打坐、冥想上，那是共修法。瑜伽、婆罗门等也都打坐、双盘、冥想，并且这些修法还有素食、断食等，和"中国禅"有部分修法相似而已。差不多不重要，差一点很重要！平静、愉快的感觉不是禅修的目的，变得有激情、有信仰也不是禅修的目的，如果方向错了，跑得越快岂非离得更远？

感觉是意识的工具，意识是大脑产生的吗？大脑只是意识的房子，禅修是通过修法认识到意识乃由心产生，能契合自己的心，这样的生命才无碍，五祖云："不识本心，学法无益。"

"性"是从普遍性来说的，"心"从个体来说的，自心即是自性的全显现，从心中产生的意识，在大脑这个房子里落地，然后通过神经系统传递出去，作用于四肢、身体，带动各种行为，之后通过大脑形成各种感受。人如果长久不能辨识虚幻的感受、无常的意识,则形成顽固习气、颠倒梦想。不过,"心"和"性"其实本不可说,一说便是错,为什么?一开口就已经不是"心""性"了。唯识云"唯心所现,唯识所变",天地间不过一气而已,"心"中所思所想,禀气而变现,形成"念识","念识"有形,为各"本迹"之"迹",也就是现象。

佛法修行的根本在于修者的心清净,不在名词解释,所以读者不需如琢如磨地研究字意。"中国禅"之前,各宗派都深知意识是障道因缘,故修法集中在令到修者消灭大脑意识,把意识消灭了,才能和本性相应,才能涅槃;意识是妨碍涅槃的,所以要灭掉。可是"中国禅"不认为烦恼、意识、习气、心念等是禅者的障碍。如果这些都没了,谁修呢?谁涅槃呢?谁成佛呢?身体怎么可能局限心呢?就像墙壁怎么可能挡住电波呢?故此顿悟法门如迅雷般震惊朝野,六祖标举"一念成佛",禅修是转念之法,心念转了瞬间就到彼岸,放下屠刀,立地成佛。念为何不能转?愚痴、粘着、固执、妄想、习气。

六祖以顿悟为主的禅法和神秀禅师推动的以渐修为主的禅法不同,渐修禅法认为意识里的杂念,时刻要拂拭,拂拭后才能清净;顿悟禅则认为谁能拿个扫把把地上的灰扫干净吗?意识永远扫不完,也不需要扫完,烦恼即菩提,不离生死而能涅槃、不离意识而心清净的是禅者。

心"清净"不是平静、愉悦、快乐,这些属于烦恼的变相。

由于贪恋平静的美好,由于害怕失去平静,常会令人产生得失的烦恼,并且,习惯了平静的人不希望别人来打扰自己,这些讨厌心也是烦恼,贪静者必被静所缚。愉悦、快乐亦是。

　　清净则不然,不二皆同,无不包容,不以垢为垢者名"清净"。有没有人打扰都一样,意识不会混乱,不讨厌,不迷惑,不顺应,能独立自主叫"清净"。也就是说,平静等感觉是有条件的,会害怕条件改变,会迷恋舒服的感觉,这些是"上瘾";而清净是无条件的,"结庐在人境,而无车马喧"。

　　"中国禅"有两个显著特点:第一是非外缘性;第二是非依他性。

　　首先说"非外缘性",表现在禅是自求、自修、自证、自觉之法,为的是契合自己本来的样子,让内在本自具足的摩尼宝珠放出灵光。故此,禅者在弘法、教学、思考、修持、生活等方面都保持一种独立的生活方式,然而却能"饥来吃饭困来眠",生活看上去和凡人差不多,虽保持独立,但和孤僻自闭的人全然不同。禅者的独立指的是思想性,并非指行为上必须和别人隔开。

　　禅者活在当下,时刻专注所缘,吃饭睡觉无有妄想,吃饭时好好吃饭,不去想什么机会、投资,计划着下一顿和谁一起吃。因无妄想故能转化一切分别意识,身处外缘而能专注所缘境,不受任何干扰和影响。

　　"禅"和"心""性"一样,本是只能通过自心去感悟的,一切文字、语言、行为、比喻都不过是指月之手,如此,能修成用心在生命的变与不变之间,时时处处皆能对机,显现各种生命态。

　　什么叫显现生命态?如观禅画,画者下笔如具眼,笔尖流出威音十面,灵台禅茶、圆相青莲,是画,观者却绝不能作画看,亦不能思量,画者随心简当,无需设想,但凭墨色,立处皆真。

观者观画非缘外缘境,乃是通过"观"开启生命内外通道,达到观者、画者、所观画之间,无作者、无用者、无作用性,万法俱泯,同归一境,乃至有一天,观者能入画,能变为画者,而画者能出画,亦能变成观者。

其次,"非依他性"是指,"禅"是绝对的,是不依任何作用的。什么叫绝对?就是离"二法":一离相依,二离相对。

绝对是唯一的、没有什么可比较,而一切因缘所生法,就不会是唯一的。"不依作用"指一切事物由互相作用而成,由"长"而成其"短",由"善"而成其"恶",两者相比较而互成,比较就是作用,不比较就是绝对。也就是说,"禅"不依任何作用而自成和自显现,正因为凡夫的心识皆依于作用,所以才会无明,所以才不见道、不见性、不识禅法。

《法华经》里有一位常不轻菩萨,不念经亦不坐禅,每天在红尘里走,见到街上每一个人,无论贫富贵贱,他都合掌礼拜,嘴里说:您本就应该作佛呀!

被他拜的人大多数人很讨厌他,说:走开!少说废话!在这里耽误我做生意!还有些人拿棒子轰他,可他呢?继续拜。

这位菩萨的法门叫"常不轻",意为普行恭敬。可是凡夫呢?轻视一切和自己利益无关的人或事,听不见菩萨的呼唤,一叶障目,不见泰山。

现代不少人禅修,表面上看起来是学生,实际上想说的话比老师还多,一有机会就滔滔不绝,家长里短、投资发财、各种知识,多方攀比,四处攀缘,把自己的私心杂念带着来禅修,这不是在浪费时间吗?天天被身体的欲望、大脑的想法带着生活,"活"了一辈子不知道"心"为何。本来禅修是为了契合本心，可对于只有动物性欲望的"人"来说，"心"很遥远，找心的路很无趣。

不会用心的"身"是可以在社会上独存的，奔波着、盲目地、糊涂地过着自以为是的人生。

"性"呢？宇宙间无处不在，不生不灭，不依存于任何物，也是可以独存的。

"身"和"性"都能独存，可正因为有了"心"，一个完整的生命才苏醒，唤醒生命的力量就是学会用心，此即"明心"。

人与人之间、人与自然万物之间、人与内心之间、人与万法之间的所有关系，全部取决于生命体的"心"之用。

《华严经》云："一切唯心造。""五心修养"和别的修法有什么区别？就如何帮助学人用心上。明心之用，谓之用心，见性之本，谓之悟道。

一切修养法，儒、释、道三家皆从自修勤习入手，非能从知识中求解，如《论语》开篇亦是层层递进，深意存焉。

"学而时习之"乃言学问非习炼不得契合其内涵，学需辅以实证、实习。

"有朋自远方来"，来者谁？必是同道中人，能彼此切磋、共同精进是学人最大的欢喜，故名"悦"。《诗经·越人歌》云"山有木兮木有枝，心悦君兮君不知"，"悦"不是酒肉朋友见面的狂欢，而是平凡的欢喜，是价值观相同的道友见面慧光迸发，叫"心悦"。

"人不知而不愠"，人皆因不知"道"而往来求学，知了就不用来了，师者从需而应，学人能否迎刃而解是个人的事情，不知便不知，不断学不断解，何愠之有？如《普贤行愿品》："念念相续，无有间断；身语意业，无有疲厌。"

"学而时习"是修者精进自利；"有朋自远方来"是欢喜利他；"人不知而不愠"，则是慈悲双运。可见，禅儒本不二，会意者皆能通，凡会用"心"者，就是"身"和"性"相应的人，"性"虽然无处不在，但没有"身"显现不出来。成佛之地在"自心"，"心"之用为"念"，所以能"一念成佛"。

故此一定要清楚，禅修不是在"身"上成就的，也不是在相对境上或作用量上成就的，"但用此心，直了成佛"，是在心念上觉悟的法。

别的宗派要灭念，追求无念，六祖却说"无念无不念"，"念"有一种观照功能，就像镜子一样，眼前是什么，镜子就如实反映，不会执著相对境的好坏、善恶、美丑、高低上，这是"不二禅观"的基础。

只要能像镜子一样不分别，修者就不必担心万境万变了，于万境中从容自在，于念中不受起伏干扰，不用时时常拂拭，不用和尘埃较劲，尘埃本来就在，尘埃里就可以成佛，尘埃里就可以增长定力，只要学会转化，尘埃可以变成营养。所以要改变的不是扫尘埃，而是于观、念中下手，把尘埃化为泥土来滋养生命体。

"身"是独立的生命体，每个人的身都不一样，如果消亡了，也没有谁能将身传给子孙，"身"不能传，"性"因为不是物质，不存在传不传的问题。能被传递的只是"心"，心和心传递叫"心心相印"。

在复杂的现实生活中，越希求和自心相应的人，就越能够理解和接纳自己以及他人的内在真实，也就越有心心相印和自我转化的可能。当然这不仅仅指个人的命运，而是不知不觉中，社会关系、和动植物的关系、人际关系等一切关系会向和谐的方向转化,此时就会越发契合生命之奥妙,会敬畏和遵循天道,减少人为造作。

所谓契合,是人以双重的方式丰富自己,体悟生命的双向性、独立性、联通性、矛盾性、自觉性、随机性、可变性、不迁性、局限性和超越性……最终,归于不二性。

佛在《楞严经》上曾讲白月、黑月,却不说圆月、缺月,为什么?月的阴晴圆缺是现象,在能观宇宙万物真实的佛眼里,不觉得月有圆缺,佛是契合宇宙实相的觉者,两千年前说黑说白,内含了许多密意。

《大方广佛华严经疏》云:"一一微尘中,各现无边刹海;刹海之中,复有微尘;彼诸微尘内,复有刹海;如是重重,不可穷尽,非是心识思量境界。"

宇宙在超宏观与超微观上有无限层次,无限的宇宙依靠学是学不完的,也打通不了的,唯有生命内在的智慧,能契合宇宙万物的共同点,此时便无所谓大小、高低、内外了。

《楞严经》又云:

> 如来藏唯妙觉明圆照法界。是故于中,一为无量,无量为一。小中现大,大中现小。不动道场,遍十方界,身含十方无尽虚空,于一毛端现宝王刹,坐微尘里转大法轮。

现代物理学家在研究超弦理论的时候,最终发现,半径$1/r$(比原子尺度还小1000亿亿亿倍)大小的空间中的物理形式和半径r的大尺度宇宙没有不同,换句话说,最小的空间和宇宙结构没有不同!

这不就是芥子纳须弥吗?哪里不是世间?哪里不是出世间?哪里没有生命?哪里能被局限?禅门的一切修法不管是从身体入手,还是从意识入手,或直接从心入手的,全部都是帮助修者能观宇宙万物实相的法。

我们给初修者安排的"五心修养"法,不是普通的身体法,世间的健身、体操、跑步等身体法是锻炼身体,所以运动中也可以聊天、看电视,而禅门虽用身法,却不陷于身法,时刻提醒学人,身法为方便。修身的过程中重视引导学人内求和自心相应,从身入只是接引的方便,不是抱着方便不放,禅法本是不排斥一切法、善用一切法、却不住一切法的,学人理解了这一点,禅修才能契合得更快。

"五心修养"分三个阶段。

第一阶段是对禅修的人好奇有兴趣,也包括虽然接触"中国禅"修养有一段时间,但心始终停留在业余爱好阶段,或者只关心自己和亲朋的人。

第二阶段是下决心要通过禅修转化自己的习气,也准备发愿自利利他的人,这个阶段的学人已经开始下决心了,只是由于定力不足,容易受到外界的影响,并且由于愿心、修持、正见是三位一体的,在功夫、智慧不足时,发的愿心自己也常会带不动,此时最大的障碍就是习气。

第三阶段的是已发心者。其功夫、智慧已经初步稳定,不太容易受到外界普遍的影响,并能将禅修带入生活的方方面面,下大决心将愿力落实到行动中。

已发心的人称禅者、禅子,其他叫禅修者、修者、行者等,如果是迷于禅相、执于文字语言的,这些人叫禅客。

禅和宗教的巨大区别由此可见,宗教凡是入教者都有仪式,比如说基督教要洗礼,佛教剃发受戒,可这些只是外在身份和形象的变化,和本人内心境界能画等号吗?

禅者的无相戒没有什么仪式可证明,也无需证明。六祖云"心、佛及众生,三无差别",众生是因地佛,佛是果地的众生,一切众生都有佛性,都能成佛。故此"一念迷,佛即众生;一念悟,众生即佛"。佛与众生,就在一念之间,一念的变化谁能证明? 此一时彼一时也,没有什么仪式和固定形象能证明此人是迷是悟,故此,禅者不下定论,人、事、境都是处在时刻变化中的,禅境属于不可说的自证量,智者不会以"相"定境。

发心就是禅者的戒,"我要行菩萨道利益一切众生",这叫发菩提心,发菩提心无关是否宗教人士、有没有什么信仰、属于哪个民族国家,谁都可以发心利益众生,禅是属于心世界的。

心界无门,禅门无门,所以如何证明? 向谁证明? 何须证明? 六祖后,禅门的师承印心是《坛经》,以心传心的才是禅。

任何学人可能会和不在人世的祖师相应,得此位祖师的法,受了法您便是传人。故,法不一定是口耳相传的,心心相印和见面无关,当然也不一定必须剃度受戒,禅门祖师如是。不仅禅门,这在佛法其他宗派也能见到。例如华严三祖法藏大师,十七岁入太白山修行,后师事二祖智俨,以白衣居士得嫡传。高宗咸亨元年(670年),荣国夫人杨氏死,则天武后施宅为太原寺,度僧以树福田。于是受诸位大德连状荐举,法藏方剃度,之后,他于太原寺、云华寺等地宣讲《华严经》,讲法时口吐莲花,武后得知,赐名"贤首",人称"贤首国师"。

他一生著书极多,有《探玄记》《五教章》《起信论义记》《华严经传记》等三十余部六十多卷,确立了一乘教义,以此而大成"华严宗",竟能和盛极一时的玄奘法师法相唯识宗平起。

然而法藏弟子中,有异端者出,曲导"华严宗"宗义,乃至大师灭寂后二十七年,清凉大师澄观出生,才现转机。

澄观大师是越州山阴(今浙江绍兴)人。少时学《三论》《大般涅槃经》及《大乘起信论》,后参新罗国元晓大师的《大乘起信论疏》有省。大历十年,遇慧忠禅师、径山道钦禅师以及荷泽门下的洛阳无名禅师,咨愉南宗顿悟禅法。因此,他律通南山、相部,禅通南北二宗,教则"三论"、法华、维摩、起信、涅槃,无不通晓,在外学方面则经、史、子、集、小学、苍雅、天竺悉昙、诸部异执、四围、五明、秘咒仪轨,通达无碍,被唐德宗奉请入内殿讲经,赐号清凉国师;历顺宗、宪宗、穆宗、敬宗诸朝,备受尊敬。

澄观大师隔空继承了法藏的十玄缘起说等思想,华严一宗终得以复盛,归返正流。由于他和南禅荷泽往来甚密,用南禅的灵知之心来解释起信的本觉,并将禅理解为法藏五教判释中之顿教,在他这里,华严与禅进一步融通。

澄观的时代正当天台九祖荆溪湛然复兴天台,亦为禅门渐趋隆盛之际,他本人思想偏向禅教不二,这才有其弟子圭峰宗密,自《圆觉经》悟道后,身负荷泽宗法脉,转事澄观,承继了华严教旨,著有《禅源诸诠集都序》,

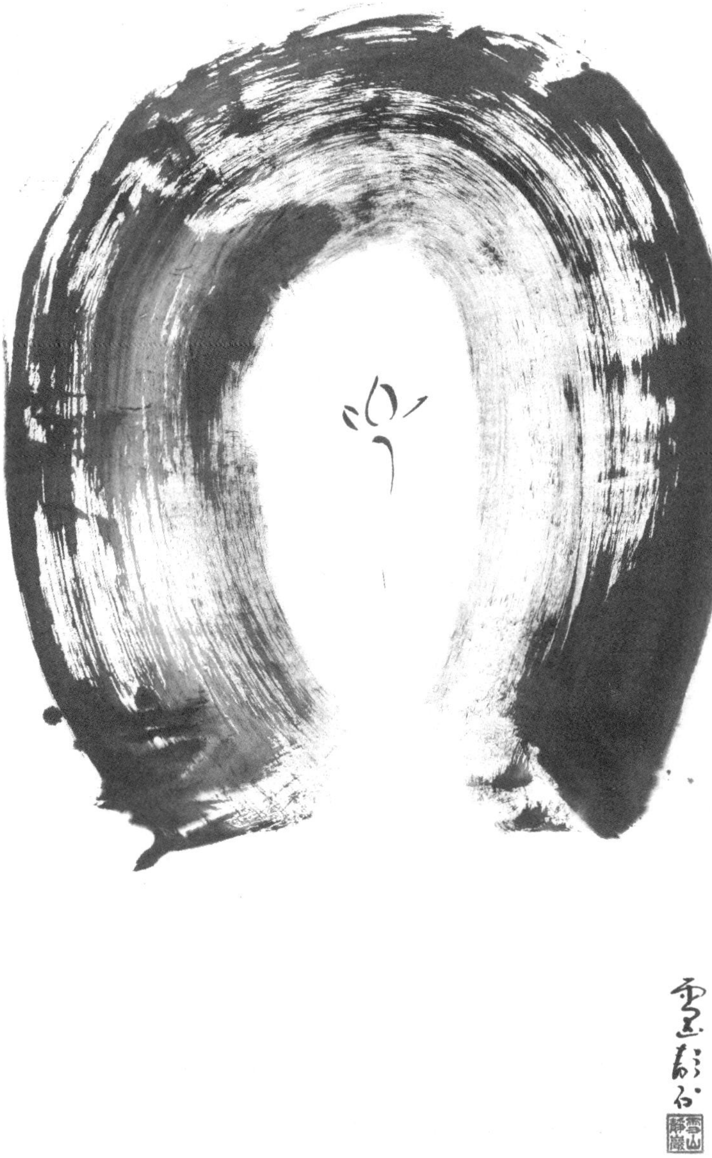

倡导禅教一致,为唐末以迄宋朝后的三教并流奠定了基础。

宗密大师的成就褒贬不一,由于荷泽一脉在他手上转向华严,故南禅诸师对他颇有微词,但他本人确是通达的大善知识,著有《原人论》,概要性地对儒、道二教作泛论;著有《盂兰盆经疏》,说明了佛法和中国的祖先崇拜及孝道之间的调和与差别;著有《新华严合经论》《圆觉经大疏》《四分律疏》等共三十余部,其著作对后世影响深广。

"五心修养"从身体入手,首先分别对应地、水、火、风四相,如《摩诃止观》提及身体四大之症:"若身体苦重,坚结疼痛,枯瘠痿瘠,是地大病相;若虚肿胀胪,是水大病相;若举身洪热、骨节酸楚、嘘吸顿乏,是火大病相;若心悬惚恍、懊闷忘失,是风大病相。"

除此四大病相外,禅修也重视空大病相,如以梦境及坐禅所见幻境占病,揭示了梦境、幻境与五脏的关系。如《摩诃止观》云:

> 若禅及梦多见青色、青人兽、狮子虎狼,而生怖畏,则是肝病;若禅及梦多见赤色火起、赤人兽、赤刀杖、赤少男女亲附抱持,或父母兄弟等,生喜生畏者,即是心病。

幻觉之病,我们谓之"空大病相",以自大、自卑、自闭等不实心境引导生命长期处在白日梦状态,引发各种偏激行为。

上述五大病相,虽身心症状不同,病源却皆由心始。

故禅法在调理过程中,启发学人自有的元阳浩气,冲开六根堵塞淤结,提高其自愈免疫能力,治本而标随本变,以调息为始、调心为本。

《坛经》中禅定法、忏悔法等都是禅门修法,如对治业障所生病,须内修禅定,外修忏悔。内作深观,外行忏悔,发愿修持,内外结合的禅法,方得转业。禅定法重点不在功夫,而旨在由定生慧、定慧等持方可以转烦恼为菩提,契合安乐自在的禅境,那些通过禅定帮助人平静、得什么神通、治病美容等非禅者关心内容。

修习禅定得法者,越来越能自调控心、意、识,身体机制得以调整、修补,身心轻安。《摩诃止观》云:"夫世间医药,费财用工,又苦涩难服,多诸禁忌将养",修习禅定则"无一文之费,不废半日之功,无苦口之虑",较医药疗法具有无可比拟的殊胜。

禅门自来主张药在自身,何需外求。求医问药是枝末,从最根本、最深层的病因着眼,病由心生,还需心灭。何为"定"? 不受烦恼扰即"定",心中欲火起,乱心为"烦";心中嗔火旺,不清净为"恼"。

禅法以身心病苦为道,由病性本空入手,禅定修养对生命体的身心健康起到了良好作用。现代不少商业"灵修",学了一些浅表方法,主要以静坐为主发展出放松疗法、形象控制、自律训练法等心理治疗法,其基本方法无非是教人通过呼吸放松身体,或通过静坐进入某种平静心态,获得身体暂时愉悦,但这不是禅定修法。

惠能祖师前,用禅法治病的主要有大乘九禅中的"治病禅",禅师以禅功疗治众生病为修行,《高僧传》中此类功力深厚者治疗众生的范例很多,如佛图澄大师能以杨枝咒水治愈绝症;求那跋摩、耆域、诃罗竭、杯度等大师,皆留下了各种治病神验的事迹。

"华严宗"初祖法顺大师专修禅定,治时不用药、咒,"但坐而对之,未久即愈"。六祖创立"中国禅"后,祖师们没有继承这种"治病禅",用禅功为众生治身病,禅门只集中在治愈心病上,学人心地法眼开,自己能治自己病。

"五心修养"也是一样,是帮助学人学会自己治病的修法,不是禅门老师发气、发功帮您治病,或者配制什么神奇的仙药来治病。

病因是五种主要的习气,那当然从习气入手医治,习气不是单纯的,而是综合交织的,所以我们只能说在各种习气中,目前对学人影响最大的那部分,先找方法修治,挑一种主要习气下手。习气虽然和业有密切关系,但既不会遗传,也没有必然的因果、轮回,绝对不是根深蒂固不可转的,就是经年累积的习惯变成了更深层的思想、行为模式。

生命体由于习气,形成习垢,带来无穷的障碍和约束,只是多数时候自己是不知道的,习以为常后,自己要什么都不清楚了。清明的人是知道自己要什么,也知道别人要什么的。

《五灯会元》载:元和间,白侍郎居易由中书舍人出刺杭州,闻师之道。因见师栖止巢上,乃问曰:"师住处甚险。"师曰:"太守危险尤甚。"曰:"弟子位镇山河,何险之有?"师曰:"薪火相交,识性不停,得非险乎?"曰:"佛法大意如何?"师曰:"诸恶莫作,众善奉行。"曰:"三岁孩儿也解恁么道。"师曰:"三岁孩儿虽道得,八十老翁行不得。"侍郎钦叹,数从问道。是真语也、实语也、不诳语也。

白居易是善知识,师者一语道破,他当下能悟,知道自己的缺陷,而现代人呢？多执迷在自我感觉里，听不进智者之语，说一套做一套。"五心修养"让初学者尽量脱开知见的束缚，通过相应禅修去体会何为"清净"，逐渐相应和以往不同的思境、语境、身境、心境，从而不知不觉转化习气。

初级禅修，是打坐大家就一起打坐，功课大家集体一起功课，但这未必适应个人。共修法对初级者很有好处，方便管理，但对个人习气转化的效果就比较慢，就像生病时，是应该吃对症的药还是用普遍性的药呢？

佛讲法四十九年是给学人对症下药。对方什么习气，就有什么样的方法去转化。禅门也一样，一部《坛经》本已具足，为什么后来祖师们还留下那么多语录呢？都是为了对症下药。

佛法认为，器世间与有情世间皆由地、水、火、风、空五大要素组成，也就是说：世间万物皆依此"五大"产生。其中"空大"有周遍无碍、容纳的能力，一切事物由空产生，并有了活动空间；"地大"有坚实、可依靠的能力，万法有了物质存在基础；"水大"具聚集能力，由其作用物质集合不散，形成世间万物各种形体；"火大"有成熟能力，是一切事物成熟的生长力；"风大"有不腐烂的能力，没有风大，世界将是一片死寂。

佛法以空立论、定位，此"五大种"是情、器世间的构成基础，菩萨发愿利益周遍一切有情，与一切有情结下不可分割的善缘，即为要成为"五大种"。

"中国禅"修养将人的习气分为五类：地类、水类、火类、风类、空类，这五类都是"心"中产生的，故称"五心"。

其实这"五心"的划分不是固定的，每位修者进入"五心"修养前，会依据五心特征选择自己的修养法，所选的修养类型只是从每个人目前最突出的一点入手,比如说一个人修完了地心,觉得固执的习气好了很多,可是另外毛病出来了,变得忧郁了,可以转成用水心修养。生命体内本自一切具足,当然也包含了各种习气种子,表现出来的现象就是一种状态稍有好转,另一些问题都发芽。修养过程也是此起彼伏的反应过程,但是通过这种调养,潜伏的习气种子一个一个被挖掘出来,出来了才好下手调伏。

为何是"五心"而不是"三心"或者"七心"?

"五"是个奇妙的数字,"五"具有万物的共性,例如人的手脚皆有五指,从小指开始依次代表地、水、火、风、空。地是坚定的力量,水是循环力量,火是积极力量,风是前进力量,空是精神力量。

中国传统虽不说"五大",却有"五轮学说",如神之火苗为"眼",《黄帝内经》中详细记录了眼与脏腑相关的"五轮"理论,《灵枢》云:"五脏六腑之精气,皆上注于目而为之精。精之窠为眼,骨之精为瞳子,筋之精为黑眼,血之精为络,其窠气之精为白眼,肌肉之精为约束。"

这里即瞳、白眼、黑眼等眼各主要部位与脏腑的关系。"中国禅"在普及后,开出"一花五叶",记录祖师语录最有名的书叫《五灯会元》。一花五叶的"五叶"和"五灯"其实是一码事,"叶"就是"灯","会"就是"元"。

"五心""五灯""五叶"到底是什么关系呢?当然有!这是不可说、不可说的密意。中国传统中为什么会有那么多"五"?五运、五味、五气、五藏、五官、五色、五行、五蕴、五音、五谷……是巧合还是密码?

我们想唤醒生,必先了解死的过程。人之身为四大和合所成。四大即地、水、火、风。"空"是什么?是定位功能。

人死时，四大解体，有一定先后次第，最初空转地，人身体感觉有如山压，呼吸困难；再次地转水，身体感觉寒湿冰冷，簌簌发抖；之后寒湿消失，变成潮热，水转火，人如在滚汤中煎熬；再次火转风，感觉身体被掏空一般，被风吹为微尘，散落空中。

四大解体的过程，即地—水—火—风—空，至空方得有新生，真空生妙有是。四大解体可以说是凡人心中最恐惧、身体最痛苦的过程，过程虽有快慢之别，有的瞬间完成，有的则持续几年、几十年，这个过程中人重病缠身，形同僵尸，骨瘦如柴，痛不欲生，生不如死，平日里无修行功夫的，谁也难逃这种痛苦，唯有迟疾之别，但疾的是实施过程，过程前心理上的恐惧却无法以时间计算。人如果不通过修行，即便可以用药物解决疼痛问题，可以安乐死，却难以解脱时刻存在的怕死、怕痛、怕灾难的恐惧心，唯有时刻修持自己的功夫智慧，方可得以生命长安。

四大消散的过程，不仅是死亡时，可以说生命每一次转化都要经历一次。例如禅者修行时，专修坐禅，功夫的提高过程中一定伴随着一次次的四大消散，通常的感受是坐着坐着身体感觉沉重，腰酸背痛，呼吸困难；之后地转水，感觉骨关节呼呼向外冒冷风；之后寒湿消失，变成潮热，手心、脚心、心口发热，冒火一样；再次火转风，感觉身体没了。凡人四大消散是死亡，修行四大消散则是唤醒，煎熬过去后起身时，修者感觉身轻如燕，走路如在云中一般轻盈，这些唯有实修的人经历后才有深刻体会。一次次的消散，是一次次转化的过程，"六根清净"修法，就是依据消散的规律引导修者转化的。

《易经》中"五行"相生相克之理是中国独特的智慧,万物可分为"金、木、水、火、土"五行元素,又因阴阳分野合称"阴阳五行"。五行和"阴阳八卦"互补,共同组成中国的辩证智慧。此虽和佛法"五大"不同,然万事万物皆殊途同归。

例如"五音"有多用,世间用音声治病,出世间用音声调息、调心,"宫、商、角、徵、羽"和身体皆有对应,舌为徵,齿为商,牙为角,喉为宫,唇为羽。

五音分属五行,在导引功法中可用做"六字诀",如《正统道藏洞神部》云:"呬字,呬主肺,肺连五脏,受风即鼻塞,有疾作呬吐纳治之。呵字,呵主心,心连舌,心热舌干,有疾作呵吐纳治之。呼字,呼主脾,脾连唇,脾火热即唇焦,有疾作呼吐纳治之。嘘字,嘘主肝,肝连目,论云肝火盛则目赤,有疾作嘘吐纳治之。嘻字,嘻主三焦,有疾作嘻吐纳治之。"即是通过吐气发音调息。

"五心修养"通过身体入手逐渐地契合禅境,和养身养生、健身运动关注点不同,"五心"是增加个人修养,强调自利利他,而健身运动是注重肌肉强健、延年益寿、自利而无关利他。西方人的习惯是运动就是运动,公益就是公益,而"五心修养"则不然,修得有成就必然是以利他为基础的。

例如"六根清净"修法,虽然每次修养的过程就五十分钟,但修者修养之后的修行、修为,决定了下一次再修时的相应程度,功夫在舍外,舍内是引导,舍外才是决定您能否有作用的关键。如果忽略舍外生活和舍内修行之间的无缝衔接,还能叫"生活禅"吗?

我们一直反复强调每一位修者都要寻找自己相应的修法。如何知道修法是否和自己相应？修者在心静时先观察自身：是否被前文述说的种种身心问题困扰？是继续得过且过下去，还是下了决心要转化？目前改善身体的方法——跑步、快走、健身、瑜伽、太极、打球，等等——能否解决情绪问题、事业烦恼、情感纠纷、家庭矛盾，能否令到自己安心自在？

综合考虑后，如果感觉虽然反复尝试过各种运动，但体会到运动对生命成长并无实际帮助时，不妨下决心在"五心修养"法中找一找答案。

人如果没找到相应的法，什么流行玩什么，或者什么看上去能理解做什么，这是解决不了生命困惑的，惑中不能解惑。如果想修行，形式上的坐禅、行禅、磕大头、转山、放生、念经等，这些叫"加行"，有的甚至连"加行"都算不上。

能用心体会和善分别的人，不会被名气、噱头所迷惑，即使暂时找不着正法团队也没有关系，只要希求，就总有一天会遇到。可是没有心的人，遇到了法宝也不珍惜，天天这山望着那山高，从一个梦走到另一个梦，这主要是因为自信心不够，既不相信自己也不相信他人，不懂用心体会，世间法叫观察，出世间法叫观照，能量是体现在"观"上的。

"五心修养"对应五类身心疾病，其实无论多复杂的问题，只要是本人坚持修炼，必能彻底转化。转化的关键就是找到适合自己的相应修法，反过来说，"五心修养"不是适合所有人的通用法。

《维摩诘经》里，有一段关于讲法要对机的内容：

> 佛告富楼那弥多罗尼子："汝行诣维摩诘问疾。"

富楼那白佛言:"世尊,我不堪任诣彼问疾。所以者何?忆念我昔,于大林中,在一树下,为诸新学比丘说法。时维摩诘来谓我言:唯,富楼那,先当入定观此人心,然后说法,无以秽食置于宝器。当知是比丘心之所念,无以瑠璃同彼水精;汝不能知众生根源,无得发起以小乘法;彼自无疮,勿伤之也。欲行大道,莫示小径,无以大海内于牛迹,无以日光等彼萤火。富楼那,此比丘久发大乘心,中忘此意,如何以小乘法而教导之?我观小乘智慧微浅,犹如盲人,不能分别一切众生根之利钝。时维摩诘即入三昧,令此比丘自识宿命,曾于五百佛所殖众德本,回向阿耨多罗三藐三菩提,实时豁然,还得本心。于是诸比丘,稽首礼维摩诘足。时维摩诘因为说法,于阿耨多罗三藐三菩提不复退转。我念声闻不观人根,不应说法,是故不任诣彼问疾。"

佛的十大弟子之一富楼那尊者,有一次在给弟子们说法时,被维摩大士呵斥,因为尊者给弟子们讲法没有按照弟子的根器讲,明明是大乘根器却在教授小乘法;引大象走兔子路能行吗?牛踏过的蹄印是容不下大海的。能对机对人对境之师,是为"明师",光会讲经的只是"讲师""经师",必须了解学人,会起用适合的法去接人。

为什么目前禅修火热,禅修者不少,可是能够成就的人特别少呢?因为没有找到相应的修法,大家都是普遍性地跟着老师修一些固定化的、僵化的方法,这样对修者起的作用力就有限。"中国禅"修养,为初修者设置了和每个人习性相应的法,如果没有相应的法,就像生活在迷雾里一样,越修越迷惑在相上,不知道该往哪里走。

其实不仅初接触时,许多修来修去修了很久的人就是进不去,主要原因是没有找对相应的法。真想修行的人,找不对正法和方向即同"缘木求鱼"。

我们看玄奘法师西行求法,历经千辛万苦,为了什么？去印度求法前,法师早经历了众多名师的指授,精通大小乘经论、南北地论、摄论学说。但他并没有满足,当他在长安向来自中印度波罗颇迦罗密多罗请教佛法时,发现中土对摄论、地论两家关于"法相"之说各异,对唯识之"识"说法含混,遂产生去印度求法之意。

唐太宗贞观二年(628年),二十九岁的玄奘不畏艰辛,私自出境,为求佛法,他怀着坚定的信念,经历了九死一生后终于抵达那烂陀觐师。他求的法就是《瑜伽师地论》,之后戒贤法师还传给他《对法论》《集量论》《中论》《百论》以及因明、声明等,同时他又学婆罗门教经典、各类梵书。

戒贤法师系东印度三摩呾咤国王族,属婆罗门种姓。少时好学,游历诸方,访求明哲,至那烂陀寺,遇护法菩萨,闻法信悟而出家。三十岁时即辩经无碍,击败南印一大外道,获王嘉赏,并为其建造伽蓝。

玄奘抵达那烂陀时,法师已百余岁高龄,法师德高望重,为那烂陀大长老,名震四天竺。据资料记载,当戒贤法师见到玄奘,听说他来自东方大唐国时,涕泪纵横、泣不成声,左右弟子向玄奘解释:三年前法师身患怪病,痛苦万分,无法忍受,正想圆寂时,梦中见文殊菩萨指点,这是由于过去积累的业报应受之苦,但由于此生弘扬佛法,得以转化,菩萨要他忍耐等大唐僧人到,将佛法传授给他后,身体就会康复。

戒贤法师于是强忍着身体的疼痛,苦苦等来了大唐高僧。果然他为玄奘法师首讲《瑜伽师地论》后,病痛就消除了。可以说如果没有得到相应的法,找到相应的老师,就不会有后来玄奘法师的成就。如果满足于略有小成,人生只不过是昙花一现,什么也不会留下。西行前的玄奘法师在中国已属顶级智者、高僧大德了,可是,因为不满足于含混其词,不想欺瞒众生,才有了西行求法;又因为知止,才有了回国翻译的大事业,否则,留在天竺,玄奘法师将是四天竺第一高僧、大小乘法王,但又怎么样呢?西行的初心不是为了名利,而是将真正的佛法留下,这就是玄奘法师的愿心,没有对社会产生贡献的人,当时看上去再有权威、名望,生命的慧光在哪里闪耀呢?

公元前6世纪,释迦牟尼佛寂灭后,各弟子为弘法而产生了佛教团体,此后经历了原始佛教、部派佛教、大乘佛教和密教四个时期,在公元八九世纪后逐渐式微,玄奘法师东归后,佛教在印度本土先被婆罗门教所灭,后又经历了伊斯兰教的清洗,于13世纪消亡,其在印度共持续了一千五百余年。

佛教在印度的消亡,主要有三个原因。

第一,社会原因。5世纪后,由于外族入侵,地方封建势力兴起,天竺统一王朝瓦解,政治上出现了许多小国,各小国间兵戎相见,崇尚武力。这样,非崇尚暴力的佛法和佛教团体对他们来说,没有巫术、神术用起来顺手,讲慈悲的佛法似乎成了王权的障碍。后世佛弟子又过于理论化,过于偏重个人苦修,失去了王权的支持,失去了群众支持,自然走向衰落。

第二,内部原因。佛教僧团在经历了严守戒律的苦修后,到大乘佛教时期,随着教义上的某些改变,也由于世俗贵族、商人的支持,寺院经济逐步发展起来,不少僧众过起了奢侈豪华的生活。

印度教本有两大教派:性力派与湿婆派,分别崇拜男、女性生殖力。性是灵修的一种方式,因被这些教派演绎成通往解脱的快捷方式而备受推崇,例如克拉久霍神庙,就是把"性"的"欢爱"堂而皇之地雕刻在墙上的,许多上层教徒推崇生殖力崇拜和性享受,于是教徒可以以肉体灵修为修行。至今印度浦纳性力派的灵修中心,以心灵净化为名还在进行各种肉体"灵修",部分印度教徒和西方性开放者以此为纵欲乐园。

然而物极必反,印度人对性的极致推崇也同时带来了对性的恐惧,印度文化中纵欲和禁欲并存,佛教发展到密教后,加入了印度原始的各种真言密咒,以及神通法力,各种颜色的修法不一而足,这样一来,佛教虽然跟上了时代的发展,但也已面目全非。同时,再加上婆罗门教的冲击,将佛陀神化,被神通化、神秘化、神灵化、神异化的佛教逐渐失去了社会作用。

第三,外部原因。由于中亚伊斯兰教诸王的入侵,伊斯兰教对佛教采取了残酷血腥的屠杀和镇压,并强迫幸存者改信伊斯兰教,佛教的寺院文物遭到毁灭性的破坏。1203年,佛教在印度消亡。

佛教在印度消亡了,可是在中国呢?反而更加兴盛,这与玄奘法师的西行求法密不可分。

玄奘法师是智者,知道自己希求什么,要去寻找什么,最后怎么利益众生,这是法师的智慧和功德。我们现在人呢?谁知道自己要什么?总是误以为名利是人生的追求目标,没有求法的心,不懂什么叫自利,自然也不可能真正利他,为什么? 因为被命相所欺,不知道正法是什么、生命是什么,对人生的意义和对社会的作用自然也就不会希求。

有一部电影叫《青蛇》,妖娆的青蛇说过一句令人至今难忘的话:"都说人间有情,但是情为何物? 连你们人都不知道。"听来甚是可悲。

寻求生命意义的禅修者每位都不可缺少自己相应的导师、相应的修法、相应的同修、相应的经典四大元素。禅的般若智慧非从外来,也不是自生、不是他生,也非因缘生,也不可教授,般若智慧是自然智,是自然而然的,故唯有自觉自证。普通人为什么无法打开智慧之门? 就是习气难改,障碍了生命能量和活力,故唯有从改善习气开始。

用心之人,会细心观察,无心之人,就迷在语言文字、热闹好玩、庄严神秘的相里,不懂用心"观"。学人要学会观察,观察是不随波逐流,自己学会先静下心来思考。莫把本来深邃、玄妙的禅法,简单化、庸俗化、商业化了,盛沙当饭,以盲引盲。修学本是学无先后、达者为师的,找到相应自己的法,向大善知识请益,不犯重复错,不与愚者争,即逐渐体会禅之奥妙。

"中国禅"之前的修行,多讲人生是苦,业习是障,多用压制、消灭的修法对治,三祖云"止动归止,止更弥动",越想去克制和消灭时,往往是动得更激烈,越把关注力集中到苦、业习上,是不断增盛苦和业习之力。故此,"中国禅"修养里不是让初学者消灭什么,而是着力培养好习惯,培养圆融心、包容心、欢喜心,也就是说用"我要"做什么来替代"我不要"做什么。

禅法虽然使不同的人有不同的法,但绝对不能随着每个人的习性来,这样固然能够赢得与自己习气相应的一部分人,但却损恼了另一部分人。

顺着习性必以个人喜欢为标准,有人喜吃,也有人喜悲,还有人喜讲、喜怨、喜酒……以个人喜好为标准择友、择师,这样的法是狭隘、局限的法,不是"不二"法。

下面我们从"五心修养"的入门"六根清净法"开始,介绍现代人为什么需要先恢复六根的清净功能。

经年累月地在红尘社会中的人,被各种声色尘埃污染了多年,"根"是身心的连接处,六根常年熏尘,岂能清净?自己又不知障在何处,如何使之清净起来,所以我们还是先从六根开始入手吧!

禅者颂
光

夜明珠自润,
何须日月光。
本来无所至,
亦即无所离。

法眼

第二节 六根清净

"中国禅"修养法中认为"六根"是互相对应的三组关系:眼—耳;鼻—舌;身—意。

故修炼时,会两两相对分三组专修,调动彼此的呼应,即先修"眼、耳清净",再修"鼻、舌清净",最后以"身、意清净"法结束。

从身体角度来看:

眼、耳属于外气场范围——从外接引;

鼻、舌属于边气场范围——从边接引,这也是内、外气场的交接点;

身、意属于内气场范围——从内接引。

什么是"内"?这里指的不仅是和"外"相对的物理性的"内",《楞严经》中观世音菩萨因耳根圆通而成就,六根清净是圆通。初步修者虽不能达到六根圆通,但六根清净后灵感会时时涌现,精神矍铄,心境清明,能开始倾听自己内心之音,名"内听";能和心意识主动沟通,名"内省";能时常感受体内浑浊杂乱的气场,名"内嗅"。

什么是"外"?同样指的不仅是物理性肉体之"外",声音仅仅是声音吗?和颜色有什么关系?色能不能变成声?这在古代很难想象,在现代就容易理解,这一段波对我们而言是光,另一段波对我们而言是声,由于人类的根、器有局限,所以不知光也是声,只不过在这个波段显现为色,那个波段就显现为声了,另外一个波段还可能变成热呢!如此能知万法一如,不受"相"的局限时,"外"便无碍。

如何是"清净"?眼、耳两根属于外气场,一般人从外界看到物质、外界听到声音,普通人就以为看到了、听到了什么,有什么就进入了眼、耳内,其实不然。禅法的重点是在于您看到的和听到的，如何能接受、引导进来。看到的眼尘、听到的耳尘，如果直接反应，属于意识上的灰尘，禅修则不同，要把您看到、听到的，主动接引变成转化堵塞的作用力。

为什么叫"接引"？因为普通人听到、看到就到此为止了，到此为止不行，即变成"尘"了，所以普通人看到、听到的越多，灰尘越多，长期积累，意识尘埃厚重，意识停留在灰尘上一层层覆盖，越来越浅表化、碎片化。这是由于不会接引"识"。您如果到超市买了许多东西回家，能往地上一丢吗？看到、听到、嗅到、品到、触到、想到的这些，如果不懂归纳整理的方法，全部凌乱地变成垃圾堵塞六根，这需要"接引"法，教修者学会引导意识。

外气场的接引法是从外而内的，边气场鼻舌修法是从边界来接引，身意内气场是从如何引发生命体内气机来接引。坚持六根修养法，能令六根越修越灵敏，越来越能互通、互用、互补。

"六根清净"法怎么修？笔者会在《五心修养》一书里详细介绍，此外"中国禅"修养的学堂、精舍也有实际场地供学人实修，在这里先讨论一下"五心修养"三层修法的含义。

先说"六根清净"，这里需要清楚"六根清净"和"六根净化"的不同。

"清净"和"净化"角度不同、说法不同："清净"也叫"转化"，是体；"净化"指"变化"，是用。

"清净"不是扔掉旧的换个新的，人如果上一刻做了不善之事，下一刻意识到了，一念惭愧，就能转化了。犯了罪去服刑，做错了去直面道歉，此时烦恼转菩提，这是转化。

"变化"则是量变到质变,世间人多数认为,"变"不好,例如说:人变心了。变的背后是什么呢?是和认识的那个不一样了。旧的不去,新的不来,有人说焕发新生好啊!我喜欢变,实际上还是不好,认为过去的不好,要脱衣服一样脱掉。"转化"则不然,不认为旧的不好,也不用扔掉。

出家才能修行、死后去西方极乐世界、破除烦恼得菩提、离开生死入涅槃等,这是二元对立的观念在起作用,是属于"变化"的说法。而螺蛳壳里做道场、人间即净土、烦恼即菩提、生死即涅槃、不离生死而得涅槃等这些,是属于"转化"的说法。

禅门强调转化,不是把一样东西消灭干净,而是淤泥里能生莲花,本来的监狱转变成道场,本来的敌人能成朋友,"转"是一种圆融的、不伤害的变,不是必须旧的死了,新的才能活。自然界都是转化的,四季交替是气候在转化,不是春天脱胎换骨不见了才变成夏天,凡人执著在"变"上,要么喜新厌旧,要么又固执不喜新,所以变与不变都是消极的。

转化又名"顺慧",执著的人即是不知随顺。老子为什么说水"几于道"呢?因为水转化的能力特别强,随圆就方,无形万形,遇石环绕,遇曲能弯,遇清则清,遇浊而浑,这就是"顺慧"。祖师们悟道都没有说:我重生了!我开始了新的人生!而是不存在一个旧的或者新的"我",交臂之际,新新非故,每一刻都是在不断转化中的。

越清净的人心是越能包容的,垢中可以见净,新中可以现旧,本来就没有垢净、新旧,一切都是相对的,哪一刻是"新"的人生?哪一刻不是"新"的人生?

有些人以为"六根清净"是清洗，耳朵堵塞了是不是掏掏耳朵就能清净？如果洗洗鼻子、鼻根就清净了，那叫清洗法。堵由内始，不是眼、耳、鼻垢。根的清净是指内在能量的转化，不属于物理性清洁或功能改造。

例如耳根清净是用"音波法"修养，病生于气亦可止于"音"。"音"分内、外，外音在世间有归经、升降、浮沉、寒热、温凉之用，和中草药的各种特性一样，在出世间则用内音，有伏心、摄心、制心、调心、运气、细息乃至忘心之用。

外音需要炮制，使用不同的配器、节奏、力度、和声等，彼此配伍，如同中药处方中有君臣佐使的区别一样。《黄帝内经》曾提出"五音疗疾"，《左传》云，清净之音像药物一样，可以使人百病不生，颐养身心。

内音则无需炮制，惟精惟一，越单纯越有力量，振幅越大越能入心。耳根清净法，中医的砭石、针疗、灸法或中药皆无法入耳，唯有用"音"，各种音，外音虽对情绪有安抚作用，但说到调心、安心唯有启发内音。

中国人心中，影响最为深广者莫过于大慈大悲的观世音菩萨，《楞严经》中记载了观音菩萨自我介绍循何路径修成耳根圆通法，旨在启发学人打开自性本具潜能。

有的人看经、读经不容易静心，可是听呢？就容易听进去，故此耳根的作用比其他根要深广。可是十方世界各方众生根性并不一样，我们这个世界的众生耳根普遍最利，但香积国的众生耳根就不行，他们舌根最利。要请他吃饭，一吃他就容易明白，所以以香饭为佛事。

不同世界、不同形态、不同境界、不同根器的众生哪个根利，是不一定的。佛法中种种微妙之音对我们这个世间大多数众生,最容易契入,佛说法也是为这个世界众生说的。

佛言"六为贼媒,劫自家宝",《楞严经》中世尊以挽巾为六结,说明"六解一亡"的捷径,是从六根中选择一根深入观修,谓之"一门深熏"。

佛言:"随拔一根,脱粘内伏,伏归元真,发本明耀,耀性发明,诸余五粘,应拔解脱。"

于六根中随选一根下手,内向调伏自心,把心从尘相泥垢的胶粘中拔出来,令其复归于本来面目,一根清净时,其余五根粘缚也自然一齐脱开。从一门入,以一摄六,易于集中心力,是修习的捷径。这就像打仗,先集中优势兵力攻克敌方薄弱的一翼,方容易致胜。

此后,佛乃命会中诸大菩萨,汇报自己当初发心修道而获圆通的门径,诸菩萨一一呈说,六根、六尘、六识、六大无所不有,共成二十五种圆通。以证明无论从六根、六尘、六识、六大中任何一门入手,向内反观能见闻觉知的常住自性,摆脱向外驰逐六尘境相的粘着系缚,契合内心都可趣归心源性海。

诸菩萨呈说后,佛评价所有法是"实无优劣,前后差别",门门皆趣解脱之域;之后再命文殊菩萨对二十五圆通进行拣选,选出最适合此世界众生的根机、最易成就的法门。

文殊菩萨当即选了观世音菩萨耳根证圆通法,文殊偈云:"此方真教体,清净在音闻。欲取三摩提,实以闻中入。"

谓音声是佛说法的载体,还说:"成就涅槃心,观世音为最,自余诸方便,皆是佛威神。"

也就是文殊菩萨认为耳根圆通法为此世界众生最方便的成就法,所谓"圆通",意为周遍无碍或圆满通达法性。《三藏法数》云:"性体周遍曰圆,妙用无碍曰通。"能活在当下的禅者必然是圆通的,懂得适时归零。

零是圆相,可大可小,可伸可缩,有弹性无内外;善于归零的人,时刻处于零性状态,应机可变成无穷大,身虽一沤,心藏大千。

喝茶时,那一方茶席便是一天地;讲法时,天地就是一讲台。为什么古人爱弹古琴呢? 琴长三尺六寸五分,相当于一年三百六十五天;宽六寸,应六合;琴面是天圆,下面是地方。抚琴的人就是能自在于自己天地的人。

禅者抚琴当下自在,当下安顿,琴声经我之手,入他之耳,外音以动人,内音乃调心,这本是修行法门,不是为了悦人动听的曲调或展现琴艺。

同样,什么是禅茶呢? 通过喝茶和禅相应之法,茶在滚水中有沉、浮二态,人在生活中唯迷、悟两种,茶经水而"复活",再经入口而"动心",故禅茶与茶器是否精美、茶叶是否昂贵、泡茶是否规范无关,一切法都为了令到修者及同修者当下安顿、当下自在的。

因缘兴一时散一时,聚散皆有时。因缘时时候机而动,应机而至,机不可寻,亦不可思,所以遂不思量,元不思量。随缘自在是定,自在随缘是慧,沤灭全归海,海中复起沤,沤有聚散生灭否? 近水观月影,明月起与落,月有远近来去乎?

当下便是归零,如冬天里寂寂寥寥,何必去羡慕春天的灿烂呢? 当下是具足的,而不是完美的,包容遗憾才能自在。每一物都是天地的无尽藏,能够把每一物的无尽藏解读出来,哪有什么不具足?人为什么不安心呢?因为不知道当下一切具足。

数字中"零"最不可思议,它既不是数字又是数字,可以把数字无限变大,也可以将数字无限变小。比如说在"1"后面加零它就变得无限大;在"1"前面加零它又变得无限小。"零"有定位作用,比如看到"1234",您会读:一千二百三十四,为什么呢?因为零在起作用,定了位才能知道这个"1"读"一千",其余的依次类推。"零"本身不具备意义,需要建立在数字的基础上才能变成数字的一部分,这就像禅者"无我"一样。

许多人认为"零"就是没有,"零"如果没有了,十进制怎么成立呢?十进制不成立,数怎么往上递增或者递减呢?所以这涉及"零性",也是"空性",禅门以画圆相,来表"空性"。

禅门设圆相将"不二"密意表达出来,因此"空"不代表任何数字和数目,它还有个特点,就是可以定位任何数字和数目,这就是"空"和圆相的密意。一切法都可以说是由空为基定位而成的,空生一切法,反过来说,一切法也归于空。四大消散是归空,空生,所谓的一度时间、三度空间,万事万物亦是。

禅门之圆相和数字"零"一样,在禅修中能起到定位作用,这是空性的功能,也就是用"空"来定位世间、出世间的一切法,修者由"空"认识到"圆相"和"空性",进而认识到什么是"空"的境界,"空"的境界是觉悟自证境。

例如,功德是无量的,怎么无量?无量不是个概念,否则就是空谈、是鸡汤,无量需要定位,有了定位,才能说无量,圆相可以来定位无量,定位本身是不落大边不落小边,不落有边也不落无边,不显示为任何数字、数目和数码,但它也是数字、数目和数码,就像数轴上的原点。

领悟到了"圆相"的这种作用,禅修时可帮助禅修者尽快契入般若智境,所以禅者凭借功德虽不造作任何意识境,但却可以定位任何意识境并方便应机起用诸法。

"空"既不是空间,也不能完全说是虚空,虚空空吗?虚空是不空的。空的境界根本是无法建立的。

如果想清楚"空"究竟是什么,这句话要反过来参:什么不是空呢?什么不在空里呢?地球不在空里,还是生命不在空里?每个细胞的原子里面的原子核占了多少比例?绝大部分是空的。一切都是在"无中生有",而空又无法被建立。

"空"不是空间,"空"也不完全叫虚空,那"空"究竟是什么呢?从数论上来说,"空"就是"零"。

现在西方流行的禅修,多把禅修技巧化,要么和瑜伽一样,坐在那里一坐不动,要么苦修双盘,要么训练不用手倒立几个小时,要么拉筋打拳,把禅修变成各种身体技巧培训,除此之外,还有人把禅修变成一种心理疾病治疗,或者情绪调整、减肥美容、艺术培训……

禅修的作用似乎变成让人平静、有力量、优雅美丽等,这是对禅修的误解,禅修本来既不是技巧培训,也不是疾病治疗,没有什么技巧能帮助我们契合禅法、帮助我们修正观念,禅者认为也没有人真正需要治疗,能去呼应生命的本来面目,那么所有生活都是禅修。

我们不能清净是因为在根本没必要执著的事情上迷糊了，每天忙着在朋友圈里刷屏，以为多人点赞就证明到自我价值，可是无论是否证明，每个生命体都是有存在价值的，都是必然性存在，不因为去想存在了就存在，想不存在了就不存在，成天不安心怕被边缘化，需要靠别人的认可来证明自己的，是心理病。

一切的存在不会孤立，都是相互关联的，也就是说，因为其他的存在真实，才有每个生命体真实的存在，也因为每个生命体真实的存在，才有其他万物的存在，在相互关系中互为存在，是相辅相存的关系，因缘和合的万物，少了哪个缘，都是不可能形成的，一切存在绝非偶然。但这种关系并非点赞、点头、认可的关系，而是生态循环、相生相克的关系。存在本身即生活本身、生命本身，自有其价值，不需要人点头、认可来证明其价值。

生命的根本价值体现在有没有智慧地帮助他人，不是需要证明有多成功、有多少钱。庄子说"藏天下于天下"，释迦牟尼说"佛宿于万物"，所谓肉体的消灭，只是一个现象的消灭，从一个现象走入另一个现象而已，您为什么不会为了云聚云散而悲伤？存在不会随肉体的消灭而消灭。

宇宙的真理只有一个，可以说是宇宙的意志，也可以说是宇宙的总原则，就是——利他。

宇宙中的一切是不是都在利他的？太阳利己吗？水利己吗？空气利己吗？动物迁徙利己吗？万事、万物、万有、万象的终极原则都是利他。

只有符合宇宙的总原则，生命才能传递，奉献的人才能够真正地得到一切众生的认可，而不是口头上的赞美。人的本来面目是和宇宙意志相应的,然而每个人肉体成长后,被教育、被同化,逐渐忘却了本来面目的样子,不少人的人生观、价值观、世界观等都变成了利益主义、有用主义、利己主义,由于不同的人"三观"不同,人生的境界、高度、觉悟也大相径庭。

宇宙本来就是个全生态,任何微小的物质都有它的作用,您看到的、看不到的,全都有它的作用。意识当然不仅只是大脑意识,还包括与生俱来的"本来"意识和意志,这也叫"良心""良知",这是每个生命体都具备了的,只不过随着欲望、愚痴的增减,本来面目被隐藏起来了。

因为这种本来的意志和意识存在,所以人如果做了什么违背了利他这个宇宙总原则的事,轻则有遗憾、有愧疚,重则受到良心的谴责,越违背初心,谴责的程度就会越深,导致人无法静下来,睡不着,不能停,时刻心思处在动荡中,飘飘忽忽地无法着地,这样能有稳定感、幸福感、安全感吗?反之,人如果能够多去做利他的事情,稳定感、幸福感、安全感会大大地增加。

所以尽管世态万千,万事无常,最终总是必须和宇宙总原则保持一致。如果有些人刻意用各种人为的手段去违背和改变宇宙总原则,这会导致一个什么结果呢?您认为科技使人进步,实际上很可能在退步,再比如本来您可以长寿的,因为您天天自私地只顾自己长寿而忽视了利他,可能反而变成了违背生命规律而早逝。但凡违背总原则,就必然会早些回到"空"这个起点再开始。

和本来意志相应,这个时候人就能找到自我、成就自我,凡人以为的自我是大脑意识,那不是真正的自我。不被大脑意识幻觉左右的人才有真"自我",大脑意识常常对生命体发出各种各样的指令,这种种指令常常是令人烦恼的。什么是烦恼？就是为了守护这个所谓的"自己"所产生的各种幻想和欲望。

为了生存，为了掩护自己，为了维护肉体，生命体的本能就会有自我防卫的能力。什么叫自我防卫？就是储存。比如，本来吃东西、饮食是为了维持生存，欲望多了以后呢？就多吃，让身体多储存。正常的欲望里本有积极一面，比如说菩萨度众生也是欲望，可如果把欲望放在自私自利上，就产生烦恼了。欲望本是生命体为了生存而必需的，只要有生命就不可能没有欲望。烦恼和菩提是一体两面的，故可以瞬间转化。

人皆想要自由，想要自由是想让自己的欲望自由，但不要忘了人既有放纵欲望的自由，同样也有让自己能克制欲望的自由，此即修身养性的自由。现在大部分人却忘了自由的另一面，一味地只维护自己追逐欲望的自由。如果不懂得适可而止，不懂得和自己初心相应的时候，无限制地不抑制自己对欲望的追求，就是贪婪，就无法和宇宙间的万事、万物、万有，共生、共存、共荣。之后就必然被万事、万物、万有孤立，就变成一个被孤立的独立体或独立群体，路越走越窄，最终自我淘汰。

失去小我，才能契合大我，大我是一切为了利他的方向去展现生命，但凡违背了这个原则就踏上了一条衰竭之路，灭不是真有什么实际灭，而是从一个现象走入另一个现象，舞台上的主角会变化，但舞台依旧存在。

有人问：我就是一个凡夫俗子，我也不可能开悟，我努不努力修行不都一样吗？反正也不可能不死，为什么要修呢？禅修不仅仅为了开悟。

历史上开悟的祖师占多大的比例呢？通过禅修令到心灵柔软和包容，

死亡到来的时候没有恐惧,时刻被人尊敬和尊敬他人,时刻心系众生,活在大众中不虚度此生,这难道还不够吗?

不要给自己下定论:我是凡夫俗子,我不可能悟道。生命不是无缘无故的,是不断更新的。

比如说鱼,如果生命悬于一线的时候,出于求生的本能,会有各种自救的方法,有的保护色和石头一样,有的则喷射毒气或放电,这不都是求生意识促进的吗?

长颈鹿为什么会长个长脖子？因为想吃树上的叶子。但这些进化是功能改变,而人不一样,如果您时时刻刻能够有利他心、布施心、精进心、修行心,难道身体会进化而思想不会转化吗?

一个人长期产生利他想法的时候,细胞会产生记忆,当您愿心越大,也有可能突然思想通达,可是如果只为了利己,那可能就像长颈鹿一样,脖子变得越来越长,只是形体改变、功能改变,而不会发生思想转化。

一个人从凡夫俗子能顿悟,成为佛菩萨一样的觉者,是思想拓宽了,不再只考虑自己了,这种圆通不体现在功能进化,而体现在见地提高、心胸开阔、包容无碍上。

"六根清净"修法,能帮助烦躁的世间人逐渐体会如何"活在当下",这不是口号,当下不是指现在,当下是清净的,没有是非、善恶、先后、因果,"本来无一物",即自心。自心在什么地方可以被身体、意识契合呢? 就在不造作、非人为处。可是,普通人已经习惯借用"眼、耳、鼻、舌、身、意"六根作意。大脑意识由六根影响,根,就是门,把外界的尘拿进来,这就和我们的呼吸一样,时刻将外界信息拿进来影响大脑意识,形成判断。

初修者由于不懂,不明白出世生命的存在和能量,执著在现有物质身体上。故先帮助其身体转化稳定为入手,烦恼自六根起,故"六根清净"是基础,"根"是"心"和"身"相应的通路。修时,修养老师会根据根与根之间的对应和呼应作用带动修者。

人的"五官"有眼观色、耳闻声、鼻嗅香、舌尝味、身感觉五种功能,加上"意"分别,这是六根活动。六根动,人似乎才有活着的感觉,即使在梦中,六根也是动的。

六根之动,缘于外境,外境变化,则随之动、静、动、静交替着,普通人认为"动"是理所当然的,一切似乎就该是这个样子,然而由看似正常的"动"而引发的"心动",才是人焦虑、不安、暴躁、抑郁、阴沉、多疑等心理病的起因。

每个"动"便产生一系列"念",念念相续人为无法结束,故此您以为自己已经放下,这件事已经过去,实则不然。条件成熟时,那些早已过去的事情,会悄然再被"念"提起,过去的幻觉一直都潜伏着,只是人不懂觉察而已。

然而事实却与"念"不相干,实相即无相,"念"是过去的投影和残渣,"念"本无自性,记忆起过往的"事情"叫"念上加念",就是"烦恼""心尘",也就是"染着",在念中起伏,就是自寻烦恼。

例如,眼观物,眼睛并没有对物产生分别,产生分别的是大脑意识,大脑意识会思量,以思量来分别,这就无法了解实相了。

眼睛本来的"动"是不自欺欺人的,看到某种颜色,只是反应颜色本身,可是一到了大脑,大脑意识就会先替眼睛作出分别:红、黄、蓝、绿;再替眼睛作出判断,哪种颜色更好看;最后会主导行为,选择自己喜欢的颜色……

选择出来的颜色已非原来眼睛所见的颜色了,是被大脑意识幻化了的结果,用大脑意识思量来分别判断,就会迷失事物、内心的本来面目,一切思量和判断都是用自己目前为止有限的知识、经验、需求、利益来人为做的选择,由于这些知识、经验、需求、利益的不同体现,由于所知所觉所思所触的局限性,人在选择过程中就会产生动摇、得失、烦恼和情绪。

眼睛的功能只是观物,观物本身是不留痕迹的,这和镜子一样,本来只有当下,没有过去、未来、现在。

眼睛看到时,便是当下看到了,确实"有"物存在,眼睛不看时,此物便"无"了,再看,又"有"。故此,眼睛是属于"有无相生"的无限活动体,是大脑意识保存了物像,形成了"念";与此同时,物原来的模样不见了,留下了"念",这是人大脑自己想留下的部分,形成"识"。

"眼识"不仅仅是眼根对眼尘,生起眼识,其他识在此时也同时发生作用。当人看到花的时候,大脑会形成个概念:这是一朵花,这是意根同时动了;同时还会有花香不香等问题,这是鼻根动了;以及和这朵花相关联的其他记忆等,也就是人看到花的一刹那,这一切是同时出现的。修行的人修得越好,越能清楚根的功能和作用,不被幻想所迷惑。

现代人的六根几乎都是不清净的,这和我们生活的环境有关。例如住在污染严重的大城市,鼻根能清净吗?洗鼻能令到鼻根清净吗?污浊不仅是鼻根有污染,微尘可以直接进到眼睛里,还有耳里,耳朵和大脑就一层耳膜之隔,微尘的污染连微血管都能进去,能不进入大脑吗?

为什么现代人越来越极端呢?情绪问题无法解决呢?精神疾病越来越多呢?表面上看衣冠楚楚,但内心的隐疾谁清楚呢?过去少数人有精神问题,现在是有几个人没有精神问题?工作狂、控制狂、偷窥癖、色情狂、酒鬼、吸毒、抑郁、自大、自闭、不自信、偏见、傲慢……哪一点不来自身心分裂呢?

六根被堵塞的人,精神一定不清晰。堵塞不一定是物理性的,您想睡觉的时候失眠,想控制情绪的时候却暴跳如雷……但即使知道自己精神失控有用吗?自己能改吗?自由是什么?不是想做什么做什么,而是想不做的时候,有本事能知止,这才是自由。自在是什么?是没有想不想,契合了本来面目的人,时刻活在当下,心中没有什么激进或知止,不和欲望斗争,不和一切发生斗争,让平凡归于平凡,喧闹归于喧闹,谁也不能左右和影响心清净,平常心是道,本分事接人。

生命体的矛盾源自身心分裂,社会矛盾源自价值观分裂,分裂是个体和群体的病因。当个体的大脑里充斥着各种无法排出的信息垃圾、突然迸发的情绪垃圾、不停增加的物质垃圾时,谁能清净呢?当谁也不清净时,社会能安宁吗?

婴儿的气场特别纯净,身上有一股香气,为什么许多老人身上难闻呢?因为病气、老气深重,就像腐烂的叶子一样。您希望自己拥有什么气场呢?人,每天起床要刷牙、洗脸,定期洗澡洗头,可是六根呢?被堵塞的六根越来越迟钝,和灵性越来越不相应,这就是万病之源。

不要以为,戴个眼镜能看清楚东西,眼根就没问题,借助外力只能让根的功能进一步退化。眼睛如此,耳、鼻、舌、身、意亦复如是。

声音经耳时,耳便有音,但耳不存音,不分别、不比较、不选择,由此可见,"六根"本是"无我"的,由于大脑意识的加入,才有了高低、好坏、优劣、喜恶,由于"念"的作用,才有了持续烦恼。这些后来加入的,叫"攀缘心",此心转化了,心才有清净,会领悟到一切本来不动,明了意识之用,能反用者,谓之"无念无不念"。

禅者的"无念"不是没有念头存在,而是不被念头欺骗,不被观念、概念、杂念游戏,于念中无碍。六根本来清净,本来会动,这是谁也不能改变的真相,本是不需外力、不需费劲、不生烦恼的,如同镜子映万物而不滞万物一样,能和镜子一样红来映红、绿来现绿,过去不留,未来不期,现在不住,方能转烦恼为菩提,这无关乎人的境界高低,只是能"活在当下"就好。

夹山禅师常示众云:"目前无法,意在目前,不是目前法,非耳目之所到。"

有僧问马祖:"如何是祖师西来意?"祖云:"即今是什么意?"

目前、即今、当下,俱为禅门为学者所开启的无门之门。"大道只在目前",一念能盖天盖地,涵盖古今,万法全从此流出,亦在此寂灭。明于此,则在家出家,出世入世无不自在逍遥。愚人只认光影门头,不知反观自照,把这万法之源,活泼泼的当下禅心,当作个有实在形象,可睹、可闻、可触、可品、可感之物了。

如果初修者六根尚不能清净,就直接学习打坐、诵经,少不了胡思乱想,无法契入禅修。清净和心相关,禅修只和心相关,每个人身体都有许多先天的缺陷,心清净是能包容缺陷,并不是通过修养就能把所有缺陷统统去除掉。

从《高僧传》《景德传灯录》《祖堂集》等经典记载里我们可以看到,祖师们不见得都是身体健康的,有些人常年疾病缠身;也有祖师在修行前,身体极差,甚至差点没命;还有的有先天残疾……只是这些病对心清净不产生影响,反而更加坚定了求法的决心。

学会接受和知道如何调伏自己的身体、习气,方叫"自在"。

不是修了"六根清净法"就不生病了,心清净的人是能圆融和包容的人,不以障为障,才是禅修养的根本。

禅者颂
直指

枯枝初临雪,
大风起青萍。
沧浪一声啸,
唤起未醒人。

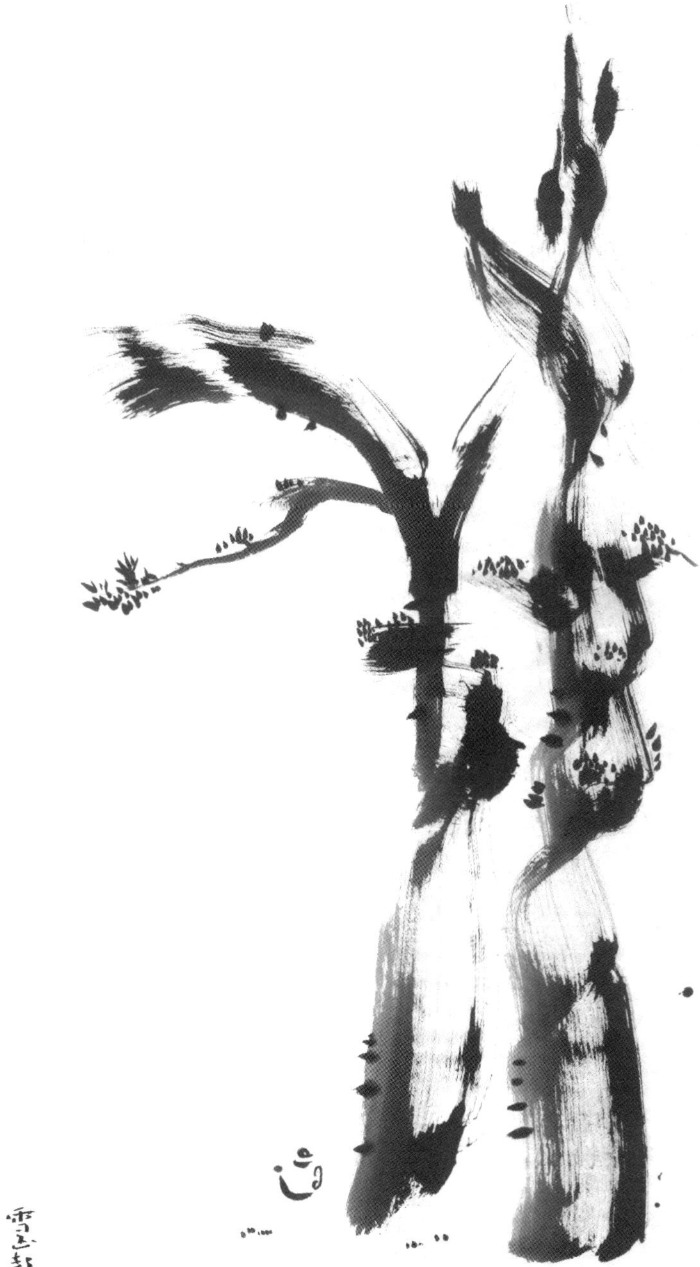

第三节　身、语、意修养

"六根清净"修法可帮助修者恢复、改善、平衡生命内、外关系,将生命体六个对外通道的迟钝、障碍、分别、妄想,一点点打开;"身、语、意"修法会再进一步,帮助生命转化业习。"六根清净"法,只要修者下决心就一定能逐渐获得清净,而"身、口、意"修养则未必,因为业习不仅仅是个人的事情,和外在环境以及各种人情、世故、事业、成就等复杂关系相关。

业习既有先天的成分,也有后天的成分,可以说是综合体,其中习惯好改,通常专修百日就可明显转化,而习气则不然。和物理性、生物性为主的习惯不同,业习最浅层属于心理问题,涉及个人喜好;往深层则和潜意识、长期熏陶、综合情感、因果律等皆相关,这就非个人主导意识能轻易改善的了。

这么说不是说绝对转不了,转不了还修什么?只是要求的条件更多样,从个人角度要下大决心。大决心和愿心不同,愿心主要指利他层面,下大决心则主要和个人相关;从外在角度,需要师、法团队的细致关心,及时鞭策,连拉带拽,逐渐就"生地转熟",此时反复读经典会亲切,听禅颂会有触动,闻法音会生欢喜,此种种就表明,业习开始动摇和转化了。

身、语、意,即行为、语言、思想,是习气的三个表现方面。

人如果不改习气能不能获得自由自在的人生?一定不能!佛法的"密法"指的都是身、语、意,也就是如何转换,对治身、语、意三种习气的法,业是躲在习气背后的,先从习气下手,业就不知不觉跟着转了。

身仅仅是肉体吗?当然不是。身里面包含了许多无形物质,例如意识,情感、习气都属于身的范畴。意识是属内的吗?从外在说意识是六根对外界环境的反应而形成的,有些意识和外界环境无关,越没有外界环境、现象干扰时,越深层的意识会出来活动。

普通人静不下来,一安静就有点心慌,等到真正静下来时,会害怕和深层意识交流,因为心越静时,意识出来得越深,道高一尺,魔高一丈,此时各种心魔就苏醒了,大珠慧海禅师在《顿悟入道要门论》中云:"起心动念是天魔,不起心动念是阴魔,要起不起是烦恼魔。"这句话,大家要好好参究方可,自古以来,能伏自心比降龙伏虎难千万倍。

禅者用功,必须从念念向死求生的切实感,而至长空不碍白云飞的自在,方为真见地。有念有着是凡夫,无念无执是死尸,无念有着是定境,有念无着是自在,着有念固不对,住空念也不对。永嘉玄觉禅师云:"惺惺寂寂是,无记寂寂非,寂寂惺惺是,乱想惺惺非。"

"惺惺"是不空,"寂寂"是无妄想,虽无妄想而仍清清楚楚,故非住于空念或无念。能扰乱人的是魔,魔力之大小和本人的积业有关,由此引发滞留各种习气。魔有多种,通常多称四魔:一是烦恼魔;二是五蕴魔;三是死魔;四是天魔。

对待一切业、习、魔只有一个方法,即"不执著"。不害怕、不造作、不刻意、不设想、不自欺,这就是"不执著",您心中平平常常,由魔自来去。

为什么"身、语、意"修法需在"六根清净"法之后修习?六根如果蔽塞了,该观的观不见,该闻的闻不到,修者只停留在浮浅的表面上,无法带动自己,无法控制情、欲,前面说后面忘,心猿意马,躁动狂妄,再殊胜的法也相应不了。

我们前文提到过耳根清净修法,是从闻禅颂入手的,缭绕的法音能极大地震动修者的气脉,内心发生大的波动,耳根越清净,眼泪、鼻涕、口水止不住同时奔腾,这不是悲伤也不是高兴,而是生命体内的气机发动了,"水大"滋养干枯的内心。而有的修者却麻木得很,听就听了,什么感觉也没有,还会觉得不好听,还有的思考这高八度音很专业,自己气不足所以不用学,这就是耳根被知见堵塞了。

从"六根净化"起修,不是要等六根全部净化好,而是转化到一定程度时,您的心态会不知不觉发生转变,真正地发现心柔软了、发现对禅法产生希求心了、发现自己的局限和不足了,能发现自己的问题是产生希求心的开始。

现代人的问题是"懈",表现为散漫,无法集中精神,无法专心致志做一件事。有些人认为按摩、旅游、逛街、集会是帮自己放松,其实不然,"懈"是心病,源于内心的不安焦虑、根深蒂固的紧张,心放松最不容易。

现代人的生活方式长期碎片化,时刻被无用的信息包围,身心不知不觉紧张,被各种无形的压力束缚,被舆论、亲情绑缚,不知解脱,不懂解脱,长此以往便身、心俱"懈"。故此看上去在玩,实际上玩不起来,脑子里的事情一点也放不下,古人的玩叫"玩索",不是享乐、玩乐、贪玩,而是玩味索求,在玩的过程中能契合大道。

孔子学《易》,自云"玩索而有得",朱熹品《中庸》时说:"善读者玩索而有得焉,则终身受用之,有不能尽者矣。"

"玩"在古人的笔下不是一个字,而是两个字:"翫"和"玩"。这两个字不是繁体字和简体字的关系,而是异体字的关系。这两个字同时使用,其中细微的区别已不被今天粗糙的人所能分辨。

"翫"字,左为"习",意为雏鸟反复练习飞翔,右为"元","元"是最本初、最根本、最关键、最核心,如元首、元老、元素等,这是古人在说对学习的态度。这和今人在"玩"上的认识可谓天地悬隔;反过来说,不会"翫"的人,能从知识中获取智慧,并驾驭知识吗?

孩子们把玩的时间用在读书上,虽然考出了好成绩,考上了重点大学,找了好工作,这叫事业有成吗?叫生活幸福吗?幸福人生的最高境界是什么?儒家说"内圣外王",禅门说"逍遥自在"。

另一个"玩"字之意是"王"加"元","内圣"为"元",外"王"是"玩",真正会玩的才能够为王。为什么?因为放松、自如,会起用。"王"是"玩主"。

为什么放着大道不走,却偏偏逼孩子去"头悬梁""锥刺股",在崎岖坎坷的羊肠小道上打拼呢?

"玩"与"索"合起来是"有得",孔子学《易》时的"玩索而有得","索"是探索,探索什么?探索如何契合大道!不是兴趣爱好或者好奇心,而是发出对生命的大疑问,发出对常识的大疑问,对宇宙未知的大疑问,人如果被剥夺了"玩索"的权利,就失去了生趣,那么永远也无法和自己的本来面目相应,一生都将是在功名利禄中辛苦谋职,跌宕起伏。

不会玩的人,自然不可能放松下来,表现为想软软不了,想硬硬不起来,想睡睡不着,想记记不住,想放下却放不下。所谓放松就是嘴巴喊喊,这些都是源于六根不清净,能真正开始逐渐感受到柔软和放松时,修者就可以准备进入"身、语、意"修养了。

"身"是行为举止,"语"是语言语气,"意"是意识形态。

如果"身"的习气没有转化好,一切的修行,打坐、打拳、读经、行禅等都像在浑水里找出口一样,动得越快水也越迷眼。

如果"语"的习气没有转化好,一张嘴就得罪人,或拒人于千里之外,或讽刺、嘲笑、挖苦人,再或者传谣、制谣,这样修行将是四面楚歌,四处是敌人。病从口入,祸从口出,习气深重时不知不觉地把别人心伤了,自己却不知道,所以费多大的劲儿放生、做法事有什么用?众生都会厌弃这样的人,虽然说可能有颗豆腐心,但还是令人反感。

"意"的习气呢?就更严重了,如果没有转化,就像整天生活在毒气室里一样,在毒气室里跑马拉松,能有利于生命健康吗?

习气不转,光精进忍辱有什么用?必须搞清楚本末,修行是契合正见、正念、正行、正愿,修正习气为本,身体功夫为末,习气转化是修者能自在安心的必要条件。

习气转化了,才可能真正发愿,有的学人喜欢说:老师,我发愿了。那发愿是假的,叫希望不叫发愿,因为一旦和个人利益冲突时,借口就来了,发的愿早就无影无踪了。

如果发愿必须和自己个人利益相吻合,那叫投机!

有些人就是把禅修当成另一种投机行为,想从中得到一些切身利益,抱着这种心的人,不过是想在禅门里捞取另一番名利,继续包装在"禅"的大梦里,颠倒梦想,"毫厘有差,天地悬隔"。

这个时代的修者，应以修"语"为主。社会已经越来越微细化、信息化、数字化、模拟化、虚拟化、数据化，社会关系建立在知识、密码、号码等各种各样的信息、知识上，孔子、老子、释迦牟尼佛等圣人们对大多数人来讲，不过属于知识。

"语"分为三种，包括身语、口语和意语。身语和口语之间如果一致，身心健康，自然放松；如果相反，就必然有病。意语和口语之间如果一致，精神清晰；如果相反，必然身心分裂错乱。

转化"语"业，是三业转化的突破口，"语"就是概念。转语业，初级是尽量少说话、最好默言、少看手机信息等，但这些方法是比较被动和消极的，对待已经禅修一段时间的修者来说，"中国禅"的核心修法不是让修者不做什么，而是让人要做什么，"中国禅"修法必是主动和积极的，做什么能真正转语业？不是不说，而是说什么，先从自他之间顽固概念的转化开始。

古人没有这么多的信息，头脑相对简单，禅师们引导弟子，方法也很简单，说话更简单，不需要多啰嗦。弟子们简单，师父也简单，师说弟子照做，哪敢讨价还价？

可现代人呢？习惯了讨价还价，老师说什么，学人总想变，自以为自己了不起，嘴上叫老师，潜意识认为自己是老师，脑袋里复杂得不得了。这是现代人最缺乏信根、不自信、不他信，谁的论点都听听，美其名曰"集思广益"，实际上是不自信令到自己混乱不堪。

所以现代的老师为了满足复杂的学生，也必须复杂起来，得讲科学、讲心理学、讲历史、讲哲学、讲生物、讲物理、讲文学、讲养生……遇到不听话的还得不厌其烦地说,这是祖师们当时无法想象的。

《五灯会元》卷四有则趣事:禅门有位名"了然"的女禅师在末山开堂说法,自古女禅师稀有,于是南岳系下高安大愚禅师的弟子灌溪禅师就不服,去末山找了然禅师斗法,到了山门通报的时候,态度桀傲不驯。

弟子通报后,了然禅师派人去山门问灌溪,是为游山玩水而来,还是为法而来?灌溪禅师答:当然为法来!而且如果输了,自愿在这里当三年管菜园的园头。

于是了然禅师击鼓开堂升座。

灌溪问:"如何是末山景?"末山是了然禅师名号,也是弘法道场的山名,借问她的悟境。

了然答:"猿抱子归青嶂岭,鸟衔花落碧岩前。"末山风景就如此平凡,了然禅师气象万千,自己已经成就,可以不露顶了。

再问:"如何是末山主?"这句话又是一语双关,主一定是人吗?如果此时了然答自己是末山主,就落了下风。

了然禅师当然不会上当,答:"非男女相。"什么是非男女相?一来说他重男轻女,禅师哪里分男女?二来说佛、菩萨是非男女相的,天地间觉者为主。

灌溪紧着问:"何不变去?"言下之意是,您不是说佛菩萨是末山主吗?那您该成佛啊!唯有女转男身,才好成佛啊!由此可见灌溪禅师的境界还停留在相上。

了然于是大骂:"不是神不是鬼,变个什么?"了然禅师一见这呆子唤不醒,于是开始棒喝,我又不是神鬼,佛是平常人来做,变什么男女相?

灌溪于是大悟,跪下来正式礼拜,承认了然禅师的悟境,之后规规矩矩地自搭了个棚子,做了三年园头。

这如果换了是现代人多数不会认输,继续胡搅蛮缠,强词夺理瞎掰找面子。即使勉强认输的也会找个借口跑掉,谁会真的种三年菜?您以为三年菜会白种?种菜的过程,是反思自己的过程,是和禅师请益的过程,是令人称道的过程,是自我参究的过程,有什么比这种学习方式更有效吗?

身、语、意"三业"有两个含义:一是业障;二是业报。

业障是什么?虽然生命具足肉眼、慧眼、法眼、佛眼、天眼,但这些眼打不开时人无法清明,因业障故。有人奇怪,为什么说肉眼也没打开?明明我睁着眼啊!普通人睁着眼,所见十分有限,如古中医的内观、内视功能都属于肉眼范围,您能内观气血运行吗?观病灶的变化吗?眼为心之苗,是心的开关,孟子曾讲到观察人,特别要观察眼。每一双眼睛因为本人心胸不同、境界不同、能量不同、业力不同而所见绝不相同。

譬如看白墙,每个人感受完全不同。有人是散光,有人是近视,有人是色盲,有人是远视,有人则能见白墙内的颜色,心不同,眼见也不同。所以不要以为肉眼就是视力,同样没有花色的白墙,看起来应该差不多,实际上却差得远。

业报指什么?是因果法则,因为业存在,造了业就要受报,谁也逃不掉因果律。业哪里来?身、语、意来,报呢,自然也是报回到身、语、意上。

业障和业报什么关系呢?业与报并称,指的是业之果报,故又称"业果",是由身、语、意之善、恶业因所招感之苦乐之果。

业报有善、不善、无记三种,善得爱报,不善得不爱报,无记则不报,此即佛法之业报法则。于此法则中,业不但为受身因缘,万物亦从业因生。《大宝积经》云:"阎罗常告彼罪人,无有少罪我能加,汝自作罪今自来,业报自招无代者。"所谓的"命"是生命一期业报的表现。

可见,善业之报不会障着人,能障着人的都是恶业之报,故说业障是业报的作用,业报是一种规律,而业障是业报的结果和作用。业报为什么会成为业障呢?因为业报不是只有一条路,不是把这条路堵上就过不去了,它就像一座座大山,有各种路可以通往山顶,就像河水,没有路了就成瀑布,故此形容业报有句话,叫"天网恢恢,疏而不漏",它本身是多角度、多方面、多节点、多维度、多重叠、多形式、多掩护、多层次、多形态的展开,这是宇宙的法则。

有人说,业报是不是像渔网一样?不是。天网不是渔网,渔网是有形的,天网是无形的,可以说它像空气一样包围着人,并且业报还会积累,就像是习气会积累一样,您以为侥幸避开这个报了,没想到却成就了另外一个更大的报。

所以对付业报,用逃避的方法是行不通的,唯有烧出自性三昧真火,直面担当。谁都有习气,也必然会造业受果,这是规律,只不过,业有黑白之分,受有主动、被动之别。由于大多数人不具备正见,迷于"惑"中,因"惑"而无知造黑业、恶业,因业引发报果而受苦,故云"惑""报""苦"。

孩子在摔跤中长大,棋手在惨败后成长,如果自己能力不足,又不知成长之方向,此时如果有人告诉您失败是成功之母,只要努力就一定能赢,而您又真的相信,那是被成功学骗了!

没有学会从失败中总结的时候,失败是下一次失败之母;没有找到成长的方向的时候,努力越大迷失越大,仅仅靠激励就是吃幻药。我们不能靠自我感觉来判断自己成长或退步,不是要学会激励自己,而是要学会思考,方向未明前不要急于走,而是静下来找路,唯有向上一路才能看清人生的迷宫。否则成天勤劳蛮干是无益于生命成长的,只能成为一个盲、忙、茫的凡夫。每个人都有迷惑的时候,每一个缺陷,就是转化习气的下手处。

习气如一个装过香水的瓶子,即使香水用罄,瓶子上的香味也久久不灭;又如种子,尽管花开花谢,只要曾经结果,留下种子,就会成为下一期生命的开始。佛法以"戒、定、慧"三宝对治"贪、嗔、痴"三毒,一切转化习气的修行是由"戒"开始,"戒"其实也是善习、善业。

修者每天要给自己定戒律,想我需要每天增加什么功课,而不要去想减少什么。时间就那么多,增加了什么自然就减少了什么,增加参究经典的时间、增加自我修行的时间,自然就减少了交际应酬、逛街消费的时间,禅舍的作用自然就体现出来了。例如穆斯林一天规定要进行五次祷告:晨礼,晌礼,晡礼,昏礼,宵礼。为什么呢?因人的心念之无常变化,时刻容易背离初心,随境流转。故一日五次祷告,让牛儿未跑得太远时能及时回来,慢慢从未牧,到驯服,乃至双泯。

其他宗派佛教讲每做一件善事就消一点业,这就像欠债还钱,看上去正确,但不要忘了,我们就是因为正见不具足才造业呢,转化业习不能用加、减法,每天减个五分,却因迷惑而时刻造新业,又加了二十分,这业什么时候才能消完?用加、减法的思维方式,生生世世被业绑缚,并且是忽略了变量,佛法中变量叫"无常",四法印首先就讲"诸行无常",事物的发展是有不确定性的。

"中国禅"修养强调转化业力而非消灭业力,一个个捡垃圾不会令到环境净化,燃起一场大火,什么样的垃圾化不掉? 哪有不能转的业?哪有不能改的因果?哪有不能自己改造的命?命由己造!

其他宗派的普遍观点认为,人本性是太阳,太阳光被一层一层业障的乌云包裹,故此要一层一层吹散乌云,但是其中风起云涌,旧云散了新云起,云哪有能散尽的时候?"中国禅"顿悟法认为,太阳不是在天上的,自心就是太阳,阳光从内而发,不用祈祷狂风吹散乌云,内心中灵光独耀时,乌云不就自然散了吗?自己刮起的大风从内而外,使自己通体光明,此时即便头顶上还有乌云,可是又有什么关系?对禅者来说,乌云能为其障吗?这就叫"不昧因果"。

禅者是不外求的人,"本分事接人"之意也不是想着去做"善"事,计算着行善可以灭业。心中的慧光冉冉升起时,业存于哪里?当下是不存善恶的,当下既是果又是因,这是两重因果:当下所感,是过去之果;当下所做,是未来之因。当下只是个显体,而并非自带内存。

不明白道理的人会把两重因果混淆,这就无法超越因果了。一件当下的善行必须要考虑到是否刺激到他人人性深处的恶,否则的话,事情就会走向相反的方向。

许多人只懂道理,却无法践行,重要的原因是他们太过于忽略别人的感受,过于陶醉在自我里。故此这些人的道理是给别人准备的,只把快乐的幻觉留给自己。转化因果不从积累来,不从行善的行为来,而是从内心的光明来。

很多人问"为什么好人没好报"？首先好人必有好报是利益说；其次,什么叫"好报"呢？做好事是为自己的心里种下福田,种了善因,不是为了有什么果被兑现。

《论语》有云："在陈绝粮,从者病,莫能兴。子路愠见曰：'君子亦有穷乎？'子曰：'君子固穷,小人穷斯滥矣。'"

孔子心怀天下,却在周敬王三十一年鲁哀公六年（公元前489年）,在陈绝粮,时年六十三岁。

他年老体衰还带领一群才华出众的弟子,不辞疲倦,风尘仆仆,游说诸侯,推行克己复礼之道,却屡遭碰壁；现在又被陈、蔡两国的大夫派人围困在荒野上,断了粮食,随行弟子都打不起精神来,苦哉孔子！这是不是典型的好人没好报呢？

时,子路面有愠色,首先走到老师面前,向老师提问："君子亦有穷乎？"

子路生性耿直,说话语带锋芒,此时,一旁的子贡神色也变了。孔子却仍弦歌不衰,当他听到子路提问时,停止弹奏,果断地说："君子固穷,小人穷斯滥矣。"

君子是知其不可为而为之,而小人则不然,小人没有方向,一遇穷困艰难便肆无忌惮,为所欲为。孔子当然清楚弟子们的疑问,于是他向子路、子贡、颜回问了一个问题:"诗云:匪兕匪虎,率彼旷野。吾道非邪?吾何为于此?"

子路答:"意者吾未仁邪?人之不我信也,意者吾未知邪?人之不我行也。"

子贡答:"夫子之道至大也,故天下莫能容夫子。夫子盖少贬焉?"

颜回答:"夫子之道至大,故天下莫能容。虽然,夫子推而行之,不容何病,不容然后见君子!夫道之不修也,是吾丑也。夫道既已大修而不用,是有国者之丑也。"

君子人格当是不以穷通为转移的,亨通腾达时固是我,困穷不遇时又何尝会有所改变呢?如果因遭遇不幸,就马上改变信仰和观点,或自暴自弃,这不是真君子,孔子这种固穷而不改其志、遇难而无畏无惧的从容坦荡的精神,难道不就是最了不起的"好报"吗?

如果误认为"好人有好报",就是应该有个"好"的具体物质收益,这个思想水平就相当于在幼儿园里做了点好事,需要老师发小红花来奖励。钟点工是干了活马上计算回报的人,这种对小红花和当时收益计算的期待,导致感觉做点"善"事就必须得到认可,而忽略了最大的报是反映在精神上的,精神的富足、安心、无畏才是给生命最好的"回报"。

中国传统智慧从《易》始,《易》六十四卦的卦辞中,每一卦都少不了"元亨利贞",虽然有时少某个字,或加上一些条件,但这是贯穿《易》的主线。"元亨利贞"就是佛法中的"成住坏空""生老病死",能真正读懂这几个字,尤其是"贞"字,则解《易》就容易很多。

例如身体："元"像是元气，是生命本初的元精、元阳，"亨"像是身上的组织器官、血管经络的相互配合；"利"像饮食男女；"贞"像人格品行，修为境界。

例如自然界："元"像春天，要播种；"亨"像夏天，枝繁叶茂；"利"像秋天，收获享用；"贞"像冬天，厚积薄发。

面对人情世故："元"是一切的开始，如能以"善"为始，而能"亨"通；"利"是利益公正，能利他、互助、分享；"贞"就是能持久。

"贞"还有以下几层含义。

第一，如不以善始，那么将会"天要降祸于人，必先厚其福而报之"，也就是说，人如果经受不住欲望的诱惑，在开始的时候投机取巧，那么天降祸前必先厚其福，让这个人，这件事看上去有的很吃得开、福报很好的样子，名利双收，子女双全，可是最后逃不掉"而报之"，业报来了就更加惨烈！这些例子比比皆是，大秦帝国的几位丞相，尤其是李斯下场有多惨？

第二，孔子云："德薄而位尊，智小而谋大，力小而任重，鲜不及矣。"什么叫"鲜不及矣"？即天网恢恢，疏而不漏。

第三，太极功夫、太极图没有一处走直线，何来什么永远的"正直"呢？自然界都是走S线的，《中庸》第二十三章云："其次致曲，曲能有诚。诚则形，形则著，著则明，明则动，动则变，变则化。唯天下至诚为能化。"

曲则通，是为人需外圆内方，内心有原则、对自己不放任，对外却能圆融，不主观，时刻注意方式方法不去伤害别人，或者轻易给别人定性。

因果与命运相对，就像时间与空间相对。因果却与时间不相关，"因"

只涉及某事的发生经过,而不涉及"果"的必然发生时间。所以当下是不存在因果的,当下也无所谓过去和未来。宣讲因果必然论者,其目的就是希望把生命本身处理成一种简单的加、减法,处理成一种宿命观,这是偷换概念,有意和无意间颠倒因果律。

禅者不带目的去行愿,因果虽有因果导向,但却不会是结果导向。果必有因,因未必果,只问耕耘不问收获,是真正的因果导向,一个人最大的福报是自己的安心,最大的功德是能让别人安心。把功德留在众生那里,众生不亡,功德不亡,行功德的人不亡。

从禅者的角度讲,真正的"利益他人"就是我们能调伏自己内在的心魔,让自己变得越来越清明,具足这样的一颗禅心,足以令到"我"所爱的人和被"我"影响的人,都有十足的安全感。这种安全感便是自利利他最大的"回报"。

为什么诸如孔子之类的圣人,在现实社会却常常不如意?是什么在掣肘他呢?就是他奉行的价值观,小人只见利益,除此之外什么都无所忌惮,故没有底线,什么都敢做、什么都能说,因为根本不考虑别人的感受和需求。可是孔子们不是,他们会在意,从而不去伤害别人,不去妨碍别人,不自欺欺人,时刻反求诸己,慎独修身,兢兢业业,如履薄冰,君子是自己让自己处处受掣肘和约束。

在人类社会中自我约束的人往往于现实中看上去"吃不开",然而,如果少了这些人,会有人类文明吗?小人能书写经典、发扬艺术、思考哲理、专心教育、发现科学、整理历史、创作诗画吗?一切使得社会进步、文明进步、人类进步的推动力全来自少数人的坚持,是少数智者、圣人们在支撑着人类的进步,可以说少了这些能坚持契道、合道、讲道、论道、行道的圣人、祖师、贤者、达人,人类能脱开野蛮吗?

这个世界从来都很奇怪,帮助人类进步的,多数在当时不得志,现世的人理解不了圣人心,需要时间来证明。禅修者,是从发愿要成就人道开始的,这也就意味着在现实社会上有一定风险,可能存在不被世人理解的风险,这就需要禅者应机起用的智慧了。禅者本没有什么固定的"样子",菩萨不是一个样子的,或现苦相,或穿金戴银,什么样子都不固定这才是真正的菩萨。

孔子说:"人能弘道,非道弘人。"其实不是真理在庇护我们,而是大丈夫、各位活菩萨,是人类社会的智者,是这些人用功夫智慧,用血肉之躯在卫道。

禅修是让自己变成强者,变成卫道的人,您看看护法的天神、菩萨是不是能量都很强呢?而弱者呢?是寻求道保护的人。小人呢?则是破坏道的人。

所以"好人未必有好报",是俗人的看法,真正的好人不是老好人,而是和天性相应的人,是坚守阵地的人,当然付出也比普通人多得多。但正因为坚守,正因为心中满是对众生的情,这些人才无不为,正因为比普通人多了许多磨砺,才有大能量、大智慧,这些人是真正能活出自己来、令生命歌唱的人。

没有路怎么登高呢?相克方能相生,无克哪有生?没有一代代圣人、祖师的付出,哪有承载道义的铁肩呢?没有趋利避害的小人,哪有相生相克的克呢?世界不是一种颜色的,人类不会只有一种人,世界必然是万象纷呈的。人类大多数是普通人,少数是处在两极的智者和小人,普通人是受两极影响的,谁的力量大就偏向哪一方,这是"羊群效应";至于是小人还是智者当上头羊,这就看天时、地利、人和了。

明白了这个道理,就清楚禅修不能以习惯性思维来入手,而是要时刻转化各种所谓的常规、常识。如何转?先学会保持"第一念",我们遇人遇事往往会产生第一念,可是凡人习惯马上转念头,以为三思而后行才好,结果就变成第二念、第三念……无数念。

日常生活中其实是按概念来定义一切的,根据概念来认识一切。别人告诉您这是杯子,"哦,这就是杯子",于是就按这个概念来定义杯子这个样子的器物。心的行相显现出来的其实不是实相,而是概念相,这就造成相碍。

如果能够离名言与概念,知道第一念就是本觉,第二念就开始入概念相了,习惯了这样出离,身逐渐能逍遥起来。要想转化,从自身来说最好的方式其实是学会忏悔。忏悔不是后悔,而是一种由惭愧心带动下自新的方法,忏悔的这颗心,从内已发生转变,从过去的自大、纠结、矛盾中脱颖而出,不即不离曾经发生的事情,从中成长。

所以,六祖讲忏悔,不只是后悔,如果只是后悔的话,这颗心沉陷在过去的事情当中回不来;忏悔是去了结,对已经发生的事情有一个圆满的回向,其次是真诚发愿。

初修者如何善别什么是真正的禅修呢？真正的禅修一定是焕发生命灵光的，一定是发愿自利利他的。如果修行只是停留在行善和好人好事上，智慧不够时，人不知道所做的善事会不会引发其他的不善。

什么是众生轮回因相、果相？禅者认为"因相"即时刻的起心动念，任何生命每动一个念头、每做一件事情、会产生的一种情绪，这些是轮回的因。这些因相种子在内心形成的影像其力量大小，取决于内心的执著程度。例如爱、怨、情、仇属于执念，想出人头地也是执念，有些能支配人的一生，可见心力之大。

现代有些人为了事业而活，有些人为了某种情感而活，能为了信念和信仰而活的越来越少，所有这些执著，都会成为无尽生命中积累之苦因。

轮回，就是习气的重复。善恶是非的重复，无所谓低级和高级。有人认为凡夫的生命是低级重复，禅者修行则是高级重复。其实，凡轮回中的生命，习气虽不同，但都有欲望是相同的，饮食男女，衣食住行，自利利他，这些是生命成因，也是生命的动力，当它们现行时，就会产生果。所谓不同，是禅者主动入轮回，不昧因果，而凡夫是被动受因果轮回，粘附因果。心念延续的过程是业力，就像电脑程序一样，不同生命状态的人，编写了不同运作程序，禅者自编，凡夫被编，故形成不同的生命形态之果相。

命运不即此生，不离此生，既不是偶然无规律，又不是一切皆注定，过于偏哪一面都不是中道。

对我们而言，最重要的唯有当下。业的果报跟人心有直接关系，跟造业的对象也有关系，好比一颗种子种到田地里，种子之优劣、田地之肥瘦，都会影响收成。种子就好比禅者的发愿,若愿心强猛、纯正,力就强劲无比。正法团队是强大的外境,犹如肥沃的土地,略作损益,修者便能有大收成。

缺乏师法团队学习和具备师法团队学习,对本人成长有什么区别呢?这就像小孩子若没有入学,虽然偶尔也想认真学习,但无体系、无检测、无促进,故此内心总有借口偷懒或放弃,不仅不知正邪,对自己的约束力也不会够。

愿力更会帮助我们转化习垢,"无我"之"我"的含义是"常、一、主宰";反过来说,"无我"是什么?即能体会无常,能知万物本来一体,却又形态各异;能明白宇宙万物无主宰,皆因缘和合而成的现象。

我们将"身、口、意"修法安排在"六根清净"修法之后,因为此时修者需要具备进一步的条件,如修"六根清净"法的人可以不看经典,只要认真静心体验就行,而"身、口、意"修法则需要增加修者参究经典的时间。我们刚才也介绍了,"中国禅"修养之"戒"是增加,缺乏了"戒","定"和"慧"不会凭空而来,人放任自己的借口可以有千万个,而促进自己做下去的决心只有一个。

可以说进入"身、口、意"修养时,禅舍的作用才开始真正发挥。为什么"六根清净"也是在禅舍修,却说禅舍作用没开始真正发挥呢?因为"六根清净"的修者,还没有开始参究经典,这就缺乏了对禅法的理解和领悟,所以常会误以为"中国禅"修养是瑜伽、保健等养生操,或古琴、茶道、花道等禅意爱好,会把禅修当成是业余爱好、生活点缀、休闲娱乐,力有作用力和反作用力,您禅修使的力就保健养身那么大,希望反馈出来什么大回报呢?

禅法之所以能对某些人起到不可思议的作用,是其内心希求禅法,发了愿要利益众生、回向众生,此时,众生的能量能不反作用于此人吗?

如果您是个自私自利的人,您能得到的也就是自私自利那一点点微不足道的作用,宇宙万物的能量和您有什么关系?您的这个身体本来就被各种显、隐疾病缠绕,能回向您什么不可思议的好作用吗?唯有跳开自私自利的小我,契合宇宙万物共同的大我中,才能"通神"。

有人一听到"通神"便两眼放光,以为要练什么神通,神通不能通神,只能显"迹",属于现象界的作用,缺乏了般若智能,这些神通、特异功能是无常的。这里说的"通神"是《中庸》说的"唯天下至诚为能化",普天之下唯有至诚的人,才能化育万物,当然也同时能化育自己。

至诚才有能够超越自我的可能性,接着《中庸》还说:"至诚之道,可以前知。"此"前知"非宗教的"先知",而是能感天动地,知万事之因果,心能从容迎接果的辉光。所以不是去预测未来,而是能穿越现象的迷雾直达本体,这是智慧。

智慧使得人能够穿越现实的尘埃和遮蔽,看到万物、万事、万有内在变化规律。故,至诚能觉察到青萍起于秋风之末。如中医诊脉,寸口决生死,能通过脉象体察到对方的五脏六腑、阴阳平衡,靠的是心与心相通的诚,而不是经验、医术。诚心是一切的根本,失去诚心的职业医生,能和病人心心相通吗?能相通谓之"通神",唯有视一切病人如己,才能够体察毫末之症兆。如果想的是收高额医费,想的是赶紧开药把病人打发走,是不能听到脉象的，更不会感受到病人内心的痛苦。

"诚"可以适用于宇宙万事万物的任何方面。对病人如此，对公司如此，对家庭如此，对学习如此，对国家、地球同样如此。

《中庸》云："祸福将至，善，必先知之；不善，必先知之。故至诚如神。"至诚之人就有如神一般能感知，如神一般利他，自然行事也会有如神助。

老子云："祸，福之所倚；福，祸之所伏。孰知其极？其无正也。正复为奇，善复为妖。人之迷也，其日固久矣。"如神之人，是能善分辨福祸之人，不去食别人丢下的饵，深明取舍之道。

何为"复"？

一是遵、循；

二是覆、盖。

何为"正"？不是看上去正直的样子，而是智和德。心中无道永远不明何为"正"，人能契合道，深解义趣，和宇宙万物的意志契合为"正"。

何为"善"？有两层含义。

一是事物的定性。如在智慧引领下的善行、善念、善事、善良。

二是另一方面，在智慧引领下的善变，凡事不轻易下定论，应机随缘不固执。

"正复"是始终如一契合道，遵从自然法则，一如既往地遵道。无论世事如何变化，自己都笃信"道"的神奇。

何为"奇"？有两层含义。

一是能够坚持不渝地、不受世人风气影响地遵道，这种德行本身就值得称奇，也稀有；

二是能遵道的人会有不可思议的结果为"奇"。与天地同寿，长生久视，是大奇。

"善复为妖"也有两层含义。

一是有些人将善事、善举、善行，当作一种牟取名利的手段，刻意去"做"，以此笼络人心、骗取信任，或者为自己谋取一番功绩；

二是脱离道的原则，随心所欲地做出哗众取宠、标新立异的古怪事。

故"善复"的特点有二，一是背道、离道；二是以片面的个人意志、观念，自以为是刻意为之。许多人借助了善之名，加上舆论宣传，达到无人不知的程度。令人迷失本性、刺激人兴奋的，自然不容易被迷惑的世人所辨识，故能兴盛一时，此即"妖"。

以上种种，皆因无诚，运用小聪明利用"善"相而谋私利，此令老子不齿，这些行为比直接的、显露的恶行更有欺骗性，对社会的危害更大。老子云："天下皆知美之为美也，斯恶已；皆知善之为善，斯不善已。"

善欲人见，不是真善。

"身、语、意"修养要求修者修行之始，具备一颗诚心。否则，即使做了禅舍来，也是一个样子，是个多功能聊天、喝茶、会客的交际场所。

要拥有一个自己的禅舍，和经济能力没有直接关系。有一定物质条件的，可以拿出一栋或多栋别墅，布置出各种风格的禅舍，比方室内、室外禅瑜伽、禅茶室、参究室、禅太极、采气炼气的地方等。

"六根清净"的禅舍有五种不同布置。如果条件有限，即使是一张单人床榻、几块榻榻米大的空间,用布艺挂个幔帐把自己围起来,帷幔可以适当地和外界隔离开,分隔出相对独立的半封闭空间,就可以在里面打坐、参究,开始修行了。所以,做与不做和物质关系不大,主要是自己的重视程度问题。如果始终没有重视自我修养,不令到自己能量强大起来,外在的疾病、环境、琐事、情感、事业等无常变化哪一样都会成为压垮您的最后一根稻草。智慧的人是知本末的人,不在意源头和根本,拖拉不为其实就是侥幸心理作怪,不懂无常的规律,生死心不切故。

"身、语、意"修法的重点集中在大脑意识的转化上。我们未必需要去学习脑部解剖学、神经医学等知识,认识海马体、神经元、大脑沟回等生理结构。大脑里到底有什么,这不是问物理和生理结构、固定结构,是死后大脑还剩下什么,不是活着的时候大脑里有什么。大脑活力用解剖刀解不出来。西方医学目前对大脑功能的认识和说法还在不断地自我更新、自我否定中。

大脑的作用主要是传达,生成意识和精神的地点不在大脑。

可以说大脑是人体作战司令部的司令,而并非给司令下达作战命令的国王。生命体内的意识和精神等要素,需要军营、起点、聚点等场所,大脑就像一个大的聚合地,有存储、搜索、传递、传达、反馈、增减等功能,并能把接收来的各种信息汇集、翻译,转换成日常使用的语言和表达方式,但不生产意识,只是传递意识。大脑是人体司令部、指挥中枢,负责执行和协调、指挥各个器官,但"司令"只是掌管命令、执行命令,国王才是真正的主宰。心,才是生命的国王。

正是人类开始思考思想、精神、意识在哪里产生等问题,由此引发的思考才使得人类产生了最初的哲学。古哲学和现代哲学不同,包含了数学、生物、心理、医学、天文、地理、艺术、逻辑等内容,可以说凡是和生命相关的思考,都源自于哲学。当然科学也源于哲学,只是后来西方哲学和宗教走得太密切,而科学是反宗教迷信的,故而今天哲学逐渐变成了和科学不同的另一种知识了。

古哲学家们当时在思考什么问题呢?人为什么活着?人生的意义是什么?什么是精神?什么是责任?什么是幸福感?

还有产生思想之前的问题:什么是人?人性是什么?等等。

千百年来对于这些问题林林总总的人本、神本、物本的回答浩如烟海,可无论其言辞多么华美、体系多么严密、论证如何严谨、论据如何充分,如果没有现实的解决之道,远离普罗大众的日用平常,任何一种思考只能成为学校的课本,是概念者间的文字、头脑游戏,徒增所知者迷障。过于理性,恰恰使现代人与本来面目之间相隔迷雾。

《坛经》开篇云:"但用此心,直了成佛。"这句话已经包含了对上述问题的回答。心是生命体的国王,学会用这颗心的人便是觉者。六祖的回答不是认识论层面的理论,而是给了在大地上生活的人以现实指导。祖师无意于高标独举,在诸多理论里再多一个学派,而是摒弃虚玄,鼓励引导人知"自心"的无量,能巍巍堂堂地活成个真正的人。

凡人即不会用心的人。所有的问题常在外缘上孜孜不倦地求解,这是内在不自信和迷惑无知的投射。问题是永远解决不完的,也是根本不用解

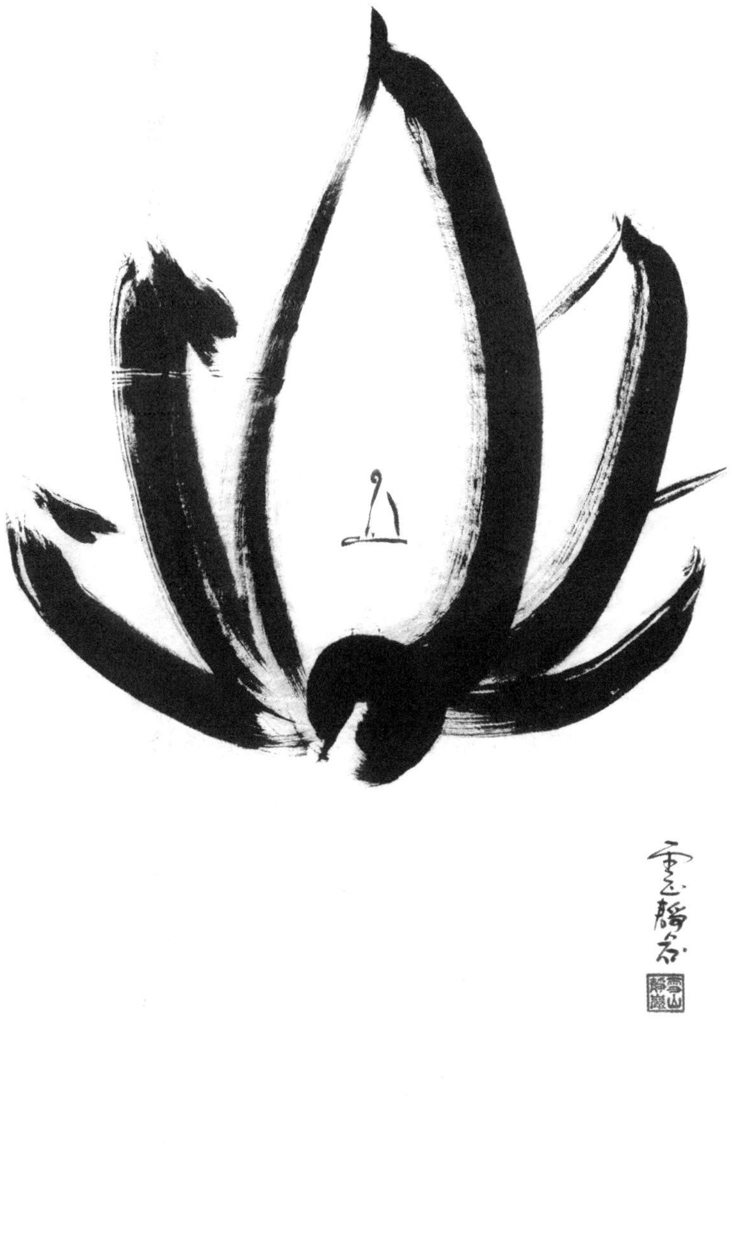

决的,会用心者,没有什么会是问题,所谓"攘外必先安内",内安才是根本。安心之后,外即无忧。

凡人为什么不会用心呢?因为不识本心,被妄想带着生活。妄想从哪儿产生的?第六意识产生妄想,第七意识产生我执。

佛说过一个"盲人摸象"的故事,此故事出自《长阿含经》:

尔时,世尊告诸比丘言:"乃往过去,有王名镜面。时,集生盲人聚在一处,而告之曰:'汝等生盲,宁识象不?'对曰:'大王,我不识、不知。'王复告言:'汝等欲知象形类不?'对曰:'欲知。'

"时,王即敕侍者,使将象来,令众盲子手自扪摸。中有摸象得鼻者,王言此是象。或有摸象得其牙者,或有摸象得其耳者,或有摸象得其头者,或有摸象得其背者,或有摸象得其腹者,或有摸象得其髀者,或有摸象得其膊者,或有摸象得其迹者,或有摸象得其尾者,王皆语言:'此是象也。'

"时,镜面王即却彼象,问盲子言:'象何等类?'其诸盲子,得象鼻者,言象如曲辕;得象牙者,言象如杵;得象耳者,言象如箕;得象头者,言象如鼎;得象背者,言象如丘阜;得象腹者,言象如壁;得象髀者,言象如树;得象膊者,言象如柱;得象迹者,言象如臼;得象尾者,言象如絙。

"各各共诤,互相是非,此言如是,彼言不尔,云云不已,遂至斗诤。

"时,王见此,欢喜大笑。

"尔时,镜面王即说颂曰:'诸盲人群集,于此竞诤讼,象身本一体,异想生是非。'"

在舍卫国祇树给孤独园,为比丘讲述了镜面王让盲人摸象后,佛陀又告诉大家,"镜面王者,即吾身是,无眼人者,即讲堂梵志是"。也就是说镜面王和"生盲"的故事是佛陀自己的经历,镜面王就是佛陀。

"生盲"指先天失明的人,镜面王问他们:想认识大象吗?盲人们问一答二:"不识、不知。"意思是既不认识,也不知道,对大象既没有直接经验,也没有听说过。

镜面王就让人牵来一头大象,让盲人凭借自己的触觉,说出对大象的感知,摸到尾巴的说大象是绳子,摸到象牙的说大象是棒槌,摸到肚子的说是墙壁,摸到耳朵的说大象是扇子,最后竟各执己"见",争论起来。

科学实践是不是也这样呢?哪一个实验不是自己做的呢?大家摸到的是不是都是一部分呢?部分是不是事实呢?佛陀想说明什么?

镜面王是大圆镜智的佛智化身,而没有达到这个境界的就是"生盲",代表凡夫、外道,根本看不到宇宙的实相般若,故此不停地用各种实验想证明。由于只是看到了一部分,又很确定地固执在自己的证明里,每个人都说这是"我"亲自摸到的,"我"证明了……这就是妄想和执著。

镜面王最后总结说:大象只有一个,而且是完整的一体,大家凭借自己的想象各持己见,虽有所知,但并非全知真知,争是论非,都非"是",都是"非"。

无数现象的组合等于本质吗?碎片加碎片还是碎片。

"是"与"应"的区别已经让思想家头疼不已,而佛陀言摸象又抛出了"似"与"是""像"与"相"之间的区别。如何从"似"推出"是"呢?这是佛陀给人类的提问,是超越者对有限者的提问。

从"似"怎么能得出"是"呢? 似是皆非是,似似皆不是,都自以为是。

其实一切佛法、三藏十二部、禅门三十六对,都是"得意忘象"的工具,学人若"执象而求,咫尺千里",结果天地悬隔。

佛陀的教学方法不是说教,大象是陆地上形体最大的动物,在古印度,大象是大家崇拜敬畏的神物,比喻天道不可捉摸,佛陀对"生盲"的教育就是您们不知天,不知宇宙,不知法界,怎么办呢? 来摸摸大象吧,这是实事求是的教育法,大家也确实充分实践了。

所以,无法看到全局的人,用语言文字和实践只能见到局部。大象只是这么几吨重的动物而已,宇宙呢? 天地呢? 真理呢? 法身呢? 比有形的大象大多少? 有形尚不能确定,况无形乎? 不要执著于您看到的、听到的、闻到的、品到的、体验的、感受到的、臆想到的。"得意忘言"地参,便知"得意忘象"之不可思议。

生活中影响我们的往往不是我们自身的意愿,而是风气、别人的语言、自身的习惯和习性在控制着"我"的方方面面,"我"在哪儿?

从空间的角度来举个例子,如果您在北京给两个人打电话,一人在纽约,您会不自觉地觉得很远,怕信号不好所以说话声不知不觉地高一点;另一人就在楼下,给他打电话您就觉得没什么距离。所以不知不觉中,两个电话,心态不同,感觉一个很远一个很近。然而事实呢?

这里包含了三个问题。

第一,从空间角度讲,纽约和您楼下的两位确实距离不同。

第二,可是手机的无线电波速度和光速相同,真空中的光速是一个物理常量,为 c = 299792458 米/秒,也就是真空中光速每秒约等于300000km。

第三,北京和纽约的距离,要回答距离,就有飞行距离、海陆航行距离、球面距离等不同答案,既然讲到无线电波,应该用球面距离来计算更贴近:那么北京位于北纬39°54′,东经116°23′;纽约位于北纬40°43′,西经74°00′,可见彼此纬度只差1°,可以近似相同为40°,北纬40°的纬线圆的半径为地球半径R × cos40,地球平均半径为6372.797 km,所以北纬40°的纬线半径为6372.797 × 0.766=4881.563km,那么北纬40°的纬线长度总共是2πr=2 × 3.1416 × 4881.563km=30671.834 km。

再看经度,北京是东经116°,纽约是西经74°,基本上算是地球两边,也就是北纬40°纬线的一半,所以北京到纽约的球面距离是15336km。

北京至纽约远吗?您认为远,而光速呢?所以距离是什么啊?是相对的,相对人来说的距离,相对电波则几乎没有距离。由此可见,人心的错觉完全基于自己的局限性,所谓区别,来自人心。

回到前文,心念和第六意识有区别吗?心念和空间实际距离有关联吗?光速是个物理常数,心的速度呢?是常数吗?会低于光速吗?可以说,心、物之间没有距离。

如果有人盯着问:真的没有距离吗?会有禅师答:有距离。

如有人问赵州禅师:狗子有佛性吗?

答：有。

再有别人问：狗子有佛性吗？

答：无。

既然一切众生皆有佛性，为什么偏偏狗子没有佛性呢？这是要您参的话头，不是科学知识。

《坛经》中，我们从永嘉玄觉禅师见六祖的对话中可以领悟到快和慢不二、长和短不二、大和小不二、远和近不二、生和死不二等宇宙真理。

我们再从时间的角度来看心念和第六意识的关系。

现代人所谓的时间观，就是《金刚经》中讲到的过去、现在、未来"三心"。什么是过去心？过去的背景、家境、经历、荣誉、仇恨、情感、骄傲、不舍等，令人念念不忘的一切；什么是现在心？现在的认可度、存在感、控制度、影响力、房子、存款、家庭、事业、角色、地位、头衔等；什么是未来心？计划、规划、畅想、构思等。

凡人是脱不开这条时间线生存的，为什么？因为是活给别人看的，在哪里给别人看哪？当然是时间上给别人看，过去的成绩、未来的梦想、现在的状态等，都是属于时间线上的，不仅给别人看，还要看着别人活。

比较心、嫉妒心、嗔心、疑心、痴心等，我们和别人的比较也是在时间线上的执著，永远找不到自己的准确的定位，错把外在那些不实的身份、角色、名誉、财富当作自己存在的证明，自己证明不了，又以爱的名义"望子成龙"逼着孩子继续为自己的虚荣埋单，这都源于对时间的误判，迷在时间的幻相中。

修禅的基础不能建立在大脑意识上,顿悟不是意识上顿悟,不是理解了顿悟是什么就可以顿悟了。如果不脱开意识,误以为各种记忆存在意识里,修着修着相关意识减少的同时,突然发现本来的愿心、精神也减少了,和意识一起失去了,这哪还是禅修?

所以,想通过修禅得到安心自在的修者,必须是找对正法修行,首先建立正见。用自以为是的方法禅修,是件危险的事情。"意"是深层的习气,由"意"形成"识",一切"作意"是跟着自己的习气走,不是真有什么创意,禅修者增长智慧后,增加了善别的能力,就不会被各种名相、概念、噱头、文字带着兜兜转转了。

禅门师者时刻言"用心",什么叫"用心"? 用,是"不一",心,是"不异"。用心,是"不一不异"。

龙树菩萨在《中论》开篇即讲"八不中道":不生亦不灭,不常亦不断,不一亦不异,不来亦不去。

这是从四个相对的方面来说的,大乘佛法的根本就在"八不中道"。心念和意识如果从"不一亦不异"的角度来解释,心念和意识的"不一",是概念不一。

心中产生对应一切万象的落脚点全是概念,除了概念,心里没有别的东西能产生心中的文字、语言。脑子里所谓的无数念头,都是文字语言的喋喋不休。

每个人都用自己从小到大习惯的语言在脑子里自说自话,中国人用汉语,山民们用方言。您看见大街上、地铁里每个人来去匆匆,没有交流,可谁的脑子都没闲着,价值观、人生观、世界观的不同,形成了对不同现象的不同反应,因而时刻和自己境界相关的各种声音轮番地借助概念在大脑里发表演讲,谁也无法控制。内容大抵在一条时间线上来来去去,过去心、未来心、现在心,三心中产生的一切全都是概念:利益、得失、子女、父母、未来、名气,概莫能外。可以说,没有概念,就没有大脑意识的显像。

概念是一切万物万象对应在大脑意识上的显像。什么是"不一"？每个人的经验不同、健康不同、精神状态不同、能量级别、种族文化都不同,产生的概念都是"不一"的。第六意识是无尽心念的集合,前念、后念加现念,无数个念头集合在一起,产生了一个意识集合体,心念是一种显现,这是"不一"的两面。

比方说,我们要盖一个叫"意识"的房子,需要有砖、泥、瓦、木等各种材料,材料就是心念。房子怎么盖呢？

第一种方法,像铁轨一样,平行盖;第二种方法,像足球场踢足球一样,来来去去、过来过去、来来往往地盖;第三种,是立体形的;第四种,超越立体的、多维、开放的。

念头究竟是铁轨一样线行的,平面的或立体三维的,还是远远超过三维的、多维存在的呢？究竟是什么形状的呢？单单是铁轨一样的平行线,它有钢丝一样的一根单线,也有大马路一样宽阔的可以几辆车一起开过去的线,也有像大海一样的几百几千条船一起走过那么宽的,海面上可以走船,海水里还有鱼、潜艇呢？上面还可以架桥,车辆来来往往……

意识究竟是什么样呢？所以说或"不一"也"不异"。

例如帮助转语业时,我们会用属于转语业的语言功德唱颂法,一音可展现颂者意境之无限玄妙,这属于音声海的修法,可开发闻者契合自性的无限可能,仔细用心观闻,会发现有能量颂者的音每次"不一",然而次次又都"不异",这就是重重无尽、圆融无碍的禅境。

一音中本具三藏十二部、一切方便,无尽的音声传达无尽的心意识,由此启发众生正知正见。

意识有各种形态,没有一个心念有一种固定的形式。所以,一个念头里面包罗万象,各种形态、各种速度、各种时间点,没有远近快慢,三祖说"一念万年"。反过来说,修法也一样,一音唱颂里,为什么不是同样包罗万象?各种形态、各种速度、各种时间点,没有远近、快慢?一念都已经含了无量世界,如恒河里的沙都在一念里,意识,是心念的集合体,第六意识有多大?宇宙是不是个无边无界的、可开可闭的、随意变化的房子呢?

再说"不异",从空间角度说就是孔子说的"大同世界","大同世界",可以说是最平等和谐、最理想的世界。

"大同"是从空间角度讲的,不管是地上的虫、天空的鸟、水里的鱼、石头上的微生物,宇宙法界各种各样有形无形的生物都能平等和谐、互相包容,"色类各有道,各不相妨扰"。老子的"大同世界"是"鸡犬相闻,老死不相往来"。

别说万物的种类,就是地球上的七十亿人,容貌、年龄、性别、背景、思想,没有谁是一样的。这是"异"还是"不异"呢?为什么叫"大同世界"?"大同"就是"不异"。从个体的角度讲我们有区别,但无分别心,一切众生平等,因为我们都有佛性,所以是"大同"。

"大同"是在空间上大同。

如有人问:"这真的一样吗?""真的"这两个字是什么意思? 真的就是实践,我眼睛看到的、手摸到的、耳朵听到的、我判别的,从知识层面上来说,我们俩真的不一样,"真的"这两个字就像盲人摸象一样。从物理、心理的角度来讲,我们当然是"不一"的,可在本体上来讲,一切万物,都是"不异"的。

芥子能纳须弥,一花一世界,一叶一菩提,心能够包容整个宇宙啊! 如圆相上的哪一个点,有不平等吗? 有高、下吗? 想"真实"的时候,"真实"已经不在了,"盲人摸象"即是。

我们再从《金刚经》的开篇看看,世尊是怎样演绎"不异"的:

> 尔时,世尊食时,著衣持钵,入舍卫大城乞食。于其城中,次第乞已,还至本处。饭食讫,收衣钵,洗足已,敷座而坐。

《金刚经》是讲般若空性法的,一开始却以"戒"门入,"乞食"是持戒。世尊是悟道的觉者,可他修行的样子和普通人有什么"异"吗? 每天早课结束,他披上大衣和弟子们出去乞食,一起持戒,世尊显这个平等相给众生看。

世尊持的是心戒,早已不需故意地做出乞食相来,就是为了能够让修者降伏我慢,故要乞食,乞食能调服口欲,专心修道,不要耗费在食物好吃不好吃上。

众生每天看见,心里会想:哦,原来僧团是这样子的,看到世尊每天领着僧团出去托钵乞食,不少人心中会惭愧,修行人的一切行为皆是为了众生。

欲度众生先要令其心生惭愧,示现戒行、苦行等各种行为就是其中的一些方便,所以世尊乞食是为了利益大众,每日奔走尘劳像凡夫一样,不住修行相,不住佛相,显示无我相,这就是"不异",佛与众生"不异"。

法是在善巧方便中示现的,不是非得在固定的形式下用固定方法宣讲,每日乞食就是弘法的流动道场,每一个看到的人,心中都会起各种念,不少人会因此转化。

凡夫之所以惑,是见境就转,随缘就转,心中没有什么主见,故此多令其见、闻、觉、知正法,会逐渐转心,如果时常被邪见缠绕,自然会徒生妄想,故世尊要显"不异"相。

再看经中,世尊饭后"洗足",凡夫脚会脏,自然要洗脚,佛可以不踩平地行走。他为什么和弟子们一样走路?回来还跟大家一样打水洗脚呢?同样是示现"不异"。

洗完足后怎样?敷座而坐。

行、住、坐、卧本皆是佛相,为什么还一定要示"坐"相呢?这又是佛的慈悲了。行、住、坐、卧四法,"行"容易杂思掉举;"住"容易沉迷享乐;"卧"容易昏沉无记。故,世尊示"坐"。

坐,最易契合禅定,但不是黑咕隆咚地枯坐,坐成个活死人,那叫"无记空""枯木禅"。禅门四祖、五祖等祖师都修"不倒单",晚上结跏趺坐整夜修行,曾有人问笔者,"不倒单"怎么修?这是功夫!您不捣蛋就不错了,还

"不倒单"?

坐禅是禅门修行的例程,用以收摄身心,发身轻安,不令疲倦,摄伏外道。然而坐禅真正的功能是什么?就像水库一样,功能不是储水,建水库主要是为了发电;坐禅也一样,坐在那里不是为了养生,而是要给生命发电,坐时意识像水一样,要知道往哪里流,知道方向,厚积薄发,形成一股大水力。

会坐禅者,不是练腿功,而是会截留意识,把上游来的杂乱截留,然后突然奔腾发电,这和坐的时间没有必然关系。水库储水时是寂静的,有些人误以为水库储水的寂静就是修行想要的,这就忽略了储水为了发电之用。坐着不动不是禅,不发电的水库也没意义。

蓄在水库里的水最后通过闸,猛地落下来,产生巨大无比的电力,这就是灵光乍现,照天照地,这是坐禅的妙用。

光,从来没动,光之速从何而发生?运载光的是什么?心,亦不曾动,承载心运动的又是什么?注意"光"非指"光子",而指灵光,光明有速吗?有量吗?和"心"是"一"还是"异"呢?

所以,佛示坐相引导弟子,生命要发电啊,如果坐那儿不动,什么也不想,只管坐着,那不是禅。水库里的水像镜子一样,没有一滴水属于水库,所有的水流入水库都是为了流出去发电,镜子也一样,没有一样东西属于镜子,镜子的作用是为了照东西,只是如实照就好了,不会多不会少,不增不减。

坐禅之用就在一个"调"字,调身、调息、调心、调世界。

调身是调顺身体,站桩、结跏趺坐等都是为了让身体安稳下来的方法。

调息是调顺气息,不要让气息卡在那儿,出不去、进不来,气息要快慢均匀,绵绵地若有若无,对心神安定起到重要作用。呼吸的境界在于"息",我们之所以不能得定,因为呼吸还没有到达"息"的地步。"息"是老子说的"绵绵若存,用之不勤"的境界,心定才能息。

调心是调伏妄想执著,对治贪、嗔、痴。能调伏心魔的人,才能明历历、露堂堂,纵贯三世、横通十方,绝对的一颗宁静心叫"摩诃"。

调心原有两种方式:一种是阿Q式的,自己想开就可以了;另一种是找到苦因,从烦恼和习气入手,找到正确的方向,内心不再为眼前的事情障碍。苦非苦,乐非乐,都只是一时的执念。执于一念,将受困于一念;一念放下,会自在于心间。物随心转,境由心造,烦恼、习气皆由心生。只有心念顺了,才可以像水库里的水一样储存平静下来,之后奔流发电,为众生奉献。

没有任何恶能污染生命,没有任何善能帮助生命,生命是无善无恶的,而生命体是会被善恶、业习影响的。

本性、自性、佛性远远超越了善恶,一旦我们留下善,也是住,住在任何境界都是黏,黏了就会滞留,就会污变,所以,好和坏都不拘泥,无住而生心。

禅,不是人工雕琢建造的,也不是念佛念出来的,也不是成天呆坐出来的,通过禅修,您要彻底变成活泼泼的水,禅境里本来无一物,主观和客观合一了,不存在相对的对立面了,这时候,水也好、库也好,木也好、山也好、石也好,歌也好、舞也好,一切皆天真,就是活泼泼的生动状态。

世尊披大衣乞食,回来洗足,饭后敷座而坐,世尊需要吃饭吗?完全可以不用吃饭,为什么还要去乞食?这是世尊给布施饭食的人回向功德,施主既得了功德又得了法施,这是循环往来,弟子们效法世尊,示现"不异"相。奇妙不在奇妙处,奇妙就在平常处,极平常的事中间含着极高深的法,这是"不二"。

《金刚经》一开头讲"食",饮食男女,人之大欲存焉,对众生而言"吃"是不可离的,平常法就从生活中第一要事开始说。佛示现乞食相,就是行平常道,不是一天到晚惊天动地的异相,修行人显现的应该是"不异"相,这就是"大同",是平常心,是本分事。

"不一""不异"都是在用上说,不是在本上讲,本上不存在"不一""不异"。是既"不一"也"不异",既"一"也"异","本"无一、异之别。您在什么角度,就讲什么。从时间角度讲,就"不一";空间角度讲,就"不异"。

从门入者,不是家珍;从心流出,才是本性。

禅舍,若方圆,在天圆地方之内自成一天,若无有固,无有所固,何来恼苦?

禅者,行世间,自有其气质:温和、善良、敬畏、节制、谦虚;亦有其气度:即之也温,平易亲和,包容万有,慈忍宽厚;其言也厉,唯破迷执,直指人心;其品德如圣人言:"岁寒,然后知松柏之后凋也。"

人为什么一直有烦恼,总是爱担心呢?因为长年累月被恐怖压住了,担心财富、子女、情感、健康、别人的看法等,不知无常,心被无常所困顿时,哪有可能安心?

比如下暴雨时,您躲在树底下,怕不怕电闪雷鸣?当然惊心!可是,如果您登至高山顶峰,或者在飞机上,此时看电闪雷鸣在您下面,就变成了一道风景,您像看电影一样欣赏着,知法如电影,究竟菩萨道。

怎样能远离恐怖?超越云层,在云上方能无有恐怖,远离颠倒梦想。如何向上一路,去往云上呢?就像开启心中的慧光,这时候您看着闪电在您脚底下画出的弧光,像极光一样变幻莫测,多美啊!

能行于云上的人,有乌云又何妨?有闪电又何妨?打雷又何妨?什么都有的生活不是更有趣、更活泼、更生动吗?能作"如是观"的时候,烦恼和情绪如同风景,不就是转烦恼为菩提了吗?如果您自己高度不够,就只能被压在底下战栗发抖,所以,关键是您身处的高度,这和境界、和功夫智慧相关,和幻想刺激、心灵鸡汤、迷醉催眠无关。

生活禅之目的,是禅者能观生活的实相貌,无论美好或残酷都能不带分别地如实观照。春有百花,还有泥巴;秋有朗月,还有落叶;夏有凉风,还有蚊蝇;冬有霜雪,还有死寂。只看一面不看另一面,就是"二见"。水有冷热别,火有文武相。万物皆双面,世间随情愿。本从天地来,回向天地源。生命贵智慧,相逢皆因缘。

只知一面的人,会变得越来越极端,会失去幸福感。就像走路,一只脚抬起来,另一只脚就应该在地下,地下的那只脚踩得越牢,抬起的那只脚才越稳。抬起的是阳,地下的是阴,缺一不可,互相配合,才是不二,才能迈开步伐。

一休禅师见一群信徒晒藏经,笑说道:"我也要晒藏经!"就露肚躺在草坪上,信徒们觉得不雅跑来劝。一休道:"您们晒的藏经是死的,会生虫,不会活动。我晒的藏经是活的,会说法,会作务,会吃饭,有智能者应该知道哪一种藏经才珍贵!"

"心经"是印在心上的,不是文字语言相。因为苦的存在而让甜成其为甜。不要说起生活禅时,就带有很多符号化的想象,必须要茹素净手,或弹古琴着长袍,或抄经书泡茗茶,或玄关挂个"禅"字,屋里铺些榻榻米,院子里的枯山水挂个牌匾叫"禅堂",像给自己写个说明书:"此处有禅"……禅不是行为主义,本不着相、不离相,连不想着相的心即是"着相"。

生活禅,是禅者生活中起用的智慧,绝非浅薄浮夸的禅相。禅舍不是符号化的禅意,禅者的生活本来如此,不用做作,一张琴,一本书,一支箫,一间房,什么都是自然而然的,不用摆出来给别人炫耀,或装个禅相出来唬人。如果您生活的本真状态就是这样,这就是您最舒服的状态;如果您为了商业、名利装样子,那就是自欺欺人。

学人对汾阳善昭禅师说:希望以后有机会亲近禅师,体验一段寺院中禅者生活,享受晨钟暮鼓、菩提梵唱的宁静。

禅师道:您的呼吸是梵唱,脉博跳动是钟鼓,身体是庙宇,两耳是菩提,何必等什么机会到寺院体验生活呢?

古德云"热闹场中作道场",息下妄缘,抛开杂念,哪里不可清净?妄想不除,僻居深山茅屋又如何?禅者活在当下,哪有什么"以后"?所谓"参禅何须山水地,灭却心头火亦凉"。

修禅不是要修出什么禅相来,也不是规定什么时候开悟。坐禅就自然而然地坐,一无所执,也一无所至,坐的时候,春花秋月、夏风冬雪,哪一样都在,只是如此而已,让平凡归于平凡,"to be, not to do"。

禅门师者并无一物给人,也无一法给人,做的只有一件事,就是解缚。让您觉而后生。所以禅师是夺命师。夺什么命?妄想和执著,让死命变活命。禅修者面师,只有一件事,就是求法。

法是什么?就是我们的心。世尊云:见我者见法,见法者见我;如果要用音声求我,那都是妄想。

家中那些古董、名牌、各种奖牌不是宝。什么是真正的宝呢?是您自己!能光照一隅,照一隅即宝。

无明不是缺乏信仰或知识,而是缺乏了对自己内在状况的了解。能够冲破无明的人,不但能够亲见佛陀、祖师,还可以和他们把手共行,同一眼见,同一耳闻,每天可以手拉着手一起参道,一起在人间净土漫步,这才叫"喜相逢"啊!

为什么我们不能这样呢?因为执著在无明里,被自私自利障碍了,活在自己以为对的世界里,不愿意走进祖师们的境界里。

有一次看到一位老师教大家坐禅,说,大家坐下后闭上眼睛,您就能看到一个禅世界啦,青天白云多么美妙啊!还说,为什么要闭上眼睛呢?这时候就像恋人接吻一样,闭上眼睛才能专注在自己内心世界里。如果禅定三昧必须要闭上眼睛才能够专注的话,这是进了无明三昧、妄想三昧,绝对不是坐禅三昧。

有谁比达摩祖师的壁观禅定功夫强吗?可是我们见到的哪一幅达摩祖师像是闭眼的?祖师是不是眼睛瞪得老大?谁见过闭上眼睛的达摩

呀？难道达摩祖师不在三昧中？

所以，执著在自己妄想上面，以己昏昏，使人昏昏，就是在害人。生命的三昧，是完全敞开所有的窗口，六根净化不是六根关闭，所有的窗口敞开，才能证得三昧，打开三昧无碍的天空，这和睁眼闭眼没关系。您眼睛可以关上，耳朵、鼻子能关上吗？身能关上吗？意能关上吗？如果说闭上眼睛才能进入三昧，听不见声音才能进入三昧，视而不见、充耳不闻、嗅而不嗅，这不是三昧，这是三昧的一个基础。

真正的三昧是，视，不凭眼见；闻，不用耳闻；嗅，不通过鼻子。全身所有的细胞打开了，这叫"十方俱击鼓，十处一时闻"，这才是"入流"，否则，那是"出流"。

我们这套"身、语、意"修法的体系，分三段进行。

第一，身段三十分钟：修莲花导引。站桩十分钟，调息十分钟，莲花导引五分钟，两遍。

第二，语段三十分钟：师者根据不同根器的学人选读相应的经典。

第三，意段三十分钟：坐禅参究。

这套九十分钟修法是每个学人用不同的方法。

"六根清净"法最好在道场跟着专业老师修，而"身、语、意"修法则鼓励学人在家里自己修。

站桩法分地、水、火、风、空五类，每法站桩是不一样的，比如说有人站太极桩、有些人站莲花桩等。

语段也是一样，有的人可能三十分钟都是读《悟道诀》，有的人可能一遍《悟道诀》之后选读和他自己相应的经典，不同的人语段共修法是读，但内容有别。读时可站可坐。

意段三十分钟是坐禅参究。至于具体做法，例如怎么坐、在室内还是户外、白天还是晚上等问题，请向自己的导师请教，并且，个人站、读、参、坐的功夫配置，也需要请教导师。

对莲花导引法感兴趣的读者和修者，可以参考拙作《莲花导引》。

禅者颂
梦

曹溪一梦印禅心,
灵鹫峰高笔耕勤。
彻夜无眠传灯录,
如镜影物尽无尽。

如夢之夢

第四节 不二禅观

"中国禅"修养的禅法虽有八万四千之用,但总体来说,可分作两类:一类是六祖惠能及早期祖师们所用的"直指人心"法,没有任何技巧,不用任何观法,没有任何辅助,全凭师者的功夫智慧,或棒喝、或机锋、或转语、或静默、或唱颂、或长啸、或游戏、或讥讽、或踢打,一切起用方便,全在师者的能量上,当下抓住机,杀人剑手起刀落,大根器者当下见性者众。这是真正的不立文字、教外别传、无可依附、不假修行、自然天成的曹溪顿悟禅家风。

然而,唐宋之后大根机人越来越少,故而禅风只好演变出了"参话头""参公案""默照禅"等第二类"禅观"法。

话头、公案、默照等,全部是用来堵塞妄想的修法,和第一类直接开启慧光法有很大不同,是宋朝以后的禅门主要修法,有人终身抱定一句话头参问下去,有人终身参一公案,有人念佛终身只念一佛号,有人只管打坐,别无他想,此即适合中根器证悟的观行法。有人说此类修法已不适合现代修者,也有人说此类才是现代修者适合的修法,而笔者认为,一切修法都不能一成不变,这些观法是宋朝时期的普法,而现代修者修禅,必要在原有基础上适应现代人的特点有所变化才是。

但一切修行法是否有效取决于以下几个方面。

第一,能否找到明师指引?找明师的目的是在于能寻到适合的法,古人即使是大根器,如未寻到明师,也是在漫漫求索的路上不得其法,这才有惠能大师赴黄梅、天下禅者"江""湖"行等经历,这些可谓上上根器的大师,能一闻经语、心即开悟的人,为什么都必须要寻师求法?这是现代总是自以为自己能带动自己的人需要反思的。

第二，禅修过程中，有无利他心、利他行？如缺乏了这种心和行，仅为自私自利，就把禅法变成了养身法、商业法，这些本不是禅法的关注点，如此，禅法与个人当无大用。

第三，禅是清明的生命态，是人不可离的，所以叫"生活禅"。这不是生活之外的什么宝贵东西，而是生活本身的宝藏，只是人在拥有时不察觉而已。如果您专门认为禅法、佛法宝贵，那这就变得和生活分离了，变成两件事了。

比如，我们从来没有专门认为眼睛宝贵，眼睛就是我们的一部分，可一旦失明，我们就知道眼睛有多宝贵了。有些修者之所以觉得禅珍贵，是因为自己失去了本来模样。为什么许多人却不觉得禅珍贵？是因为麻木无觉，在梦中生活，但凡清醒的人都知道自己欠缺什么，就如同失明的人寻找光明一样渴求，知道禅的无可替代性。

有所失并知自己失去什么，才是转心的开始。有些人，会偶尔清明，清明时灵光一闪的刹那，能体会什么叫豁然开朗，而如果仅仅停留在对美妙的追忆上就是执著了。不断向上一路的精神，其实不是什么特别训练，而是平凡的生命正常态。因为远离了这种常态，所以才会追求和追忆，回归常态，便是绽放生命。

第四，法贵在一门深熏，诸法门虽各有其殊胜性，但皆有共通处。修行，必抱持一门，忌作拣择，否则必会一遇困难即心生狐疑，退缩逃避，最终处处落空。

《楞严经》中二十五位大菩萨，各各专精一门，最后始臻门门圆通，不是初学之时即尝试各法的。"中国禅"针对已发心现代禅修者修行观心本体上的修养法,是"不二禅观",心光内聚,观照诸法,"相观相,相化相,法相庄严还我相",这是一念成佛的捷径。

禅门即般若门,般若本无门,以般若心为密。佛法中般若为诸佛之母,诸佛由般若而生,佛法的根本就在般若,禅法即契合了佛心之法。

般若特点是什么呢？其体是无所得,其相是无所住,其用就是无所取。

《坛经》里开篇即说"摩诃般若波罗蜜多",六祖讲完"行由"马上讲"般若",可见"般若"的重要性,是一切禅法的纲要。《大般若经》云:"摩诃般若波罗蜜是诸菩萨摩诃萨母,能生诸佛,摄持菩萨",也可以说除"摩诃般若波罗蜜"之外,禅法无有其他,一切方便都是为了证"般若"而设立的加行。般若智慧就是禅最大的秘密。

什么叫"智慧"？智慧是"般若"的世间相,"智"叫"若那","慧"叫"般若"。照见是智,解证为慧;放下是智,起用是慧;知俗是智,照真是慧;妙有是智,悟空是慧;决断是智,能解是慧。

什么是"观照般若"？就是始觉。什么是"实相般若"？就是本觉。

禅修者修行得法,越来越契合禅境这是始觉,到"实相般若",就是豁然开悟,这叫"本觉"。"观照般若"像初升的月亮一样,修者心中的慧光越来越多,月轮渐满,光辉焕然,起心显现,这就是修者始觉合于本觉,从观照转化至实相了。

社会上常有些不懂禅法的老师,误将"观法"教作观身,有人教学生从观左脚心开始,但不知道为什么佛经里有观左脚心的修法,这是修"白骨观"的观法,和"禅观"不是一回事,观左脚心是用来调息的,左脚心从身体上说是肺、胃、左肾、心、十二指肠、胰、脾等内脏的反射区,跟脊椎有密切关连,从睾丸与肛门之间的会阴向后,经背脊、头顶的百会,至人中,是督脉;从会阴经腹部、胸部,至下巴,是任脉。

调息时,要将任督二脉之气运转起来,如果遇到不懂的人,乱观左脚心,也不配合气法运行,时常会有麻胀现象;之后,盲师又告诉学人酸胀肿麻可以不予理会,这下坏了,对于正常气机发动的酸痛毒溢,禅修当然不予理会,通常脚心难受时,有的老师会让学人将注意力集中于脚心,或用观话头等其他修法来转移注意力。可是,如果白骨观修得不对,人会越修越僵硬、死板、固执、愚痴,如果过于在意身体反应,便成吐纳导引术而非禅法了,所以,对于身体的各种反应,是及时处理还是不予理会,这是师之能量,不能靠猜。

"心"是事物的本体实相,为实相般若。用实相般若去观察万事万物为观照般若。

禅观是从心的本体上起修,修什么?不是真有什么物质性修改,而是在见地上转心念,此即心地法门,故禅风之高峻陡峭,非凡俗之人可解,由此可见一斑,师者通常只贵学人见地,不贵其行履。

六祖因闻"应无所住而生其心"一语豁然,此正是般若语,说"有"之时,纤毫不立;说"空"之时,周遍沙界;空有无碍时,圆融不二。学人着"有"时,师对机说空,说"心无所住";学者着"空"时,师对机说"有",说"而生其心"。

"空"不是宇宙的究竟,只是学人涤垢荡污、扫滞破执的工具,和空相对的,便是无上正等正觉之"摩诃般若波罗蜜多",此是诸佛的正智,是心无挂碍、无有恐怖、远离颠倒梦想的究竟涅槃。

"中国禅"的禅风是最具特色的,有时如将军发挥出迅雷不及掩耳之势;有时重易理,绵密细致,鸟路幽冥,互回互通;有时突急利济,师风层层叠叠;有时则方便轻巧,如巡人犯夜;有时插科打趣,戏说犯浑,如浑水摸鱼;亦有时以圆相开合,如断碑横古路。

一切禅风皆由师者自性起用,无论只管打坐、话头悬疑,还是破初参、透重关,一关透了再一关;亦或机锋转语,答非所问,嬉笑怒骂……凡此种种,皆因人而异,因机而发,因地制宜,因时而动。

但有一点,师者绝对不许学人从妄缘外境、文字言语、见闻觉知、心缘知解的计较分析上求证。契般若的根本旨意是心性上契合,非从大脑意识的理解来。理解是有局限性的,本人的所知所见决定了理解能力,理解是有时间性的,换了时间,理解会不同,此时的理解或不理解也都不代表下一刻的理解;理解还是有空间性的,地点变化了,理解又不同。

故禅门师者不需要学生学习理解,而反复强调契合,否则纵使蒲团坐破仍堕入葛藤,如镜昏尘须勤勤拂拭,此即水中捞月,而非水中映月。不识根本,禅修无益,若识根本,会发现禅根本就是从缘起万象能直下承担起,放下知见知觉,直入清净缘起,且能成诸般妙用,而利众方便。

真正的师者说法须不二,说一切诸法,若有若空,皆不离自性,故谓非凡非圣、非因非果、非善非恶等。然即体之用而能作种种色,谓能凡能圣、现色现相等。于一切时、中皆指"心性",理以事显,非一非二。心无形无相,而事有形有相,在相上说,非一;在性上说,不异,然而性不离相,相不离性,故从不离的角度叫"非二"。

譬如:镜中现万象,万象各异,而镜还是镜,万象还是万象,从两者不离的角度讲,镜就是万象之影,万象之影就是镜。

《楞严经》称"性色真空,性空真色",也就是说,性离不开色相,色相离不开性,性不异色,色不异性;性即是色,色即是性。

自性无相,是有而不有、不空而空的真空;色相则是不有而有、空而不空的妙有。

性体因真空无相,才能显现一切色相,才能变现千差万别的妙相。湛湛无寄,廖廖绝句,言语道断,心行灭处,不知何以而名,强名"般若"。

"般若心"是"性"和"身"结合的能量,起到维持生命活力的核心作用,想要焕发出生命能量,必从"心"入手,故强名曰:心法。

当禅修者有了六根净化清净基础,身、语、意修法也相对稳定时,更重要的是已经发了菩提心,就能进入"不二禅观"修行。

发菩提心和"我想修禅""我一定要修禅成就""我应该多做慈善"这样的决心有什么区别呢?区别在于菩提心是为了利他而发,而决心则多为己发,并且决心是不可信的,大多时候会因某些特定情况退转,而发菩提心者则无论遇到什么困难,都不会动摇和退转,这才叫发心。

有些人误以为我就是俗人没有本事发菩提心,或者误以为上哪里去找那么多能发菩提心的同修啊?这是不理解人以群分的本末关系。

达摩祖师来中国前,是因为中国已经有了推广禅法的基础吗?罗什法师呢？六祖创立顿悟禅之前呢？都有基础了吗？胆小的人才会想先有基础再行动,仿佛这样才安全,真正的智者没有人会先设想、构思、计划具有了什么再开始,而是以身作则,用自己的吸引力吸引相应的人过来成为禅者。

伟大的人都是敢于先立身于激流中,无论社会风气如何,无论困难险阻多大,无论学人根器如何不同,心中自有八万四千方便来对应,有这番气魄的人,方当称无畏之"大丈夫",当称"宗师",有了这些人,才会有"十方智者,皆入此宗"的兴盛。无来无去,怕什么？

现代人总希望有了基础才进行,而不是自己创造基础,这是基于利益的分析,根源于不自信。"信",有单纯、不疑、盲目的信仰,也有明确坚定的信念。盲目的信仰是没有活力的,虽与人无害,但缺乏生命力。为什么？因为和本人没关系,您只是盲目接受,而非融入其中。

真正的自信是坚定的,您内求本心,不指望现成的什么神灵、异力保佑,这才是禅者积极、正面的力量。唯有具备这种自信的人,才能在应对百千万变化的人、事、境时,心中如如不动,并应机而发生命的火花,随机应变,懂得另辟捷径,能够根据变数中的时间和空间及时调整自己的位置。如不得其时、不得其位,或不适其时、不适其位,就是侥幸成功,最终必会被变化所淹没。

"虽有智慧,不如乘势。虽有镃基,不如待时",这种应变能力从何而来？从产生需求中来,需求是本能为因、发心为缘,因缘和合才能契合。

为什么一定是发心的人才能进入"不二禅观"呢？这是基于对修者个

人的考虑,进入观想法后,才是和身心各种魔的大集团军会战之期,可以说先前的修行就是为了取得决定性胜利而做的铺垫。

兵者,诡也,魔之所以为魔,就是有各种面孔,善的、恶的、可怜的、温情的、令人恐惧的、乱人心志的,等等。外魔的显现、心魔的游戏、不内不外魔的作用,无不随修者一步步功夫智慧的提高而不断晋级。

曾有位学生和我说,他每次晚上回家就见家门口有一白衣女鬼站在门口,心里非常害怕,又不敢告诉家人,我被他逗乐了,您以为活见鬼那么容易？能见鬼是功夫,您那就是幻觉！鬼在哪？您带我看看？这就是典型的鬼迷心窍,世界上从来都是人迷惑在鬼影里,人的心魔才是真鬼！

《聊斋志异》里哪个不是人迷上了鬼,所以才见鬼？《圆觉经》里说"非彼所闻一切境界,终不可取",所有境界,佛境、魔境、鬼境显前,都不要高兴或恐惧,因为都抓不住,一执著就入魔道。

故此,心志不坚定容易退转的修者,直接贪法想走捷径进入观法修行,是自讨苦吃。修是急不得的,必须等时机,时机到时刻不容缓,时机未到,就只能耐心等待。不深信师言者勿来,不发出利他之宏愿者勿修,这个宇宙法界里,唯有真正的求法心、利他心能克制魔力,但凡被自私自利挟持了本心的人,身心有无数弱点,魔不攻自破。

心底无私天地宽,死都不怕的大丈夫,能怕魔吗？反过来说,各种妖魔鬼怪潜伏在心里的人,能安心吗？知识、娱乐、情爱、名利哪一样能帮助您驱魔？想生命歌唱,需将内在潜伏的鬼怪揪出来,你来我往真刀真枪地较量一番,不迎面而上,躲避只能使自己成为懦夫。

什么是真正的求法心？许多人一直认为，我去找一位大善知识，如能像玄奘法师西行拜见戒贤禅师一样，不畏艰难去寻找一位大善知识求法，然后向他学习、求法，这就是求法心了。这种想法不错，只是忽略了另一面，玄奘法师求法之后做了什么呢？是不贪恋名利留在印度，冒着不确定的风险毅然决然回到大唐，开始译经事业，并创立了法相唯识宗。

如果说法师西行求法是冒着生命危险，那么法师功成名就后回国就是不惜个人名誉的传法，历史上像这样的祖师基本都是如此，鸠摩罗什法师、达摩祖师、惠能祖师等，均是同样的心，求法和传法本无二致，罗什大师和达摩大师到中土也是求法来的。

许多人都不明白传法本身就是求法的一部分。求法里如果仅仅只包含了自利的部分，就不能叫求法。求法包含的是自利以及利他两部分内容，是阴阳两面，前半部分寻找大善知识提高自己的能量，开正见，只是完成了求法的一部分，惠能祖师见五祖后已经悟道，而他后来十五年藏身猎户，南华寺弘法三十六年，都属于求法。求法不仅仅在于学，不是学完就结束了，学完以后如何能够发挥作用，同样属于求法。

身是不可执著的，一切人、事也是不可执著的，缘分更不可执著，这是禅修者初修时，师者反复令其体会的"无常"，慢慢地可转化其对"我"的执著。"我执"渐去时，学人就开始走上了一条寻找真正和自我相应的路了。这条路就是发菩提心，开始真正求法的路。

"不二禅观"是帮助求法的修者成就如何自利、利他，这就像鸟之双翼，缺了一翼则无法翱翔。

活在侥幸心理中的人，总以为无常只针对别人，自己有菩萨保佑、上帝保佑，借用公益之名积累些福报就可以躲过无常。有些学者、医生、科学家、专家，对发生在别人身上的无常现象很理解，可是一轮到自己就糊涂，总以为自己会是特例。

为什么我们会反复强调"不二禅观"修者必须要先修六根清净、身口意呢？因为这些会帮助修者越来越深刻地体会到什么叫出世间能量，什么叫不可说不可说的境界，什么叫身体无常、智慧无常、因缘无常、环境无常、情感无常……会越来越深刻地领悟到原来执著的世间名利、地位、财产等，如浮云一样。越领悟到这些，才能建立对出世间能量不可动摇的希求心。

"六根清净"法没修好，精神的能量是赢不过身体的，比方，许多人修的时候，腿疼、酸、麻、肿、胀、发热、发冷、发抖，出现各种各样难受的症状，这时候，谈得上禅观吗？精神根本拗不过身体，大部分人进入禅修是大脑意识上感觉：我这样下去身体越来越差不行，所以要想办法啊！试试看修行吧！抱着试试看的心理，则必然困难一来、疼痛一来，各种难受的感觉一来，就开始怀疑，这在精神上就投降了。

什么时候算六根清净呢？就是精神能带得动身体了，再饿能忍住，再疼，再怎么哭、闹，也能不怀疑，精神力量强得过身体反应时，算是过了第一关。精神强大的力量哪里来？即从体会无常里来，明白疼痛无常、难受无常、舒服无常、饥寒交迫也无常，就能够不被身体感觉所背转。

打好这些基础是转化习气的过程，修者如果已经习惯了，便能时时刻刻提醒自己自律、自觉、自力、自戒、自求，有些初修者把这些内容贴在墙上,或者做成手机屏保,尽量让自己时刻能看见,提醒自己,以改善习气。为什么要这样?因为人的念头太复杂、太散乱、太碎片,随着环境、事态的变化而时刻会变,初修者心念力不强,容易被环境影响,如能不时看到警告,则是一种提醒。您看基督教、天主教的教徒,身上都带个十字架,伊斯兰教的教徒时刻戴个帽子,这都属于提醒。

这样一段时间后,习惯就会逐渐转变,固有的懒惰、随意、散漫等习垢开始转为善习,逐渐转为菩萨的习气:我要利益众生,这便是菩提心了。

菩提心中产生的业是不产生恶报的,因为发出去的是功德,众生回向的必然也是功德。

经过一段时间,菩提心即已深植修者心底,完全不用意识去想,与生命自然而然融为一体,菩提心就是生命,此时,就可以进入观法修行,通过观法逐渐加深契合菩提心。

为什么原来固有的习气像城墙一样坚固呢?因为您从小到大不断地在喂养,习气已经被您几十年喂养得根深蒂固,冰冻三尺非一日之寒,当然很难拔除。同理,如果您现在开始要不断地喂养菩提心,那么会怎么样呢?

没有发菩提心的人所做的喜欢事全源自习气。什么喜欢?习气喜欢;谁在喜欢?大脑意识在喜欢。

所以您以为自己喜欢的,是大脑意识和习气的作用,大脑意识里面会分泌多巴胺,使人兴奋,感觉幸福,这是一种奖励激素,让您感觉到快乐。比如喜欢喝酒,喝了酒会觉得很快乐,所以下次还想喝;如果您开始反抗大脑意识这个主人的命令,试图戒酒,大脑意识会马上分泌另一种激素,叫肾上腺素，让您轻则失落，重者失眠健忘、坐立不安，这叫惩罚激素，让您感觉不喝酒不行。害怕惩罚，迷恋快乐，这就是瘾。所以普通人只能顺着大脑意识的指令走，越来越喜欢喝酒，越来越喜欢……习气就越来越重。

大脑意识这个主人，正是用各种快乐和难受的感觉来调控您，成为"色""受"的奴隶。

大脑意识用喜欢和难受的感觉来控制人的行为，而魔力是指挥大脑意识的潜在力量之一。菩提心正相反，是帮助人解脱大脑意识束缚的力量，反控制而获得自由自在的力量。

您为什么不去喂养令您重获自在的菩提心呢？菩提心也是需要善护念的，《金刚经》里说"善护念"，即时时刻刻每一念您都要警觉：我要发菩提心！我要发菩提心！时刻不忘，不被虚幻的大脑意识感觉所控制。

此时修者自己的力量不够，故需要外力帮助，找到有能量培养自己，并且愿意带您进入禅观的导师，找到志同道合的同修，找到适合自己的正法，没有这些，自己永远走不出幻觉和妄想。

什么叫有能量培养您？即导师自己必须具足禅观的能量，才有能力引导学人，那些成天混在社会上博取名利的人，有这种能量吗？能量是自己说出来的吗？

什么叫愿意带您进入？有这种能量和能力的老师，多半不愿意多带学人，因为每多带一人，一方面耗费自己修行时间，一方面大大折损自己的修行功夫，所以，学人只有具足功德和智慧时，师者会选择为了众生会牺牲自己，这和社会上，一切都可以用钱买、用资本来衡量的做法，是完全不同的，禅门没有讨价还价的说法。

有人以为看一些怎么调呼吸,怎么进入禅观、冥想的书就能进入"不二禅观",这只是您理解范围内进入禅观的道理,属于禅观知识,并非禅观本身。

如果您胆子较大,也敢自己尝试,那么很快会碰到各种问题,会马上发现过去所有的知识、经验,朋友给您的善意指导,一点用没有,听得越多、书看得越多越不知道如何选择,此时会像一个孤身行走在沙漠中的旅客,前不见古人,后不见来者,什么都是一知半解,那时您会真正理解叫天天不应的恐慌,此时的无助只有自己体会。

六祖法嗣南阳慧忠禅师,于唐中宗嗣圣七年(690年)时,进入淅川白崖山党子谷,奉师命闭关长居四十多年。白崖山党子谷坐落在莲花形山间台地上,四周古木参天,茂林修竹,慧忠禅师于此结庵说法,天下的禅者闻风而至,来求法的超过千人。

慧忠禅师说法的特点是"以教解禅、教禅融会",尤其帮助学人契合大乘不共般若的核心要义在"不二",禅者悟道既要与真如法界相应,也要与一切万法一如,空有双融,理事无碍,把生灭与不生灭、有为法与无为法、世间与出世间乃至烦恼与菩提、生死与涅槃都融通无碍,达于"不二而二,二而不二"之理趣,故,禅师出"圆相"以谓著名的"无情说法"之意趣。

慧忠禅师的禅法受《华严经》影响较深,华严初祖杜顺的《漩颂》云:"若人欲识真空理,身内真如还遍外。情与非情共一体,处处皆同真法界。不离幻色即见空,此即真如含一切。"

以"圆相"表"无情说法"所含的义理,此颂表达圆融。禅法是心法,心与万法一如,有情无情一体,三祖《信心铭》云"一空同两,齐含万象",神会禅师言"心归法界,万象一如,远离思量,智同法性",一般旨趣,殊途同归。

慧忠禅师用"圆相"的意义主要不在于理论阐述,而在于画出见修合一禅法,他博通训诂,穷通经律,受到玄宗、肃宗、代宗三朝的礼遇,被尊为"国师",但慧忠禅师天性淡泊,自乐天真。

有一次,唐肃宗问慧忠国师:"大师在曹溪那里得到什么法?"

答:"陛下还看见空中那一片云吗?"

肃宗说:"看见。"

问:"云是钉钉着,还是悬挂着?"

肃宗无语。

代宗即位之后,对慧忠禅师更是礼遇有加。一天,代宗召见一奇人,自号太白山人,不明真实姓名与年龄。代宗告诉禅师:此人自认是一代奇人,颇有见解,敬请国师考验。

慧忠禅师先看看太白山人,问:陛下说您是一位异士,请问有什么特长?

太白山人说:我会识山、识地,上知天文,下知地理,作文认字,无一不精,并长于算命。

禅师道:请问山人,您所住的太白山是雄山呢?还是雌山呢?

太白山人茫然不知所对。

禅师又指着地问:请问这是什么地呢?

山人说:算一算便知。

禅师在地上写了"一"字,问:这是什么字?

山人答:"'一'字。"

禅师说:"土上加'一',应当是'王'字,为什么会是'一'字呢?我再请问:三七共是多少?"

山人答:"三七是二十一,谁人不知?"

禅师说:"三和七合起来是十,怎么一定会是二十一呢?"

站在一旁观望的代宗看到太白山人尴尬不堪的样子,欣悦地说:"朕有国位,不足为宝;朕有国师,国师是宝!"

不过慧忠禅师不恋名利,不久再次归隐党子谷。一日,自知圆寂时至,乃辞代宗。代宗不舍,垂泪问道:"师灭度后,弟子将何所记?"

师曰:"告檀越造取一所无缝塔。"

帝云:"就师请取塔样。"

师良久,问:"会么?"

帝曰:"不会。"

师曰:"贫道去后,有侍者应真却知此事。乞诏问之。"

大历十年十二月十九日,禅师以右胁吉祥卧示寂,塔于党子谷,谥大证禅师。代宗想到为师建无缝塔一事,于是召见应真侍者问前语。

应真良久,问:"圣上会么?"

帝曰:"不会。"

应真侍者于是偈曰:"湘之南,潭之北,中有黄金充一国。无影树下合同船,琉璃殿上无知识。"

现代人社会环境处处在变,时刻不断地爆发各种新的信息,令人晕头转向、应接不暇,在主动和被动的情况下,在东西方文化的传统与现代的各种交汇、冲突、纠结、矛盾中,多数人都有飘零无依的感觉,再加上对什么都是知其然不知其所以然,何谈自信?即使像太白山人这样的山居仙人,看上去道骨仙风,能掐会算,可是到了禅师面前,能过得了一招半式吗?如果学人四处探访,听什么都感觉有道理,其实就是在凑热闹,一样也不懂,还忙得不得了。在所学不深入的情况下,当然发不出深刻的思考,一切都只有是外缘性的,因为外缘性,所以必然会英雄气短。

外缘性是什么呢?首先是在讨论问题、寻求本因时,缺乏独立性思考,过分偏重于时效性,从而掩盖了问题的本质,夸大了工具的作用性,所以会忽视这些问题为什么产生以及后果。

尤其是我们过度依赖和习惯套用西方的科学方法,比附西方的理论来解释我们自己的问题,追求所谓的规范性、可计量性,本质的问题反而被忽略了,许多问题都不能用西方分析的方法试图去找一个标准答案,社会、人文、心理等各方面的问题大多是多样化、模糊化的,无法用一种标准的答案去解答、用技术专业性来表达、呈现。

寻找导师也一样,您无法用标准化评分来寻找传统的导师;那怎样可以找到愿意帮助您进入禅修的导师呢?就是您要有诚恳的心。

古代弟子们对师父是什么样的心?祖师们对自己的师父是什么样的心?二祖见达摩时,是什么样的心?自断一臂也在所不惜,这叫诚恳心。

断臂的岂止是二祖？圭峰宗密禅师为弟子讲《华严疏钞》时，有一位名叫泰恭的弟子，受感动而自断一臂以供难逢之大法。也就是这次讲法结束，大师往上都，晋谒清凉国师澄观，执弟子礼随侍身边，国师印之曰："毗卢华藏，能随我游者，其唯汝乎！"因此而被印可为华严五祖。清凉国师以102岁寂于公元839年，次年圭峰宗密跟着师父圆寂，同游毗卢华藏去也。

当然现代人的诚恳心，不必用自残、用破坏自己来表示诚恳，所谓诚恳是您的心是不是还在怀疑，是不是还有货比三家、左顾右盼的心，这些心在，是无法和师心相应的。

现代人的这些习气，是不自觉产生的，由于现代的多数老师是教知识的，这个教语文，那个教数学，教完就各分东西了，师生之间彼此不存在什么紧密关系。教书多数已变成一种职业，老师休息时可以关机，传统的师生关系已快变成利益关系了。古时候的师徒之间怎么样？

孔子周游列国四处碰壁时，跟着受苦的是不是自己的学生？这些高徒去哪里都可能出将入相，却跟着老师四处受白眼，他们的师生关系堪比父子，或者说超越父子。因为父母是给肉身的人，而有修养的人会更重视法脉、学脉的传承，古人没有学历说，看的是师承，学生对老师也是诚恳的，如同小时候妈妈给您吃什么您会怀疑吗？为什么现代人会怀疑？就是关系变得越来越和利益挂钩，老师、医生等转成了职业，那种原有的恭敬心、诚恳心、求法心就变了。

人心不诚恳时，老师教什么，学生就会用来谋取自身利益，或偷换概念包装自己的歪理邪说，或运用自己的巧取豪夺，如果人是仓仓皇皇地想要学什么来马上能"用",这是什么也学不到的。学的本身就是目的,就是至善,不是为了达到某种目标的手段。能不怀疑,能诚恳时才能真和法相应。

真正的法,不从虚幻的感觉上做文章,不会让修者"感觉"心情澎湃或者舒服快乐,孔子、老子、世尊、六祖让弟子们又哭又笑、舒服快乐了吗?学人对师、法是恭敬有礼而不崇拜。

什么是礼?《礼记》开篇曰:"毋不敬,俨若思。"真正的礼从对己开始。时刻保持恭敬心,不散漫、不偷懒,敢于面对自己的内心,能很好地管理自己,这是对师、法最大的恭敬,其次才是待人接物,不嘻哈随便,不妨碍他人,常知进退。

如果一直用游戏的心态,或者自己判断有用就学,这何谈诚恳、恭敬?比如说起玄奘法师,许多人想的是《西游记》里胆小、懦弱的唐三藏,这就是游戏心态;还有些人用自己有限的人生经验、知识来评断师、法,这样想,您还是学生吗?用这种浅薄的、怀疑的、世间的思维来判断的时候,您一辈子也碰不上自己相应的老师。如果您真的有诚恳心,自己的老师会在因缘和合时突然出现。

进入"不二禅观"尤需要老师的引导。"不二禅观"的含义是专一深通、一通百通,生命整体是平等、和谐、圆融的,进一步能与社会平等、和谐、圆融,但最后与宇宙法界平等、和谐、圆融,这里有三个要素:"不二""禅"和"观"。

"不二"是一切佛经、祖师语录内涵的密意。一切文字皆有浅意、深意和密意。浅意在文字上,深意在文字里,而密意在文字、语言背后,无法表达,佛法中或称"如来藏",或说"不二"。

什么是"观",要先考虑为什么用"观"。

如果离开影像看荧光屏的话,荧光屏是没有意义的,或者说离开荧光屏能看影像吗?再或者说,影像只是各种各样的现象,影像本身没有意义。

禅门认为,要离开语言文字相应密意,学会起用"不二"法,这要靠"观"。"观"是不落文字、不立文字,而不是解除名言的修法,它既是可借由名言相应,而又不落在文、言里的,借言说、文字悟入经论的密意,这个参究方法叫"观"。

其次,"观"什么呢?通过"观"的方法如何契会"不二"密意,转凡心为禅心呢?《金刚经》中,佛云:"若以色见我,以音声求我,是人行邪道,不能见如来。"

"色"和"音声"都是人意识境里的显现。若以此来"观"如来法身,见如来"内自证智",就完全误解了。佛的"自证智"是用观法契合,法身是不可见的,"色"和"音声"都不可见,但它又从识境里进去,法身是依这个识境而显现的。

如果仅仅执著在言说、色身里,就是"以色见我",以"音声求我"了,是不能契合如来法身的自智、自证、自境的,也不会起用"不二"法,所以,这个自性显现的过程,方法是"观",自性最后的显现,叫"禅",相应的这个秘密,叫"不二"。

再用屏幕作比喻,屏幕可以放电影,假如屏幕是如来法身,也就是佛的自智、自证、自境,法身上有各种意识境随缘显现,就好比电影屏幕上放的影像，这个影像是意识的境界，看到荧光屏上影像时，人就应该知道背后有荧光屏存在。可是荧光屏不是影像，离开影像的荧光屏也只是块幕布，人是在影像世界里沉迷，还是能够观到背后荧光屏的作用？这就是人不同的境界了。

如果有人问，电影屏幕上的影像有没有自性呢？火有火性，水有水性，它们可以依影像来呈显自性，但火不是火生的，水不是水生的。什么意思呢？一切诸法都不是其自性生起的，火非火起，水非水生，在识境中见到的一切法的生灭现象都没有自性可言。

好比一只鸟在湖边饮水后又飞走了，有人看着湖水的时候，能看到鸟的倒影在水里飞来飞去，能说鸟生灭了吗？您看到的只是鸟的影子，鸟影的来去不是实际的真相。

"佛性""如来""法身""不二"，这些都是不可见的。那为什么有"见道"说？"道"凭什么可以见呢？凭人的识境而显现的"观法"。

"法身"成就的地方叫"法界"，"法身"要显现出来的是"法智"，这些只是"法"的不同方面而已，"法身""法智""法境"里最高境界是什么呢？佛说是"不二"。

六祖云：禅非关文字，不论禅定解脱，唯言"不二"。

"不二禅观"要"观"什么？观能依所缘境，我们看到的对面各种各样的所缘境，包括脑中显现的意识，能够做出正确的抉择和决定。

"观"的次第是什么呢？先观"有"，再破空。

例如，观月有三个层次：一为"化月"，二叫"水月"，三是"空中月"。

"化月"指月是变化的,我们看到的不是真正月亮的样子,而是不同角度中,月亮显现的样子,样子并非实有。犹如眼翳之人,望真月时,幻见二月,即以为天上有两个月。《楞严经》中,佛告阿难:"且汝见我,见精明元。此见虽非妙精明心,如第二月,非是月影。"

第二月不是真月,真月是什么?月影是什么?此与"空中花"等为同类用语,诸法皆无实体,而迷执之众生每每妄认地、水等四大为"自身",复以相续相、执取相等六粗之相为"自心相"。

《五灯会元》记载了云岩和道吾的一段对话:

"云岩扫地次,道吾云:'太区区生!'岩云:'须知有不区区者。'吾云:'恁么则有第二月也!'岩提起扫帚云:'这个是第几月?'吾便休去。"

云岩昙晟与道吾圆智禅师,同是药山惟俨禅师的法嗣,两位大士平日里非常亲密。道吾四十六岁时才开始修行,比云岩大了十一岁。

有一天云岩禅师生病,道吾便问道:"离却这个壳漏子,向什么处,再得相见?"

云岩道:"不生不灭处。"

道吾不以为然,道:"何不道非不生不灭处,亦不求相见?"

道吾禅师说后,也不等回答,就提起斗笠往外走,云岩道:"请停一下,我要请教,您拿个斗笠做什么?"

道吾答:"有用处。"

云岩追问:"风雨来时,作么生?"

道吾答:"覆盖着。"

云岩追问:"他还受覆盖也无?"

道吾答:"虽然如此,要且无漏。"

再一日,云岩煎茶,道吾问他:"作什么?"

答:"煎茶!"

道吾:"煎茶给谁吃?"

云岩:"有一个人要吃!"

道吾:"为什么他自己不煎?"

云岩:"还好,有我在。"

这就是同门兄弟,同心非同色,两人在修道上互勉互励,彼此心中从无芥蒂。他们谈论生死,机锋疾风从无滞碍,有道在生灭处相见,有道在无生灭处相见。生灭与不生灭禅者心中均一如也。

道吾拿一斗笠,言本性无漏,房屋漏水,茶杯有漏,皆非好器;云岩论煎茶"还好,有我在!"如此淡然从容,这不就是生活禅吗?

这些对话,就涉及"化月"和"水月"的关系,是非有非非有。不能说它没有,也不能说它有,说它有的时候,它是"化月"是影子,说它没有的时候,明明有"水月"在。

"第二月"是眼翳,看到的不是月影,"岩提起扫帚云:'这个是第几月?'"则是直指法,读者于此不可混淆。

至于"还受覆盖也无""谁要喫茶"属于"空中月",本是不可说的,也就是"这个",和"不二"相应时,能真正体悟到"空中月"的禅境。

注意,有些老师教学生观空,"不二禅观"的观"空中月"却绝非观

"空"。"空"并非佛法的究竟,只是一种假设,设施的作用是为了表达"不二"密意的。"不二"无法说出来,只能凭借施设而说,"说似一法即不中",能够说出来的都不是真实的,也不是不真实的。

《圆觉经》中,佛云"空"曰:"彼知空者,犹如虚空;知虚空者,即空华相;亦不可说无知觉性,有无俱遣,是则名为净觉随顺。"

任何人通过六根感知的,都是虚幻空华,那个知道此为虚幻空华的就是"空"。故说"不中"。

修者为什么难以契入"不二禅观"呢?

第一,因为执著有"我",就立了"我所",依"我所"建立了"我所爱""我所受""我所想""我所恨",带着这些心无法相应"不二",会把"不二"看成一个选择,"空"看成一种空间,这样理解无论如何也体悟不了"空",不明什么叫不落边际。

第二,众生总共有八种颠倒:把无我当作我,把无常当作常,把不净当作净,把苦当作乐,这是凡人的四种颠倒;与此相反,不少修行者把我当作无我,把常当作无常,把净当作不净,把乐当作苦。所以八种颠倒,两种人执在两端,没行中道。

"常、乐、我、净"是佛的功德,此四种功德分有两类:一类叫"现分",一类叫"明分"。

"现分"是一种生机。正因有了生机,生命体的识境才会生起,可以成就一切时空里的时间和生命。

"现分"必定是恒常的,因为恒常,又有另一个名字叫"大乐"。大乐是佛的悲心,也称之为"大悲"。

"常、乐、我、净"四功德里面的"常"和"乐"是建立在大悲心中的,通过"现分"建立了"常"和"乐"两种功德。

"明分"呢？就是体会到什么叫"区别"。一切众生在相上有区别,明白人要会善别,这又叫"善识",故"善知识"是能善知和善别的人,但禅门不要学人有"分别","分别"是意识境里起的自分别。

世间有万物、万事、万有、万象就必然有区别,有情是有区别的,众生相是有区别的,世间相是有区别的,悟境也是有区别的,大脑会把"区别"等同于"分别",这就是混淆了。"分别"是由自我的立场来分别的,有立场才分别。修行不要的就是立场,因为立场是由"我"和"我所"组成的。

"一切法皆是佛法",就是指无论有为法、无为法,世间法、出世间法都无分别,只有区别。区别在哪里？众生不同,利钝不同,众生相不同,个人的时间、空间段不同,所以才会有区别。但有为法也是佛说,它与无为法是从不同的角度来破众生的执著,并不可以说有为法就是低级的。

依"现分",有了"大乐"和"大悲",有了"常"和"乐"两种功德。"我"和"净"两种功德就是有区别,但无分别。能出离名相,出离句意,出离一切,才叫"不立文字"。

第三,有些修者搞不清楚"空""有"的关系、"缘起""性空"的关系,认为"缘起"和"性空"是一起出现的,或者说因为"缘起"所以"性空",有先后关系,再或者认为因为"空"所以才"缘起",把"空"解释为房子空了才能住人、火车空了人才能上火车。

还有人说,"空"了才能缘起,如果不空"缘起"就不会发生,说这些话的是不明"空"为何的人。

"空"不是"没有",佛法中的"空"和"无"指的都是一种转化的能量,"观空"不是把心意识灭除,而是能"以观其妙",用心体会转化的力量、规律。万物自混沌、无明始,这是"空"和"无",虚灵纯真不是空无一物,而是万物之母。

《心经》云:"观自在菩萨,行深般若波罗蜜多时,照见五蕴皆空",就是能"观其妙"。

凡夫修行时不知师者说有说空,皆是为了对治凡夫对一切名相的执著,嗜欲深者须从有为法入手,先破"有"再破"空"。"有"和"空"虽名字不同,但是现象的一体两面,是一个东西,因缘起时是"有",未生"有"时为"空",无论"有"或"空","禅观法"就是具备了禅心的人在和瞬息万变的宇宙万物共舞。"有业亦有果,无作业果者,此第一甚深,是法佛所说。虽空亦不断,相续亦不常,罪福亦不失,如是法佛说。"

社会上因为盛行着恶,才有对善的向往;因为盛行着俗,才能显现出自然的美;因为盛行着无知,才有对智慧的希求;因为盛行着无礼,才有回归文明的渴望;因为盛行着贪欲,才有禅舍修行的必要。空、有之精妙的转化规律,不可轻易妄言。

因诸法性空,故诸法平等。如果不存在"空"这个前提,谈不上平等;如果没有遗憾和缺失,就谈不上追求和知足。

真空生妙有,即老子云"有无相生"是也。"有"和"空"就是互相转化、相对统一的圆相。

"不二禅观"的"观",是观"有",再以"有"来破"空"。举个例子,您"观"面前的杯子时,这杯子有没有?当然有。杯子是业缘和合而成的,哪些业缘呢?有水、火、土,烧制时间和炉子,业缘和合而成的,这叫"缘起有"。

可缘起有是不是真是有呢?有没有这个杯子这个事实呢?杯子打碎了,还是杯子吗?叫碎片;把它烧了以后叫灰土。所以这个东西是"缘起有",都是一些暂时的现象,在"观"修中豁然领悟各种现象之起落。

"观"又叫"自显现",自显现了什么?显不同悟境,能够显现一切现象生灭变化的规律,"自显现"能显现是一种力,显现境是一种量。

法界有两种显现法,一种是涅槃界的显现,一种是轮回界的显现。涅槃界的显现,心处于自在状态,而轮回界的显现,心是在束缚状态的。

龙树菩萨在《中论》里借用"缘起"来说明,一切生命现象和一切物质界、精神界的现象,其生起,除了要有生起之因外,还需要有助缘,这是缘起的根本。事物和现象,有了因加上助缘后,才能满足生起的所有条件。

因,是主观因素;助缘,是客观条件。

当事物和现象满足了主观因素和客观条件,满足了因和助缘时,它所呈现的状态就是轮回界的自显现。

为什么显现是"自"呢?

因为不论是因,还是缘,都不能脱离业力的牵引、脱离业力的因果法则。这个业力是由"自"而成的,并不依靠他力,所以叫自显现。

第二次世界大战时,盟军司令麦克阿瑟在诺曼底登陆后回去的路上,坐在吉普车里,看到一对法国的老夫妻,一念善心起了,把这对老夫妻叫上车,送回了家。可是有个重要的会议等着他开,结果他绕了一条路,晚到了,就因为这一念善心,埋伏在原来半路上的德国狙击手就没有杀到他。本来德军探听到消息他是从这条路上走的,哪知道他突然送老夫妻回家,这是业力的牵引。

一切业力的牵引是"自",一切因缘也是自运作的,命由己造,都是自己决定的,所以基于自己因缘生起的显现,就是轮回界的"自显现"。

正因为"自显现"由自己的业力牵引,当然能自解缚,自己能改变命运,这就是我们能够通过修行成就的原因。

涅槃界的自显现,禅门假名"这个"。为什么轮回界的"自显现"不需要假名呢?因为任何时空的现象,自然是依附在它们自己的时空里显现。

比如,人活在三次元空间加一次元时间里,这个时空是人自显现的基础。可是涅槃界是超越时空的,能够周遍一切时空,周遍一切法界。所以谈到涅槃界自显现的时候,就不能再用复杂的概念说明,祖师假名"这个"。否则人就容易误解,把涅槃界的"自显现"加在轮回界的时空概念里,以为涅槃界也同样是在三次元的立体世界,以及过去、未来、现在的一次元时间线上显现,这就完全混淆了。

为什么不给"这个"再起名字呢?因为一旦给它再起个"名",许多人又会产生另一些误解,顺着自己的认知境界而立下自己的一种概念。从究竟意义上来说,"这个"是不可思议境界,是无法定义的,所以就叫"这个",叫"庭前柏子树",叫"曹溪一滴水",叫"干屎橛",叫"喫茶去"。

概念、名相、观点、论述都是人为的、有为的、生灭的，而"这个"是本有的、无为的、不假修饰的。

祖师们不给它正式命名，因为一旦正式起了个"名"，看上去方便解释，实际上一经解释就不是原来想表述的含义了，所以"这个"是涅槃境，是本性，是佛性，是真如，我们可以赋予"这个"不同方面的不同不可思议的怪名字，不过所有有了名字的，都不再是原来的"这个"了。有多少个机缘，就会有多少个名称，哪个都是它，哪个也都不是它。怪，就是不想令人执著，不想再让人解释。

"这个"是什么呢？六祖云"菩提自性，本来清净"，清净是直入心底的生命力。

南泉参百丈，丈问："从上诸圣，还有不为人说的法么？"

泉云："有。"

丈云："作么生是不为人说的法？"

泉云："不是心，不是佛，不是物。"

问这句话的时候，南泉禅师已见过马祖，百丈禅师的问题甚是难答，也大难酬。然而南泉是作家，当然识得、破得。只便道"有"，百丈蛇随杖行，狡问"作么生是不为人说法"，南泉禅师答得好："不是心，不是佛，不是物。"

看雪窦禅师如何颂此问："祖佛从来不为人，衲僧今古竞头走。明镜当台列像殊，一一面南看北斗。斗柄垂，无处讨，拈得鼻孔失却口。"

一切众生，人人各有一面镜，森罗万象，长短方圆，于一切时中显现，为何却面南看北斗？禅法里，没有一法不空，当然，"这个"也是空。

如果我们仅有一个可以视为正式存在的事物，无论"这个"是有生命的个体，还是无生命的现象，都不符合六祖禅风。

"这个"是什么呢？相是有的、光明的、一切具足的，是不待因缘而生起的，是不受内外之分别的，也不受任何的污染而失去光明的特性的。

所以，有些祖师用"镜"做比喻，镜子能产生影像的特性，无论蒙了多少污垢，都不影响镜子本来的功能，擦干净依然反光映现万物。

"这个"是周遍而平等的，像镜面一样，无所不照，照而不分别。它不会选择只照太阳不照月亮，只照富人不照穷人，只照好人不照坏人，这样一来，我们的认识层次就不用给自己形成很多框架了，即使我们说的空性里有很多特殊的定义，比如说"性""相""用"等，这些都不重要。

我们要理解，涅槃界用现代科学来讲，是一个N次元的空间，是一个M元的时间，它是无限的，无法用三维的立体空间加四维，或加几维，是全维、全息、全体，正因为在这样的涅槃界，才会有"大乐"，才会有"阿赖耶识"的别名"阿陀那"，具足一切生命力的根本识，根本识是存在于涅槃界的。

人为什么无法体会到涅槃界呢？因为一生下来，由于业力的关系，我们慢慢懂得了什么是"我的"，玩具是我的，家是我的，妈妈是我的，从"我"出发去认识我以外的人物、现象和一切事物，这就变成了自、他，直接就产生了分别，分别就是"执著"。

凡有执著的人，必然在意结果，以结果为导向，这就同时产生分别。而"无我"的人，只问耕耘，不问结果，不生计较、得失的心，虽随缘自在，但积极做事，不是无所事事、得过且过。"无我"之人，会带着欢喜心静观万物生长而不人为造作,无分别,不判断,自然而然,平常平凡。

什么是"无我"和"我执"的人呢?

"卧薪尝胆"这个典故可谓家喻户晓,春秋晚期最后一个霸主越王勾践因为自己的贸然进攻和轻敌而被吴王夫差打得溃不成军,自己被俘,在受尽各种屈辱后忍辱负重,厉兵秣马终于打败了吴国,成就了霸业。越王身边有两位重要功臣,一位是范蠡,另一位是文种。

文种,许多人都不知其为何人,人们也常常称呼他为文仲,他是楚国郢都人,后来在越国定居。他跟范蠡一起投奔越王,两位好朋友一个擅长带兵打仗,一个擅长谋略,处理内政得心应手,文治武功相得益彰,故成为了越王的左膀右臂。

公元前494年,吴王打算攻打越国,此事被勾践知道后,决定先发制人,范蠡无论怎么劝诫他也不听,结果被吴国打得丢盔弃甲,国破家亡。无奈,越王派文种去议和,吴王同意了勾践的求和,不过战败的越王必须亲赴吴给夫差做仆人,勾践留下文种在越国守国。

勾践在吴国时,文种治国有方,他一方面建议越王对吴王毕恭毕敬,另一方面加紧国内生产,实行休养生息的国策,越国很快就强大起来,并最终复仇成功,消灭了吴国。

勾践平定吴国后,出兵向北渡过黄河,在徐州与齐、晋诸侯会合,向周王室进献贡品。周元王派人赏赐祭祀肉给勾践,称他为"伯"。越王离开徐州,渡过淮河南下,把淮河流域送给楚国,把吴国侵占宋国的土地归还给宋国,把泗水以东方圆百里的土地给了鲁国,诸侯们都庆贺,一时越王号称

"霸王"。

得胜回国的越王欲封范蠡为上将军,但范蠡果断离开越王,功成而不居,如老子言"夫唯弗居,是以不去",急流勇退同时也劝文种跟自己一起走,他从齐国给文种发来一封信,据《史记》记载:"范蠡遂去,自齐遗大夫种书曰:蜚鸟尽,良弓藏;狡兔死,走狗烹。越王为人长颈鸟喙,可与共患难,不可与共乐。子何不去?"

鸟没了,要良弓作什么用?兔子死了,猎狗可以煮了吃狗肉,有智慧的人识时务,不会贪恋名利权位,兄弟你是时候该离开越王啦!

但是文种却放不下名利,没有听进去。他看过信后,虽然声称有病不再上朝,但越王并没有忘了他。不久,有人中伤文种要谋反作乱,越王就赐给他一把剑,说:"您教给我攻伐吴国的七计,我只用了三条就打败了吴国,那四条还在您那里,您替我去先王面前尝试一下剩下的四条吧!"

是的,勾践只用了文种的三条计谋就灭了吴,可见文种之谋略;可是深谋远虑如文种,还是放不下"我"和"我所",认为自己功劳这么大,不会有什么问题,这就是执著在自己的聪明里。果然,当谗臣一进言,勾践便毫不犹豫地赐剑让其自刎,而所谓"谗臣进言诬陷",谁说不是勾践自己的意思呢?

果断离开高位的范蠡呢?至今被当成是"财神"祭拜,这除了他本人有非凡的经商能力外,《史记》中还记载了范蠡"三聚三散"的经历。

越国复兴后,范蠡放弃高官厚禄独自隐遁,功成而身退,此谓"一聚一散"。到了齐国,他更名改姓,没几年就积产数十万,齐王仰慕他的贤能,想请他做宰相。范蠡感叹道:"居家则至千金,居官则至卿相,此布衣之极也。久受尊名,不祥。"于是不收宰相印,将家财分给百姓,再次隐遁,此谓"二聚二散"。

待行至陶,范蠡看到此地为贸易的要道,于是他自称"陶朱公",留在此地开始商业贸易,时间不长又累积万金。后来,次子因杀人而被囚禁在楚国,范蠡说:"杀人偿命,该是如此,但我的儿子不该死于大庭广众之下。"于是安排少子带上一牛车的黄金前去。

没想到长子坚持要替少子去,并以自杀相威胁。没办法,范蠡只好同意。过了一段时间,长子带着次子的死讯回到家。家人都感到悲哀,唯范蠡笑说:我早就知道次子会被杀,不是长子不爱弟弟,是有所不能忍也!他从小与我在一起,知道为生的艰难,不忍舍弃钱财救人。而少子出生在家道富裕时,不知财富来之不易,很易弃财救人,我决定派少子去就是因为他能舍财,而长子却惜财,故次子被杀在预料中。此谓"三聚三散"。

为什么范蠡每到一处都能如鱼得水?是他料事如神智慧超过文种吗?非也,他最难能可贵的是"无我",能在各种诱惑、困境、生死、名利面前始终清明,进退自如,他的智慧是懂得及时舍弃,无我无私。而善于谋略的文种呢?却因舍不得放下而惨死,与好友的命运形成了鲜明对比。

真正的成功不在一时,不在聪明,不在谋略,不在名位,而就在智慧、胸怀、气量和境界上。禅修者在世间,应是不为名利绑缚的自在人,能在世间游刃有余地利他。

荧光屏上放映的剧情就是生命体业力的运作,荧光屏和电影之间什么关系?是投影关系,是自显现的过程,这个自显现怎么识别?通过"不二禅观"来观。

"不二禅观"绝对不是让情绪得到安抚、心灵获得平静的心灵放松法。如果走到这条路上,那就无法摆脱心性在修的过程中被各种歪曲,从极端的急躁变为极端的平静,这是另外一种扭曲,始终还是在"二见"里摇摆,不可能出离大脑、情绪和名言世界的游戏。

"不二禅观"是照见生命实相,契合本性的修法。龙树菩萨说"八不中道",不生不灭,不断不常,不来不去,不一不异。众生迷惑于"八不",故至六道轮回。一切众生如果执著在生灭、断常、一异、来去这八相里,以为实有,就叫"迷",能够看破实相的就叫"悟"。

由于悟到"八不"的深浅,所以有了声闻、缘觉、菩萨三乘。

三乘中的修者虽然不执著生死相里,但又执著在不生不灭相里,就是还在八种颠倒里,属于偏空的颠倒。偏空不是"悟",同样是"迷",只是迷在"空"里而已。

故一切禅门修持的重点都放在见地上,见地正才能修成,但见、修、行是不能分离的。只是道理上知道"要这么做",对其内涵还没有完全信解,理还未通,就是缺乏正见,但只要有信心,对善法非常希求,就像大热天走了很远的路,又乏又热时,突然会见到清凉池一般,踊跃欢喜。遇到清凉池的欢喜不是理论上知道有水喝了,知道没有用,能真喝到清凉水才行。

归元无二途,即是归一,一即是不二。

修行"不二禅观"就是能像菩萨一样,来往世间、出世间,什么干扰也不受,生命得真正大自在。不过要记住,进入"不二禅观"后,修者要放下前面熟悉的"六根清净"和"身语意"两种修法，惟精惟一专修"禅观"才行。四六时中，梦中都要和禅观法相应，才行。

一心不乱，制心一处才是"一门深熏"，如果您脑袋里还放不下很多东西，就无法达到专一、深通。专一、深通以后，才可以一通百通，什么东西您都可以随取随用，用之不留，观前知后，感天动地。

"不二禅观"是和本性相应的修法，本性是不来不去、不生不灭、不增不减、不垢不净的，和清净的本性相应时，就是无时无处不涅槃，那个时候您还需要留什么给自己的子孙吗？还需要什么神灵来保佑您吗？一切留下给众生，真正放下才能自在，才能脱开一切的束缚，把您悟到的一切留给人世间，成就者是什么都不需要的，越成就越不需要，越不成就越执著。

禅之圆相就是个循环，您老不舍如何能有新的开始呢？"禅舍"之"舍"，是生命最大的藏，最大的得便是最大的舍，一切都是众生的、自然的、万物万有万事的，什么也不会是"我"的，因为没有一样东西是您带来的，或能带走。"入我我入"，禅入于"我"，"我"的三业入于禅，禅与业相应互入，因而具足一切功德于"我"，"我"显现一切功德，这叫"三平等观"，即修者对世间最后的总结就是回向。

如鸠摩罗什大师，其父鸠摩罗炎出身天竺望族，弃宰相之位周游列国学道，后至龟兹，与王妹耆婆结合，生下罗什。

他七岁随母出家，过目不忘，日诵千偈，每天能背诵三万二千言偈颂，龟兹再没有人能当他的老师，于是九岁随母赴罽宾（今克什米尔）拜盘头达多为师。十岁左右，国王就派了和尚沙弥十数人，每天专门负责为他洒扫起居,持弟子礼。受尊崇若此也没有留住小罗什,他十二岁启程随母亲回龟兹,经过沙乐国时遇到莎车王子须利耶苏摩。

其实遇到苏摩之前,他的外道功夫早就已经通达无碍了,四围、五明、阴阳、心算、占卜、符咒无一不通,而自遇到苏摩潜心学习了《中论》《百论》和《十二门论》后,心服口服归于大乘。当回龟兹时,他已是大小乘通达无碍的佛法大师了。

在龟兹国时,国王为他造金狮子座,西域诸位国王来听法时,诸王皆长跪于座前,他踏着诸王之背登上法坛,说法无碍名扬西域三十多国。

罗什大师二十岁才受戒。有一年,龟兹先是大旱,什母预知国有大难,便准备动身往天竺修行,嘱罗什同行时,罗什不愿,母曰:"方等深教,应大阐震旦。传之东土,唯尔之力,但自身无利,奈何奈何?"

罗什回道:"大士之道,利众忘躯,必使大化流传,洗悟蒙俗,虽身当炉镬,苦而无恨。"

"恨"的意思是遗憾。所以,和母亲一样明知龟兹即将大难临头的罗什,没有离开,他在等机缘来中土。

东晋太元六年(382年),前秦王苻坚遣大将军吕光率兵七万攻伐焉耆,继灭龟兹,取罗什至姑臧。三年后姚苌杀苻坚,灭前秦。东晋太元八年(384年),吕光自立为凉主,鸠摩罗什随吕光滞留姑臧达十七年,期间受到各种虐待,各种戏弄、各种贬低大师皆悉忍受。公元401年,后秦王姚兴发兵,从姑臧把他请回长安,师以国师之礼,并安排八百弟子随其开始一起从事翻译的伟业。

罗什之前，中土的佛经有汉、魏晋的各种经论，行文板滞，并且格义佛法，曲解梵文的原意以及佛陀真实义。此前虽有道安、慧远等大师，但大众对佛法的认可还远远不够。罗什法师通晓佛法、汉语和梵语，博学多闻，精通音律兼具文学素养，从法师始，所议经论文字美妙无比，超绝以往各种翻译，译出的般若真义致使大乘佛法于中土大兴。

这种翻译法，是融汇贯通经意后，得意忘言，用汉文重新表达，无微不彰，无幽不显，尤其对中国文人应机说法，让人顿时明白佛法之玄妙。这就叫：依义不依文，依法不依人，依了义不依不了义，是为"意译"。

到现在为止大家用的佛经基本都还选用罗什译本。可以说没有罗什大师，就没有中土后来佛法之盛，不可能有儒、释、道三家鼎立的辉煌。

罗什法师是活生生倒驾慈航的菩萨，他涤荡之前译本的不流畅、不深入，译文深契佛法深微之理，于是各阶层，士大夫、权贵，乃至市井百姓、大修行人，才逐渐地了解佛法，佛法的光明才如日初升；到了唐宋，是如日中天。罗什法师用其行动给大众显现了什么叫回向，什么叫功夫，什么叫慈悲，什么叫无畏，什么叫有情，什么叫"大善知识"。

他在文学方面也开创了许多先河，例如今天我们耳熟能详的很多词语，就是法师所创，"解脱""宗教""出家"，还有"谛听""开示"等。

佛法说"汝谛听"，不是用耳朵，"闻思修"才叫谛听，听而不闻，闻而不思，思而不修，就不是"谛听"。

什么叫"开示"？不是老师在上面讲，学生在下面听，"开示"关键在于学生闻法后能否"信受奉行"，能"信受奉行"叫"开示"，如果没有，就是耳朵听到点声音,这些声音就像风吹过树的声音一样。

什么是"大善知识"?"大"不是指名望高、财富多、年龄大、知识广博,"大"指的是大悲大愿,佛法里不以外在的名望、地位、学历来决定大小,只以大悲大愿、能为众生者叫"大"。"大善知识""大修行人""大和尚""大丈夫",只和悲愿有关。

"中国禅"修养的"不二禅观"和小乘的"内观法"等其他观法是不一样的,不在意消业、灭业,而是在业里可以自在。

禅者颂
学

百尺竿头未曾休,
明明有路人不游。
鱼龙出入任浮沉,
十方光照代代秋。

太極

第五节 不二中道

如果一定要说"中国禅"修养有什么目的地,那必然是通过禅修契合"不二"精神,人能常行"中道"。可以说"不二中道"便是禅者的皈依处,是彼岸和清净地。

虽然笔者每本书都反复提到"不二"和"中道",但还是有不少人会问:什么叫"不二"?"不二"是"一"吗?"二"是什么?……

对于"中道",却通常认为好理解,就是不乱出头,在两边之间取一个中间点,就叫"中道"了,如果这么解释,即将"中"变成了一个固定点,两端一旦被固化,就变成"二"了,"中道"就成了"二"道。

我们一定要清楚,不二的"二"是固定的,而中道的"中"是灵活的(有兴趣深入的读者请参考拙作《高明中庸 修身为本》)。

生活不是一个数字,不会是"1的一半是0.5"这么简单,生活不能以数字来确定,比如谁能说我自己爱一半?懂一半?懂一半即不懂,有形的金钱利益可以分割,但生活中更多是无形的,无法用数字划分清楚的人、事、境、心、物、情、爱、欲等,人的智慧也体现在无形部分的起用和把握上。

无形的中间点怎么取?有明确的数据、分析来划分吗?例如修炼过程中,怎么让修者既不落于苦修,又不放任自己,这个中间点有明确的0.5吗?很难说您每天修炼三个小时,就是在行"中道",对有的人来说三个小时已经过分了,对有的人来说三个小时修炼却远远不够。并且每个人不同时间的"中"也是不同的,情绪、状态、健康、时间、环境不同,"中"不同,唯有"二"会相同。每个生命体、生命体的时刻都是不一样的,"中"无法用数字衡量,能善用"中"是大智慧,般若智慧就表现在知道什么叫"适度"上。

有的人之"中"看上去特别极端,导师要求每天十五个小时修行,这明明是极端啊,不是说不要苦修吗?为什么这样呢?其实禅门几乎每一位祖师都想各种方法把弟子逼到了死角,逼到无处转身时,灵光才可能迸发。这个死角是不是"中"呢?不用极端的手段,学人如何向死求生呢?如果这些极端的死角不是"中"的话,那岂不是祖师们变"二"了?

"中"即"不二",绝对不是世间人理解的"老好人",两边不得罪,或者不要用极端方法,此时的极端恰好是"中",然而没有智慧的人就把握不住这个度,把"中"固化成了"二"。

我们再换个角度讲,"不二中道"也可以叫"不道二中"。

世间法中,一切科学的终极是数字,世间的法律、条文等都是数化的硬性规定,但凡硬性的就不是"中"。如果只是对两端之中其究竟是哪一端的权衡,是两者之中的一个判断和抉择,比如:他是罪犯吗?这件事做还是不做?这是"二"范围的抉择。"二"不是不好,它是世间法能有效推行、不混乱的保障。

但是出世间智慧则不同,禅无在不在,一切都可能是"中",没有固定的地方叫中心,也没有一个位置是中位,只有脱开了固化性思维的时候,才能时刻在契合转变的"中",秉行"中"之"道"。这就像走钢丝的人,没有一个点是固定平衡点,一切都是在动态中保持平衡,您走不了钢丝,是因为平衡性不好,对于平衡性好的人,钢丝就是平地。

如果不理解"中"的灵活性,也就不会理解"道""禅""佛""法"。由于我们越来越习惯"二见"的思维方法,"二"之用固然好用,但用"二"固化思维,就惨了。这就和把"术"包装成了"道",例如茶道,何为茶道?用茶来契合道的方法,不是茶杯怎么擦、用什么水泡茶、茶具的摆放如何讲究、喝茶之前如何洗茶、杯子要不要温、茶壶用什么质地的更好、四季应该喝什么茶……

过于注重这些微末细节、养生功能、茶器的名贵精美时,哪里还有什么茶道?"茶道"如此,"花道"呢?也同样,把花剪下来插在瓶子里,人为造作地摆出各种形态就叫美吗?花长在地里是有生命的,没有什么花不美,也没有什么自然生长的不美,剪下来插入瓶中的花,被人为插成"好看"样子的花,还有生命力吗?没有了生命力的花谈得上美吗?

用人为的"美"来偷换自然本身的美,这是背道而驰的"术"!茶,本是自喝时清明、对饮时利他、众品时清净的"道",哪有那么许多造作?花亦是。

观花开时和花的全情绽放相应,观花落时能和生命无常相应,不就是花道吗?瓶中之花,如入笼之鸟,哪里还能称得上"道"?

从世间法"用"的角度,生命体是物质的,很难用灵活来管理,当然必须善用"二法",分出善恶、对错、黑白来。可精神世界、出世间则不然,本体分不出固定的"中"来。

精神世界包含了两部分:情感和理智。精神世界真正强大的人,情感和理智能够不二圆融叫"中",圆融不二的心,是生命的"中心",能和光同尘,和而不同,无不能包容在中心里。

"中心",现代社会多用为"商业中心""文化中心""经济中心"等名词。

这个"中心"是"本迹"的"迹",有一个具体地点叫"中心",可是"中心"原来的重点在"中"上,"中"是"心"的寄托点。"中"是"中庸""中和",人能以"中庸"和"中和"为心,叫"中心"。

世间法可以用语言文字表达、有逻辑性、有体系、能够自证,反过来说,如果不能用语言文字表达、没有逻辑体系,在世间就不科学,因为无法实践和证明,可精神世界确实没有逻辑体系,无法用语言文字详尽表达,也无法实践和证明。精神世界的变化性、微妙性,是无法用定理来定义的,所以只能说"不可思议"。

"不可思议"不是不能思议,"不可说"也不是不能说;只是说,能说出来的只是很微小的一部分,因为不说也不行。

在精神世界里,同一件事情,于不同时间、不同地点、不同环境、不同温度、不同身体状态,结果可能千差万别。怎么能用一种状态来定义呢?又如何界定哪个时候的反应是对、哪个时候的反应是错呢?

禅者在禅舍修什么呀?越来越明白语言文字是游戏,明白世间法的规律、局部和全体、无常性,等等。

为什么这里说"不二中道"也可以叫"不道二中"呢?

"不道"的第一层含义,是不可道,"道可道,非常道",语言文字可被"道"出来的,仅仅是"道"的微小部分而已,如果认为这些就代表"道",属于无知。常道不是恒常不变的、经久不衰的、在不断运动和变化中的,哪有恒常不变的"道"?

"不道"指的是没有叫"道"的东西,像水泥路一样盘桓在您面前。"道"

隐含在万物、万事、万有中,万物、万事、万有中,每一个现象都是道,每一个现象又都不是道。

祖师们常说的"祖师西来意",什么"这个""庭前柏树子""麻三斤""干屎橛",实际上说的就是"不道","不道"的含义是:这不就是"道"嘛!当下一念全体现啊!"道"时刻在眼前,还用说吗?

老子的表达方法是一个否定句:道是不可说的,道都不是常道,说出来的都不再是"道"。

而禅门祖师则是另外一种表达方式:举足下足、行住坐卧、语默动静,哪里不是道呢?哪一点不是道的全体现呢?什么人、事、境、法中不能悟道呢?为什么还需要去找一个专门的道相呢?

达摩祖师初见梁武帝,武帝问:我建了这么多寺庙,有没有功德?

祖师答:实无功德。

帝问:对面者谁呀?

师曰:不识。

什么是"不识"?就是"不道"。

大部分学者解释"不识"是"不知道",武帝当时必然也是这么以为,所以才生气:怎么会连这个都不知道呢?

梁武帝不解祖师语,因为他的境界如此,故两位言谈不契。而达摩祖师的实际含义从禅的角度理解,"不识"的含义:这不就是"道"嘛!不是否定意而是肯定!您还问什么问?问,是因为武帝您自己"不识"啊!

可见,两种境界的人对话多困难!祖师对武帝说的话,就是个圆,您此刻在高处,如果"不识"下一刻就可能在低处了。

"不识"无常、"不识"空、"不识"道在何处,以为"造寺设斋"有什么功德,固执在这些相中,就是愚痴。世间万物是循环变化的,没有个固定的位置、阶级,没有智能的人就不识因缘的转变,迷惑在现有的环境、身份、角色和地位上,故,文采斐然、笃信行善的老好人武帝终被自己的愚痴害死,以致于在侯景之乱中被活活饿死。

如果说梁武帝是真好人,那么历史上也有的是真小人,汉朝的王莽便是其中比较难以识别的一位。

他本出生望族,是元帝皇后王政君弟弟王曼的儿子,成帝在位时,王莽的祖父和伯父、叔父均封了侯。王莽的同族兄弟,都是纨绔子弟,王莽却没有这些习气,从小努力学习,对母亲恪尽孝道,对长辈礼貌有加。后来被征为黄门郎,开始了仕宦生涯,因为严于律己、谦恭谨慎,仕途一帆风顺,声誉越来越高。

他有个姑表兄叫淳于长,官居九卿,深受成帝和元后宠信,王莽一直不动声色,暗地里搜集证据,最后置其于死地,不仅对待政治上的对手毫不留情,就是儿子犯了罪,他也逼着儿子自杀。后来女儿当上皇后,他高风亮节不要后父应得的土地,人人皆以王莽为圣人。

可是谁能想到,"圣人"王莽是在利用汉政权腐败衰朽、失去人心之机,赢得人心,最终篡位当上了王。

王莽如果真是"圣人",登基后就该好好治国,使社会衰微破败的局面改善,人民安居乐业才对,但这位自小饱读圣贤书,为了达到目的不择手段的"正人君子",却令到当初对他寄予厚望的善良民众大大失望。谁也不曾想到,正是这个再世周公,把他们推入了更深的苦海。

王莽做了皇帝之后,为了巩固取得的权力,进行了各项改制,改制的原则是完全依据古代经典制定的,史称"托古改制"。由于改制根本不从实际出发,结果给国家带来了大灾难,尤其是币制改革,十五年改了五次,铜钱越铸越小,面值却越来越大,造成巨大的经济混乱,民不聊生。

经济不好,却挡不住王莽对外征战的步伐,加上连年灾荒,民间人吃人的现象屡见不鲜。改制前西汉人口近六千万,改制后期已不足三千万,也就是说,一半人口被"圣人"害死了。忍无可忍,也无需再忍,起义成了必然。

王莽在政权垂危之际,居然发动官吏和百姓大声悲哭,以哀求上苍保佑,谁来哭就给谁饭食,哭得豪壮大声者还任命为郎,由此被任命的竟达五千人。但这能挽救国家的命运吗?

最终,政权被推翻,王莽被杀死。被杀后,他的头被送到宛城,悬挂于街市,人们恨他称帝前将好人做尽,称帝后无视民生为所欲为,所以把他的舌头割下来切碎分食了,头骨被处理之后涂上油漆收藏到皇宫武库中,成了死后唯一被割下舌头的皇帝,他的头颅一直被收藏了二百七十多年,直到晋惠帝元康五年,宫中失火才被烧毁。

为什么举世无人能识王莽是伪君子,为什么这么有心计的人登基后却无法管理国家?为什么自幼熟读经典却最终害死了那么多人?这是我们需要从历史中反思的教训。

离开王莽,我们再去了解一下另一位历史人物:陈平。

汉高祖刘邦在历史上本就是有争议的人物，有人说他是地痞流氓，有人说他是知人善用。他麾下有两位大谋士，其中一位和他一样有争议，这便是陈平。有人认为陈平是阴谋家，是奸相，是独善其身的小人，有学者却评价他说："六奇既用，诸侯宾从于汉；吕氏之事，平为本谋，终安宗庙，定社稷。"这么肯定陈平的大学者是太史公司马迁。

陈平就是陈平，他善谋国事也善谋自身，他心思细密却能屡出奇兵，谨小慎微却又胆子大得要命，能在各种关键时刻临危不乱，这种人和王莽的伪装有天地之别。

他一共给刘邦献了六计：

一是离间项羽、范增，楚势由此颓衰。

二是乔装诱敌，使刘邦从荥阳安全撤退。

三是封韩信，得大将。

四是联齐灭楚。

五是功成之后计擒韩信，使刘邦翦灭异姓王而固其刘家天下。

六是美人图。

说陈平是小人的人，有本事解白登之围吗？

刘邦晚年由于轻敌，亲征匈奴，被困白登，汉军在被围后七天绝粮，饥寒交迫，危在旦夕。陈平告诉刘邦，可令人画美人图，用来解围！什么？用美人图救百万大军？谁信？陈平信！

刘邦死马当活马医，只好派人画一幅美人图送去，送给谁？陈平说送给冒顿单于新得的阏氏，告诉她，发动这次战争的主要原因就是单于为了夺美,于是单于后院起火,阏氏对冒顿单于说:"军中得到消息说,汉朝有几十万大军前来救援,只怕明天就会赶到了。"单于不信,阏氏又说:"汉、匈两主不应该互相逼迫得太厉害,现在汉朝皇帝被困在山上,汉人怎么肯就此罢休?自然会拼命相救。就算这次你打败了他们,也灭不了汉帝,等救兵一到,内外夹攻怎么办?你看现在他们被围了七天,军中没什么慌乱,想必是有神灵在相助,不如放一条生路,以免以后有什么灾难降临到咱们头上。"

冒顿就采纳了阏氏的建议,打开包围圈的一角,让汉军撤出。

生死攸关之际,能有胆子出"美人图"奇计的,能是胆小猥琐的小人吗?陈平年轻时所居的村子里祭祀土地神,主持割肉的人每次都很难将祭肉分配得公平,唯有陈平做得好,人人都称赞陈平会分肉!陈平说,我不仅会分肉,如果以后让我管理天下,我也会管得公平。分肉其实不是小事,关键在于会不会读懂人心,陈平知道,人不在意自己得多少,而是别人得多少。这"小事"被太史公记入《史记》,说他在砧板上分割祭肉的时候,志向已经很远大了。最后出妙计解救纷繁的危难,消除国家的祸患。

到了吕后执政时,诸事多有变故,陈平却能自免于祸,最终安定汉室,保持自身的名望,能善始善终,难道不全凭智慧吗?

假若他没有智慧和谋略,真的功成身退,谁能与吕后制衡呢?陈平的自保是为了人民,假如不懂得保护自己,又如何能最后应机而出安定国家呢?

能善于保全自己不是小人,不是所有人都需要像范蠡一样。智慧在于审时度势,因势利导,没有一种固定模式,否则就是"二"了。

陈平刚投奔刘邦时,很受刘邦的赏识,得到了重用,这就惹来了不少重臣的嫉妒,就有了流言蜚语。给刘邦传谣的是资历较深的大臣周勃和灌婴,说陈平作风有问题,"盗其嫂",是个品德败坏的小人,能下作到和嫂子私通。面对这样无法解释的谣言,当事人往往有苦说不出,而造谣的人要的就是您哑巴吃黄连,无法解释。所以,陈平置之不理,原无芥蒂,何必与人作龌龊之辩?

这不久又有了第二个流言,说陈平朝秦暮楚,不忠心,背着刘邦拉帮结伙,大逆不道,此时陈平却及时给予驳斥,话说得不软不硬、不卑不亢,既向刘邦讲清了事情的真相,也给造谣的人有力回击。

这叫小事闭只眼,大事不糊涂。这就是最后陈平能避吕氏锋芒,用司马迁的话说他是"脱身于其中",行韬晦之计等待机会的智慧。司马迁最后评论他:"定宗庙,以荣名终,称贤相,岂不善始善终哉!"

没有智慧,只能跟着风气随波逐流,而有智慧的人,是引领风气、化导风气的人。"不二"智慧在世间,是能用一切法,能生一切法。能观一切人和事,能于现实社会为人民谋福利的人,就是智者。

这个世界上没有一个人是完美无缺的,圣人同样有两面,如果一个人看上去和王莽一样没有瑕疵,这往往才有问题。只有愚人、小人、迷人才会去揪着别人的隐私和阴面不放,不过能主动显露出瑕疵的,也是智者。

秦灭楚时,嬴政召集将领们商议需要多少军队。李信说二十万,老将军王翦却说非六十万不可。秦王就很不高兴,说:王将军怎么这样胆小?

于是就派李信带兵二十万去攻打楚国。不出王翦所料,李信打了个大败仗。秦王没办法亲自跑到告老还乡的王翦家赔罪,请他出山,并给王翦六十万人马,出兵那天,还亲自到灞上摆酒送行。

王翦出兵的路上,一路走,一路派人送信给嬴政,一会要块封地,一会要些钱财,手下人很不解,将军一生清廉,何时开始爱财了?王翦说:你们不懂啊!六十万大军是秦国举国之兵啊!我贪小财,秦王才能安睡啊!

故意示弱,这是水的智慧,水从来都是往低处流的,水低成海,以至于广大。

人活在世间,能学会站在对方角度思考问题,叫智慧。笔者无意于讨论秦灭楚的正义性,也不想讨论王莽、陈平、王翦等人的高低,而是希望读者从这些人物身上照见自己。自己会不会被王莽一类的好人迷惑?有没有陈平的定力和智慧?有没有王翦的沉稳和谋略?

对比古人,今天的人多数太浅薄,以为赚了点钱就了不起,如果人生没有智慧,您的财富、地位能保多久呢?您的本事能比文种还大?可是如王莽一般登峰造极又如何呢?我们通过修行契合"不二"智慧,这是人类智慧的最高点,越多人能契合"不二",是人类之福,能起用"不二"智慧的人才是"王"。

"中道"是具备了"不二"心者的行为准则,这个"道"是菩萨道。人类最高的智慧、最高的哲理、最高的思想、最究竟的法,是"不二";一切圣人、真人、祖师、菩萨所行的道,叫"中道"。

世间和"不二"对应的说法叫"和谐",和"中道"对应的说法叫"平等"。

和谐,是从人与社会的角度来讲的;平等,是从万事、万物、万有、万象所出来的现象来讲的;不二,是从宇宙终极意志来讲的;中道,是从生命体起心动念、各种行为来讲的。

禅者最终要到达的四个目的地就是:秉承"中道",契合"不二",内外"和谐",众生"平等"。什么是生活禅?这就是。

《坛经》中六祖给弟子们留下了什么?即三十六对法,一切禅法从三十六对出,一切法,要对应来说。

比如说了空,您就得再说有;说了是,就要补说非;说了善,就别忘了说恶;如果学生执著了,就破,破光了,就开始说起用。

故此,禅法有的是从主观的角度说,有的是从客观角度说,说来说去,就是不离"不二中道""平等和谐"。

真正的禅导师讲法,永远有两个角度的,有时候看上去自相矛盾,仿佛不能自圆其说,唯有这样,才能两面一起对应出来,不执在一面上。如果偏在一面,不能说是禅法。

我们这里说"不二"是本,"中道"是迹;"平等"是从客观角度讲,"和谐"是从主观意识角度讲;"中庸"是主观的,"中心"是客观的。所以,讲法的老师,一定要从多种角度去拓展学人视野。

因为语言文字的限制性,人只有一张嘴,只能说一段话,故在说的时候,只要开口就一定是有偏的。但师者会做到嘴上在讲客观现象的时候,心里其实已经有了主观方面的思想;在说主观方面见解的时候,心里也包容了客观方面的成分,所以虽然嘴说出来只能是一个角度,可心中必定是圆相。普通人不是这样,在说客观现象的时候就忘了主观意识,这样会偏激,因为只有一面。

和谐的社会是开放的,这意味着内部会产生各种自相矛盾的观念,正是这种矛盾,让人和社会具有多种选择、多种可能,不断成长。反之自我失去了自相矛盾时,只相生不相克,就会自以为是。普通人之所以普通,是无法看到自己的问题,内心只有一种声音和观点,并且自己无法修复自己的问题,即使知错也不知如何改。

人有错误有遗憾才能成长,正如海浪有伏才有起。真正的智者,能从低处、矛盾处获益,而非陷入与错误、矛盾的对抗中。人应学会从矛盾交织中成长、省悟。能主动自我矛盾的人,看上去常变,好像不靠谱,是的,因为凡人的谱和智者不同,美妙的乐声需要和音,智者的心音本就是和音,和,是高低相倾的妙音。

平等和谐、不二中道、自利利他就如鸟之双翼,少了一个翅膀是飞不起来的。许多人认为,自利好理解,帮助自己成就,利他就是去做好事,利他,其实不是做好事的意思。

自利是自修,自修而成就。利他是他修,他修而成就,您能够指引他帮助他走上心清净的路,帮助他发愿成就的路,才叫利他。让他自己发愿,他能自利,是您的利他。

利他,他是主体,千万不要强迫他,影响他能够主动发愿,愿意主动改变生命状态,这是利他功德,并不是给他帮忙办事,解决实际困难,送点钱,或者强迫他按照您的意思做。真正的利他是影响他找到适合他成长的路。自利和利他什么关系呢？自己功夫、智慧提高了，那么影响力、感召力岂不就同比例增加吗？

什么是禅门功夫？唯指禅定功夫。

所谓"定中生慧""定力"指的都是禅定，也可以说其他一切修炼都是为了禅定功夫的提高，但凡不是从定中发出来的慧，全是大脑意识里生出的小聪明。聪明是被利益带动的，不稳定、不牢靠、不长久，而智慧不会。不过，有智慧者必有定力，没有定力基础的还是属于聪明；有定力者则未必一定有智慧。

六度波罗蜜，以智慧为总结，一切修法也以智慧为终极，"不二"是最终极的智慧，"中道"便是日常中智慧的起用。

《坛经》说禅者需"定慧等持"，智慧者如忽略了禅定，就会不知觉地自傲，智慧于是蜕变成聪明而不知。故，从修者自利的角度说"定慧等持"，而从利他的角度说是"悲智双运"。

禅定功夫有什么表现呢？首先是八风吹不动，万境自如如，身心不为外界环境、人、事的变化而随波逐流；其次，就是可以和宇宙万物、法界、一切佛菩萨、祖师相应，相应的能量是功夫。

功夫，是发动机，没有功夫的人就像交通工具缺乏了发动机，最多只能是辆自行车；定力强的禅者，可以像火箭一样，瞬间飞入太空，能出入生死，往来涅槃，周游古今。这些是禅定的能量，不是知识。

功夫越深能和宇宙万物沟通面越广，而没有功夫，依靠仪器和大脑意识的人，即使能和万物沟通，靠的是机器和技巧，沟通层次只是浅层。因为无法深度沟通,所以越来越互相不理解、不信任,和谐性当然也越来越差了。现在社会是什么情况呢?常常是各种冲突。宗教的、民族的、文化的各种冲突,表现方式越来越极端,这和前面提到的禅者自我矛盾有什么不一样?一种是主动的,一种是被动的;主动的矛盾是自己可控的,被动的矛盾是身不由己的。

这么说是不是现代人就不如古人呢?当然不是,人类之所以会发展到今天,一切都是因缘和合。没有什么因缘叫好因缘,什么因缘叫不好因缘。从本质上来讲,不存在"这样就不好"。人类如果偏离了,出现了生态不平衡怎么办?不平衡自然会导致一些结果,地球温度变高了,环境被破坏了,会产生新的因缘,一切都是潮起潮落一样。能说潮落不好吗?会有下一个潮起,一切都是过程,是一圆相,没有哪个点是终结点,这个缘结束便是那个缘生起,没有什么好缘和恶缘。

现代科学探索的范围,对比我们已知道的宇宙,亿万分之一都不到,人类只是地球地表的生物,地底有什么生物吗?地表和地底的通道在哪里?地球有没有自转化能量?现在的人类及人类科学,在宇宙中不过就是一粒微尘。对地球来说,究竟有多大影响?人类不知道,但是现在的行为对人类自己有影响,倒是真的。

我们要挽救的是人类自己,是现在这期的人类要自救,不是要救地球,地球不需要人类来救,也救不了。人类如何自救?从心开始自救。如何能使彼此不同文明和谐起来?唯有包容和平等才能共存。

人类社会的发展,无论战争、瘟疫、灾难、繁荣,都是过程和现象,战争会过去的,繁荣一样也会过去的。佛说,高者必坠,积者必竭,生者必死,聚者必散。修,是为了能够不被暂时的现象所迷惑。

面对今天的人类,我们能做的,从自己自利再到有更大的影响力、号召力,去积极利他,这是禅者能做的、必须要做的本分事。

什么是自私呢?看看蝗虫就知道了,大量繁殖的蝗虫把一切的草木都通通吃光,横扫千军,它们肆虐几百公里,过境之处,寸草不留,最后实在找不到东西吃了,就全部饿死,这不就是活生生的案例吗?自私自利的膨胀会导致种族灭绝。

共生、共存,不是说没有竞争,而是说承认对手的存在,承认社会的多样性,承认彼此和而不同,才是大同,这样的共生和竞争是一种良性的能力。

每个生命都是宇宙的全息投影,您真正能了解一个细胞、一个电子、一个中子、一个中微子,就能了解自己生命中的密码。凭什么您认为这个细胞只有一种功能?细胞的思想您了解吗?细胞的生命能量您了解吗?为什么有些生物能雌雄合体?为什么有些能自我繁殖?宇宙无限,生命无限,奥秘同样也无限,想要学游泳,您必须下水;想要理解生命、禅境,您必须实证实修。

许多词,例如出入、往来、大小,这些都是描述功夫的。智慧是什么?智慧是本性,本性是不生不死、不来不去、不一不异、不常不断的。不存在什么出入、往来,能够自由变化的全是功夫!自利的时候,缺乏功夫,如何自利呢?故需要修的是功夫,智慧不是修出来的。

功夫需要忍辱精进,需要日积月累,这是从主观方面来讲的,是自己带动自己的,自己偷懒就提高不了。所以修者能提高功夫完全是靠主观的能量,是自己的精神带动的。相对来说,利他靠的是智慧和方便,方便是客观的,以对方的需要、接受程度、境界为主,您无法强迫对方忍辱精进,您只能想尽一切的办法去影响他、感召他,用方便法来带动。

方便,又叫善巧方便,师者看待一切众生要像妈妈一样,对身边的众生像婴儿一样,哭闹不讲道理,妈妈会用逻辑的方式跟婴儿讲道理吗？既不会指责也根本没有道理可讲,婴儿根本听不懂,怎么办呢？用爱、有情,用慈悲和包容心转化,遇到不同的情况自然会有对应的方法出来,该关心时关心,该翻脸时翻脸,怎么带好孩子,是妈妈的善巧方便。

这就是禅门师者的老婆心,如果用逻辑的、死板的、教条的方法去对待刚入门的人,以为初修者是成人,就该讲道理,这根本不是利他,是在残杀。学生入门时的生理年龄和修行境界没有半点关系,刚接触的人,无论年龄多大,问的问题、思考方式大多像孩子一样,如果您一张嘴就是一堆堆大道理,把人家刚刚生起的求法心杀得干干净净,这还是禅法吗？

善巧方便,是利他的根本,一切众生利钝不同,导师一定要用相应的方法连推带拉地让学生适应,为什么有人一张嘴就满嘴道理呢？慈悲心不够故,主观意识强,缺乏沟通技巧,语言能力不丰富,说话生硬干涩,这是病！

生物链上,没有哪一种生物属于低等的,否则就不叫链条了,链条一环断了,链条还能链起来吗？那么同样,您不过比别人早接触一段时间,多读了一些经典,有什么了不起呢？

莫轻初学,莫重老参。六祖云:"欲学无上菩提,不得轻于初学,下下人有上上智,上上人有没意智。"大师对一个童子都称为"上人",可童子呢?还称大师为"獦獠"。

轻视初学,用深奥难懂的道理惹人反感是断人慧命。古人云:"宁断三江水,莫断人慧命。"断人慧命甚于害命,真正有慈悲心的人,就不会老想着卖弄,而见地透彻的人,智慧就像涌泉一样从胸中流出,毫无滞碍,不会因为说得浅而怕人笑,不会因为懂得多而生出我慢,此乃禅者风范。

法国哲学家笛卡尔提出"我思故我在",这是近代哲学开启的标志。他为什么提出这个命题,因为他开始普遍怀疑,笛卡尔普遍怀疑的方法是为了解除传统经院哲学的盲目信仰主义与经验论,以及宗教信仰的合法性所构成的威胁,怀疑是笛卡尔为确立自己认识论而采用的工具,怀疑本身不是目的而是手段,他要通过普遍怀疑去寻找确定的、不可怀疑的东西。

什么是"不可怀疑"的呢?笛卡尔首先对感觉进行了怀疑,认为感觉是不可靠的,会随着环境等其他因素的影响而改变。其次开始怀疑年幼时所接受的东西,年幼时由于心智不成熟,没有判断是非的能力,对于所接触的一切只是被动地接受,而不是凭自己的意愿去选择性接受,所以年幼时父母、学校、社会教给自己的知识和经验也不可靠。最终他找到了有一件我们不可怀疑的,那就是"我在怀疑",因而"我思故我在"的思想诞生了。

"会思考的我是我的第一真实所在",这个结论反过来说就是:如果我试图怀疑这个"思考的我"的真实性,那么"怀疑"这个行为本身成为思考的一部分,从而证明了"思考的我"存在,故此"思考的我"的真实性是不可怀疑的。

那么真是如此吗？用禅门的角度我们来参究一下"我""思""在"这三元素。

是我"在"是因为"我"会"思"，难道说不"思"就可以判断"我"不在吗？

"我"是什么？如果仅仅是指肉体，那么植物人思不思？昏迷者思不思？不思就是其不在吗？

如果"我"不仅是肉体，指的是精神，不"思"就没有精神了吗？无思无虑的人就是不在吗？

"在"和"思"是必然关系吗？能"思"而不在的有没有？"在"而不思的有没有？

什么叫"在"？肉体有形的"在"就是"在"吗？无在不在的"在"还少吗？

……

笔者拜读西方哲学各种著作时，深刻感受到东西方思想的不同，西哲认为人的思想意识和存在相辅相成，存在是有实根实据的实体，是实在的，所以只受本身约束不受思想制约，反过来说，因为实际存在所以决定了思想。然而，东方智慧却不是这样认识，如果仅有实体叫存在，那只能称为物理性或生理性存在，是一种有限的存在。故此，可以说东西方的立论基点不同。

思想是什么？精神是什么？西方强调的"思"指的是思索能力，然而生命体的存在不仅仅是肉体，也不仅仅是思索，那些都不是全部的生命，生命的核心不是功能而是真心，思索是人的大脑功能，而心却无所不在、无所不相应、无所不能起用，如果把心仅仅退缩成身体和大脑意识的部分功能，那么生命体怎能无量起来？思索功能是无常的，会被时空、境界、见闻觉知局限，而有什么能局限心呢？

就像有些人把"中国禅"仅仅理解为禅宗，现代禅宗作为宗教方式的存在是有限的，反过来说如果失去了宗教场所，失去袈裟，"中国禅"难道就不存在了吗？

"中国禅"本来源于生活，必然回归于生活，禅，不能成为固定化、符号化、格式化的一种存在，而是无所不在的存在。

禅存在于生活，存在于禅本身。

比如一个动物，它永远就是一个动物，鱼也好、猫也好、狗也好，它不曾意识到自己是狗是猫是鱼，当然它也不明白它自己包含了"佛""禅""法"的种子。它不明白这一点，所以就不能超越这点，不能丢掉自己的动物身，所以就不能回归到宇宙的佛性、本性中。六道之中，唯有人能觉醒的原因，是因为人比动物有灵性。

为什么动物不会对自己悲哀的、不幸的、不公平的命运发出感慨，不会抱怨，不会后悔，不会憧憬呢？因为根本意识不到原来自己有隐藏的真心，有本性。所以它也在禅中，但是它并没有因禅而发起修行、因禅而能转化，只有人类能于生活中发现并起用禅的智慧，这就是"生活禅"。

一切众生都有佛性，都在佛中，都在禅中，但是唯有人可以明白自己原来是有奥秘的生命体，并且能通过修行的方法去解读奥秘，去和奥秘相应，这叫灵性。

饥来吃饭困来眠，就是在吃饭和睡眠中，也能够契合禅心，而不是和动物一样,该吃吃该睡睡,根本不知道自己还有个本心、真心在。

只有消融了自我意识的人,才能和本来面目相应起来。从群众中来的,怎么不能回到群众中去呢?自然里来的,怎么不能回到自然里去呢?佛法是众生中来的,那就要回到众生中去啊!不能把自己变成和众生不一样的另外一种特殊人。

仰山慧寂禅师曾当众打破师父沩山灵佑送来的镜子。一次,沩山灵佑禅师想念在外开山弘法的大弟子仰山,便派侍者送去一面镜子,仰山接获后便上堂问弟子们:"且道是沩山镜、仰山镜?若道是沩山,又在仰山手里;若道是仰山底,又是沩山送来。道得即不打破,道不得即打破。"

弟子们无语,仰山三问,还是无人回答,师遂将镜子打破。

沩山灵佑禅师为什么想念弟子的方法是派人送镜子呢?仰山禅师收到镜子时和师父是否心心相印呢?为什么摔破镜子呢?弟子们为什么答不出来仰山禅师的问题呢?这就是读者们需要参究的话头。

仰山慧寂禅师是广州人,九岁时,父母送他到广州和安寺出家,可是十六岁时,父母又想尽方法把他骗回家来,令他还俗,准备好了一门亲事让他马上娶妻,慧寂大急问:"为什么?"

父答:"从前我和你母亲之所以要送你到寺院出家,是因为小时候遇到一个算命先生,说你命中犯凶煞,不入僧门求菩萨庇护便无法长大。现在你已经度过了厄运,当然要还俗继承我们叶家香火,何必再回寺里过清苦生活?"

慧寂听后悲痛万分,一方面觉得父母迷信什么算命先生,一方面又利用菩萨保全儿子性命,再一方面如今厄运一过就立刻背弃佛门,这种愚痴无知的伪善伪信,这种自私自利的欺骗行为,实在是太令人痛心,实在是大罪过。慧寂知道语言上的争执没有用,于是趁人不注意,将自己左手无名指和小指一刀斩断,他将两个手指盛在盘里,自己捧去见双亲,长跪不起道:"孩儿为正信弟子,此生誓愿求取无上正等正觉,绝不还俗成家,今断二指以示决心,请双亲成全我的愿心!"

父母看到盘里血渍斑斑的两截断指后大惊失色,知其意志坚决,只好不再勉强。

仰山慧寂十八岁时,到江西吉州拜访南阳慧忠禅师的法嗣耽源,据《仰山语录》云:"耽源谓师(仰山)云:国师(慧忠)当时传得六代祖师圆相,共九十七个,授与老僧。乃云:'吾灭后三十年,南方有一沙弥到来,大兴此教,次第传授,无令断绝。'我今付汝,汝当奉持。遂将其本过与师。"

也就是说慧忠国师将六祖传授的圆相图整理出来的,传给了弟子耽源,并嘱咐他在其灭后三十年,等一南方来的沙弥,于是耽源等来了仰山,仰山在耽源处接得圆相九十七图本通览后,立即将之焚毁。

后来耽源向仰山问起此事,仰山告诉他已经付之一炬了。耽源责难道:"吾此法门,无人能会,唯先师及诸祖师、诸大圣人,方可委悉。子何得焚之?"仰山则说:这些圆相只要会用,又何必执著原来的本子呢?说完,他重新画录一本呈上,无一遗失。

这便足见其对耽源所授予的九十七圆相过目不忘,可以随取随用,随用随弃。之后,耽源与仰山间经过了一番圆相的勘辨印心,据《仰山语录》

记载:"耽源上堂,师(仰山)出众作此〇相,以手拓呈了,却叉手立。耽源以两手相交作拳示之。师进前三步,作女人拜;耽源点头,师便礼拜。"

从这则勘辨可以见到,圆相并不是单独使用的,它与当下适应的身势、环境、人物等都需要结合起来,方云契机。圆相与诸境的配合,便形成了另一种活生生的"圆相",用无声传心声。石头和尚当年叫大颠宝通禅师"并却咽喉唇吻道将来",也就是要夺去有声,从而托出无相的心声来。

祖师有无穷无尽的教法开示,其目的无非是要学人彻见自心,将本来面目如如呈出。圆相亦是无言禅法的一种方便。仰山在耽源处学得九十七种圆相后,二十一岁参学于沩山。据《五灯会元》卷九云:

(仰山)后参沩山,沩问:"汝是有主沙弥,无主沙弥?"

师曰:"有主。"

曰:"主在什么处?"

师从西过东立,沩异之。

师问:"如何是真佛住处?"

沩曰:"以思无思之妙,返思灵焰之无穷,思尽还源,性相常住。事理不二,真佛如如。"

师于言下顿悟,自此执侍前后,盘桓十五载。

从灯录可知,慧寂禅师虽在耽源处学了九十七种圆相,但尚未大悟,故尔耽源指引他觐参沩山,可以说仰山学了九十七表法的圆相,但真正学会起用则得之于沩山禅师的提领,是沩山"思尽还源"与"事理不二"的开示,使仰山彻见心源,终身受用,因而依止沩山修学十五年。

"沩仰宗"之后能独擅用圆相以拓呈学人心地,以圆相勘辨来接引学人,皆因能对外以九十七圆相作为禅法之用,于内,却是沩山禅师的事理圆融之旨作为法体,从而形成了外耽源而内沩山的沩仰禅风。

现在中国本土已经不大有人懂圆相之用了,圆相传入日本后,日本人却甚是喜爱,至今连绵不断。圆相之用不仅是绘图,有时师者以拂子、如意、柱杖或手指等于大地或空中虚画,圆相中并有文字或记号,以示开悟之过程。如五冠了悟,即表为"桢靓觊总觚",再如沩山禅师呈起如意,画◎、○二圆相以示学人而证其信解。

韩国佛子1916年创建了"圆佛教",即以一圆相为法身佛,为宇宙万有之本源,为诸佛诸圣之心印,为一切众生之本性。

《人天眼目》卷四云:"圆相之作,始于南阳忠国师,以授侍者耽源。源承谶记传于仰山,遂目为沩仰宗风。"仰山慧寂禅师七十三岁时示寂,被尊为"小释迦",若无大心大愿,仰山慧寂怎能成一代宗师?

为什么唐宋的时候禅门这么受人尊敬呢?概因禅师们都是一等一的大丈夫、大学者、大音乐家、大哲学家、大思想家、大修行者,可是现在不少修行者却把自己缩在小心小量里,这种修行能解俗世之苦吗?能跟上日新月异的变化吗?能用禅法利益各民族、各文化背景的人吗?

禅修,乃大丈夫事;禅心,乃大丈夫心;禅者,乃普行禅法利益众生之人。

蘭林

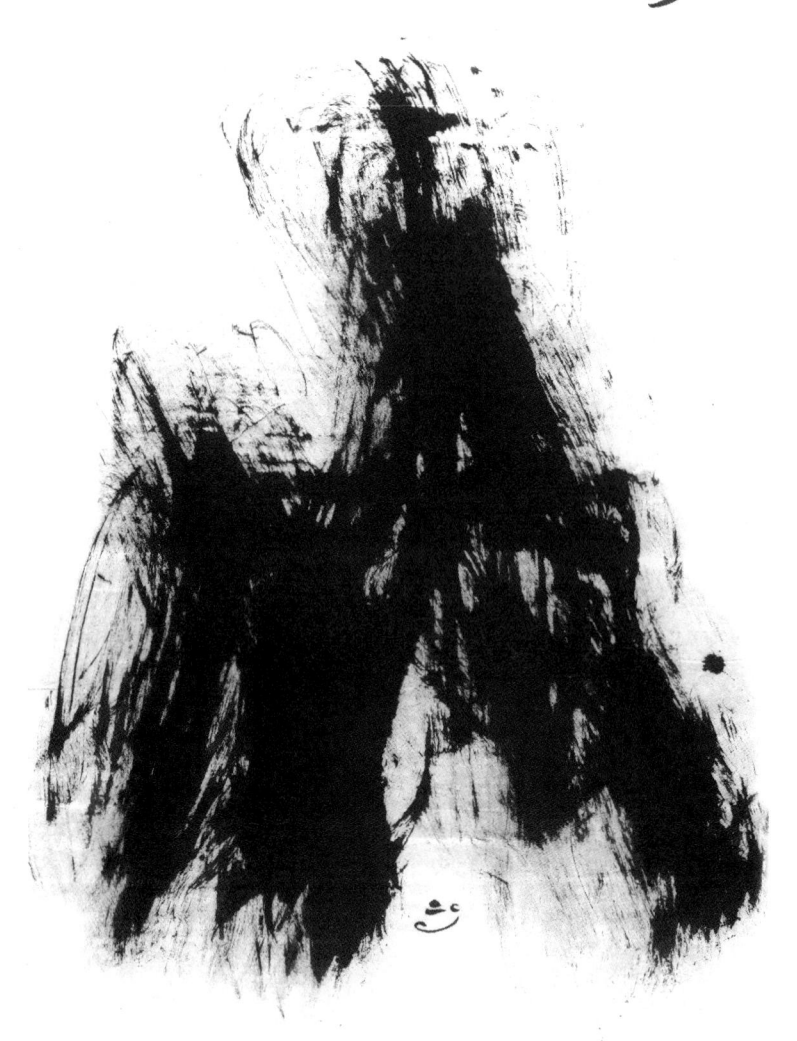

后记

禅舍应用

本书简单介绍了为什么我们需要禅舍修行,以及帮助禅舍修行的"五心修养法",有些人或许会问,那么禅舍该如何布置呢?可以说您在不同的阶段,禅舍的布置是不一样的。

修"六根清净法"时,禅舍可以按照六根清净修法的要求来布置;到"身语意"修养时,禅舍所用的禅画、禅器和初修是不同的;再至"不二禅观"时,布置又会不一样。

有些人说自己只有一个空间,不改行不行?当然也行啦,就像禅修,一样也有共修的打坐、抄经、站桩,对身体和精神也有一定的平静作用,只是作用的深浅程度会有不同。

禅舍的环境有内环境和外环境,外环境是能被人见闻觉知的,会直接影响到修者的念头,所以气温、气味、音乐、颜色、湿度、修品、隔音等都是布置时要注意的细节。

内环境指的是修者的心念和身体净化程度,随着修行的进步,习气在不知不觉中转化。各方面的转化不是一步一步登阶梯一样,而是无法计划的突然情况,所以到了一个节点,就必须舍得放下前面的修法,不停留在过去的修法,可是如果禅舍外环境没变,人心就习惯性地容易粘着在过去的修法上,停留在自己熟悉和喜欢的修法中,这变成了新的习气。

舍了才能集中在后续的修法上,如果住在喜欢里,怎么能向上一路呢?不断舍,不断得,最后一无所得,因无住而生心。所以千万不要怕麻烦、费事,或者感觉可惜,一切不留,无所记忆。

不仅"中国禅"修养在不同修行境界时需要不同的环境,其他修法也一样,修者自身的能量、气场、修法更换时,是有必要及时调整修行环境的。这相当于小学生的学习环境和大学为什么完全不同呢?大学生为什么不去小学上课?不都是读书吗?为什么不能凑合呢?

修者如何选择禅舍场地呢?这里面包括了不同空间的选择,例如您有一栋独立屋可以整栋房子来装修成禅舍,还是只选其中一个房间或几间房间做禅舍,这是不同的。房间充分的话,可以布置成五心修养、太极室、禅茶修炼、禅观房等,这些不同的房间的要求都不同,例如隔音、通风、方向、窗户、阳光等都是有区别的。并且,修者是一个人生活,还是和家人、亲戚、朋友一起生活,布置起来也不同。

此外,阳台也可以做禅舍,只是在北方要注意如何避开寒气,南方则注意避开空调,能保持通风不闷为宜,其实花园里也可以盖禅舍,以6—15平方米的长方形最佳,热带地区建议用木料,寒冷地区可以外用石头内用木料,或外用石头,中用黄土,内用木料。

当然除了气候原因外,我们还需要考虑修者本人的体质,例如热性体质的修者可以以石头为主,而寒性体质的修者,则需以黄土或木料为主。

如果是自己建新的禅舍,需要注意门和窗的位置,这要先定修者自己修行时的面部朝向、座位来构建。座位前墙和后墙应无门无窗,最好在座位右侧做门,窗户在靠前墙左右面均可。门窗的方向则是,热地区在本人座位后墙北向为佳;冷地区在本人座位后墙南向为佳,四季分明的地区,就没有特别要求的,修者可以自定。

禅舍的门最好往里开,如果修者热性体质,窗户设计得小一点,窗户上最好贴上宣纸,而寒性体质的修者,则可以窗户开大一点。

想在森林里建木屋做禅舍的修者,选择在大树林或大河边建造时,需要慎重决定,因为这些地方气场都很强,如果和本人相应时会效果明显,帮助修行提高,可如果冲突时则起反作用。所以自己不是很清楚时,最好找相应的导师请教。

还有人想在交通工具上禅修,这想法特别适合现代人。动中修静是能量提高的好方法,生命活力是从振动中产生的,您在高速公路飞奔的车上禅修,效果也是十分显著的,马上就实现无人驾驶了,修者可以把车装饰成流动禅舍、活动的道场。

现代社会人普遍心不能静而繁杂琐碎,气血不畅,经脉不通,乏力沉重,这是身心万病之根源。您如果可以将自己生活中各种行为都变成禅修,这不就是"生活禅"吗？车辆行驶过程中修气,睡眠过程中修定,吉祥卧调息,青蛙卧炼腿,等等；走路能不能变成行禅？一步一步中调身、调息、调心……

此外在火车,在飞机,在机场,在巴士,在船上,在旅游、出差的路上,哪里都可变成消除疲劳、往来欢喜的禅舍。

禅舍分为家庭禅舍和公共禅舍,布置家庭禅舍有哪些注意事项呢？先确定个人主修时的固定座位,这是因人而异的,每个人都有不同需要,例如眼睛面对的有外、内、密三"境"。外境是窗户外的气场、植物、温度、光线、朝向等,内境指的是禅舍内的布置,用什么禅画、熏什么香、灯光亮度、左右的物品、音乐声音来源等；密境是指修者自己不清楚的,综合环境、气场对自己内心的作用性。

那么公众禅舍和家庭禅舍有什么不同呢？主要是在于其对大众的作用性，而不是内装布置的区别。

公众禅舍对社会起什么作用呢？首先是起到稳定和谐、提高民众修养的作用，以此为基本要素，就不会过分商业化和刺激消费。

商品是必须的，但公众禅舍和其他商业场所的差异性在其对修员的吸引力上。什么是禅舍突出的作用？即如何展示出内容丰富的、适应时机的、时尚简单的、能令到现代人接受的身心修养法。

禅舍的特点就是因人而异、因时而异、因地而异。例如禅茶，北方地区建议用黑茶、红茶；热带地区建议用绿茶、白茶；西方国家建议用花茶、草茶；身体虚弱者建议用谷物、草物；有一定基础者建议用复方茶、发酵茶等等。再例如禅画，每位禅修者，不同修法、不同地点、不同时间、不同境界时都需要不同能量的画配合。

禅服呢？不仅指的是打坐、打拳用的服装，"生活禅"是在生活的方方面面都能禅修，故禅服范围很广，大致有以下几类。

一是洗染类。服装不仅是成品衣服，衣服染色比穿着好不好看重要得多。中国人自周朝开始就有染草之官，又称"染人"。从大自然中萃取矿物与植物等染料，将青、黄、赤、白、黑称之为"五色"，经五色而成诸色。"中国禅"修养中就有花、草、树木、茎、叶、果实、种子等各类草木植物染衣、服、饰、器的传统，这分煮、渍、暴、染四个步骤。

现代人所谓的名牌衣服，多为化学染料染色，染色过程不仅产生有害大自然环境及人体健康的废水,也对穿着的人本身有持续伤害,有时间去染色厂闻一下染缸里刺鼻恶心的味道,就知道自己每天穿的衣服有多可怕了。

中国现已几乎失传"草木染""煤炭染"等传统生活染色艺术,少数民族还保留了一些蜡染,不过现在的蜡染也有化学成分,过去最常用染青蓝色的靛蓝,现在已几乎都是化学染色了。不仅古代中国人,古埃及人、古印度人也用靛蓝、首草等作染料,古埃及人包木乃伊的青色麻布是靛蓝染成的。印度人还会用寄生在不同植物上的虫染色。古希腊罗马人会用贝壳制成紫色染料。

中国传统中皇室的黄色,多来自苏木,而百姓的青衣来自"蓝类"植物。《本草纲目》云有五蓝,就是茶蓝、蓼蓝、马蓝、吴蓝和木蓝。

此外还有薯莨、杨梅和桅子、柿子等各种植物可以染布。

除了染,还有洗,洗衣、洗面、洗发常用的传统植物有许多,例如生姜、蒲公英、土瓜根、丝瓜、黄芪、玫瑰、黄瓜等。

这些都是"生活禅"禅服类包含的相关内容。笔者将来会和读者们一一展开讨论。

二是坐垫类。可分棉类、藤类、草类、竹类等,还有高、低、软、硬、大、小和颜色的不同。

三是内衣类。植物染的天然内衣裤、袜子、各种材质围巾、文胸、睡衣、家居服等。

四是外衣类。包括打拳,室内、室外打坐,四季户外行禅,太极,诵读、上课服等。

五是盖毯类：质地不同的厚、薄、大、小等。

六是帽类。

七是鞋类。

八是包袋类。

九是护具类。例如如何保护腰背、膝盖、手套、脚踝、脖子等传统护具。

除此之外，公众禅舍还有各类禅艺演出、学习，如禅箫、古琴、唱颂、练气、磬器、打鼓等。

禅器也有许多类。

一是矮桌类。参究、禅茶、习琴、诵读各个不同。

二是茶器。茶壶、茶杯、茶罐、熏碗。

三是香器。包括四季、早晚不同的各种精油、香烛、熏香、香木、香包、香茶、香袋等。

四是书画用具。各式毛笔、宣纸、字帖、书画艺术品等。

五是灯具。传统布质或纸质的台灯、吊灯、壁灯等。

六是柜类。书柜、茶柜、衣柜、台柜、其他柜。

七是屏风类。包括大、小、高、矮。

八是禅丸类。包括各种不同食物发酵、调配的养生、炼功、调息辅助禅丸。

九是禅食类。各种有机和应季的主食、蔬果等。

……

看到这里，或许有些读者会奇怪，原来禅舍禅修有这么多内容啊？是啊！您读个大学都有那么多本书要读,凭什么会认为修心的法门是随便混混的业余爱好?

因为缺乏专门的指导,所以一般人装修所谓的有禅意,就是认为杂志或者出去旅游时看到某某酒店装得有感觉,拍了照片回来交给装修公司,设计师仿抄,谁都没有考虑过什么是适合自己的,这仅仅是看上去好看而已。

真正的禅意是领悟禅之意,不是自己想象的禅有何意,不明白禅是什么的人怎么可能装修出禅意呢?抄出来的是死意,不配合修养法的禅舍就是个房子,如同没有了爱,家就是个房子,有了爱的地方才是家。

禅舍是为了修养而建立的,不是为了炫耀或者销售,故此,为什么这么装,装修出来的因素对修者有哪些直接影响,什么是正面影响,什么是反面影响,男性和女性的禅舍有没有什么不同,不同情绪状态应该如何修行呢,这些最好找和您相应的老师请教,自己想当然是不可取的。找老师请教,不是让您依赖老师,老师是帮助您建立自信心的人,指点您如何以信心为石,脚踏实地,一步一步地通过修行契合禅的真实义。

禅的真实义,就是建立真正实信。

实信,和世间人忽忽悠悠的、患得患失的信有本质区别。因为只有真正相信自己,才能真正地相信自己的老师,相信修法,连自己都不信的人,对一切人和事都不可能产生实信的,没有实信便只有迷信,迷信是禅修之大碍。

我们需要禅舍,是需要善用生活的一切环境,一方面时刻能自利,一方面要时刻能弘法,将一切人事、环境变成生活禅道场。现代人已经不适合面对一堆古老、晦涩的佛经了,师者如果固执一成不变的法就是断人慧命,现代社会如果能有一个时尚的、温暖的、艺术性的禅舍,并能找到适合自己的修养法,这是"中国禅"的现代化。

禅的核心是般若,禅观是观照般若,禅舍是方便般若,何处不般若？有目的的人才有目的地,禅者,当下便是。

"中国禅"是"生活禅",禅是"体",生活是"用"。

"体"是理,是真谛;"用"是事,是俗谛。二谛圆融才是"生活禅",不圆融就落于偏枯。如离"体"表"用",是凡夫凡情;离事讲禅,是不明心地。若能融会贯通,则条条大路通长安。

"生活禅"是在生活中发现万事、万物、万有的缝隙,时空是有缝隙的,通过缝隙契入到宇宙的大奥秘中,契入到大宁静中,契入到随时随地的涅槃中。

有僧问赵州:"如何是道？"

师曰:"墙外的！"

曰:"不问这个道。"

师曰:"问哪个道？"

曰:"大道！"

师曰:"大路通长安！"

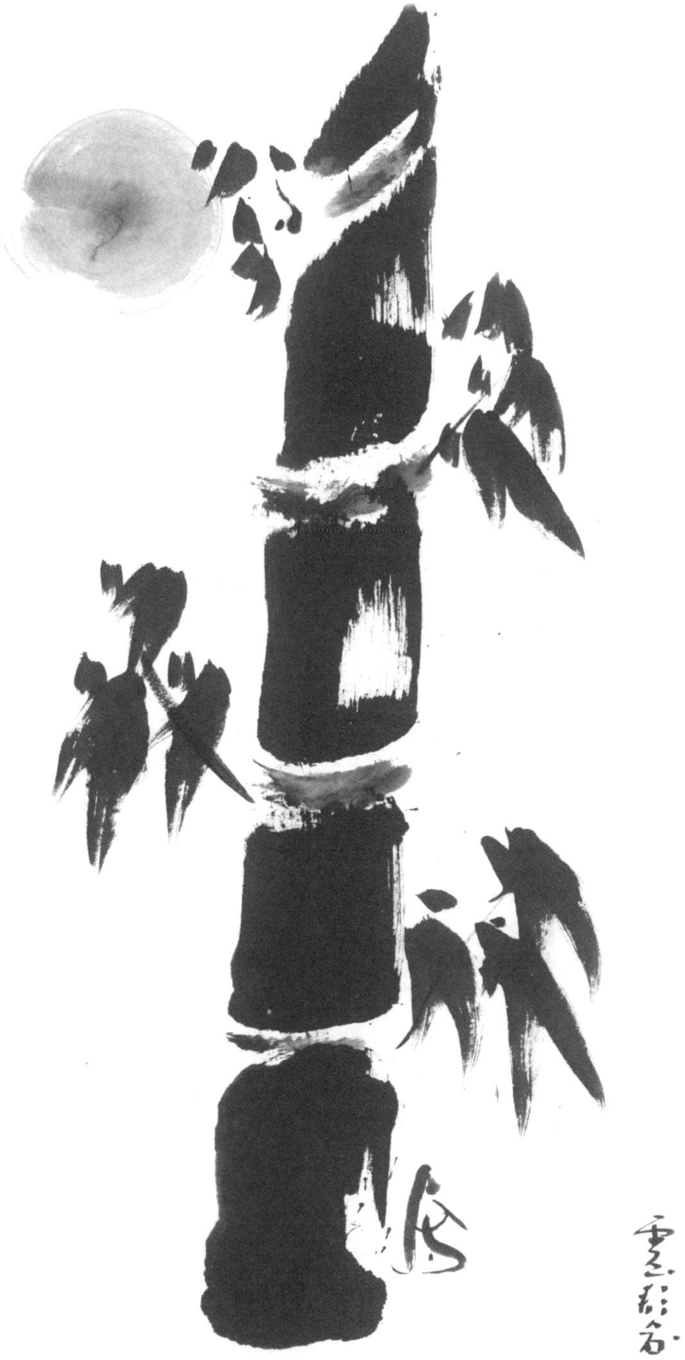

十年磨剑　八年笔耕

二十一本专著
供养十方善知识

(部分作品简介)

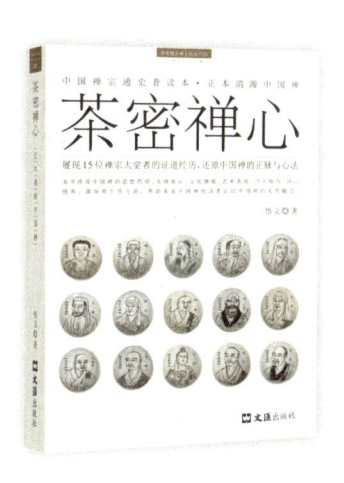

禅文化系列
《茶密禅心》

正本清源，溯源中国禅之历史脉络、法源灯传之路。

"拈花微笑""一苇渡江""婆子点心""打车打牛"……那些妙不可言而又朴实平凡的瞬间，在文字间奔放流动。

容千载于一瞬，纳须弥于芥子。这活泼泼的禅心，从没有断过……

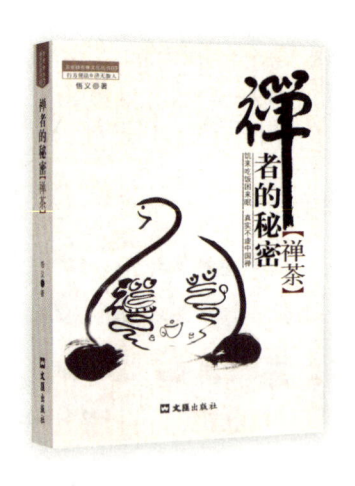

禅文化系列
《禅者的秘密·禅茶》

　　这一年又一年的蹉跎岁月,到底是向我们走来,还是匆匆离开?

　　陆羽,皎然,茶烹,季兰……

　　这谜一样的人生,雾一样的故事,伴随着茶的芬芳在心中弥漫。

　　最好清晨和露看,碧纱窗外一枝新。

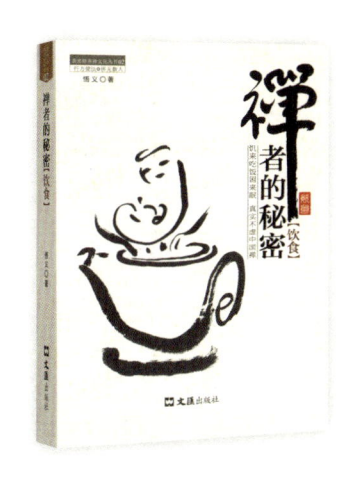

禅文化系列
《禅者的秘密·饮食》

禅者,有秘密吗?

日月星宿,盈昃列张;全现于前,而凡常之人不得其要。

放下屠刀,立地成佛:此乃祖师实语、真语、不妄语。

如何是成佛的下手处?饥来吃饭困来眠。

且看古佛赵州,徒儿真秀,如何千里行禅,闭关安居,如何在苍茫孤寂之天地间,循禅法之脉络,以饮食为启迪,显禅之"密"。

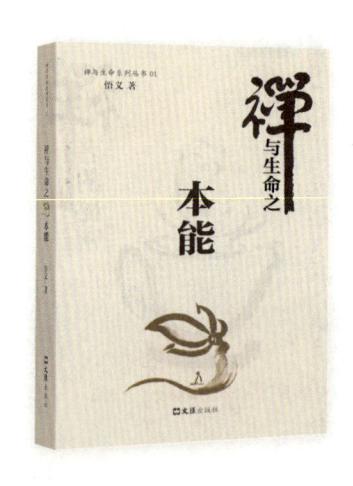

禅与生命系列
《本能》

　　大脑与能量、意识的通路、颈椎与理智、胸椎与情绪、腰椎与生命力、体内饮食的通道、梦修是什么？筋与骨……

　　人应该如何相应生命本具的能源与能量呢？

　　我们的身心为什么不健康呢？

　　蓦然回首，自己就在灯火阑珊处。

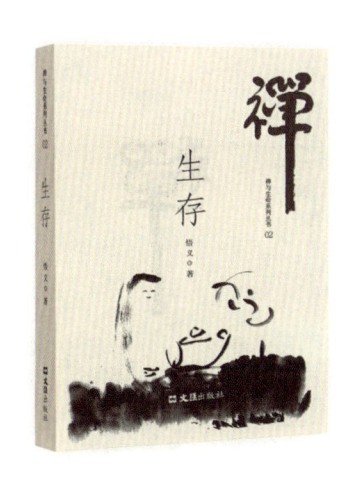

禅与生命系列
《生存》

生,不由己?

存焉于世,是必须自主、自控、自在的!

否则,人何以为人?

如何自主?如何自控?如何自在?

最简单,情绪如何起伏?疾病从何而来?环境和"我"如何相生相克?

一位身心俱疲的商人,在人生的十字路口,遇见一位禅师,如此,心中疑惑娓娓道来,从微处展开宏大的对生命实相的探寻。

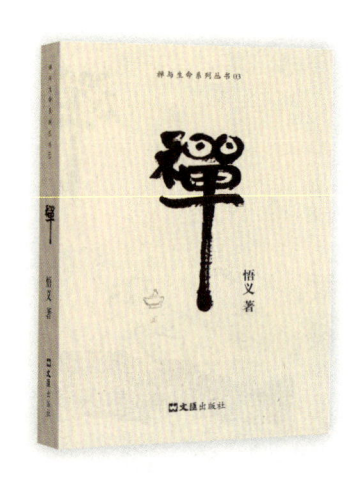

禅与生命系列
《禅》

禅,不可说。

那,为什么还要说?

"缘,念,通,空,行,了,生,死,起"这些是密码?还是章节?

骑在六牙白象背上的各路人等,穿越时空,电光石火,上天入地,共赴马祖之约。

是梦?是真?不可思议的,往往正是生命的重生处。

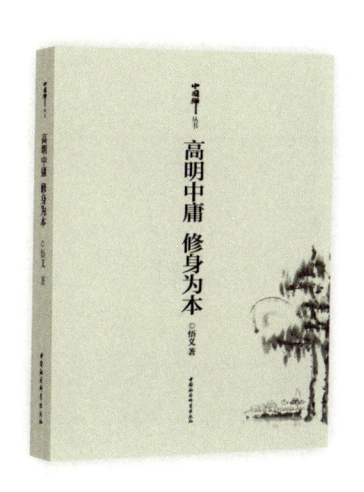

禅画美学系列
《高明中庸 修身为本》

何为禅？何为观？何为心？何为美？

作为"禅画美学"系列丛书的开篇之作，作者从"禅画美学"这个中国禅修行的下手处下手，生动活泼，气象万千。

何为禅儒不二？

如何穿过两千多年来的语意变迁，精彩透视当今社会？

且看，中国禅修养导师悟义老师，妙解《中庸》。

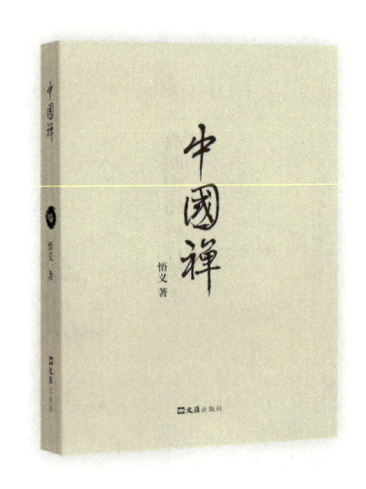

禅法系列
《中国禅》

独解禅法西来、"中国化"之历程。

人脉、法脉,两线并举。

何为"中国禅"?"中国禅"从何时起?由谁创立?有何发展?后来为何式微?如今,即将重新大放光彩的中国禅,将对中国乃至世界的文明,起到什么样的作用?

《中国禅》娓娓道来。

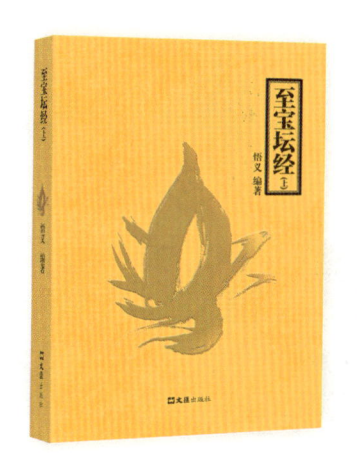

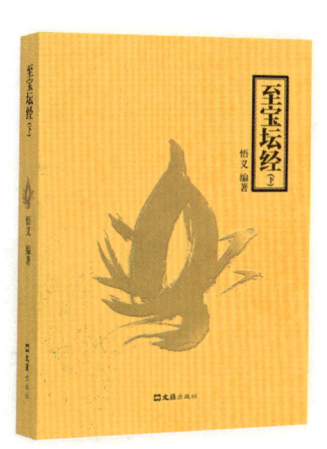

禅法系列
《至宝坛经》上下册

《六祖法宝坛经》是中国禅的根本经典。

虽只有两万余字,却法海难测,现代人想真正理解其中智慧,实非易事。

著者将自修行中对《坛经》法语的证悟,与有缘人分享。

《坛经》是佛法的中国化。

《至宝坛经》是《坛经》的现代化。

禅修系列
《莲花导引》

苦于脱不开城市污染生活的人,需要"静中动"不离"动中静"。

"莲花导引"功夫,是帮助修者进入禅定修为的辅助功夫。

虽,禅定深不可测,然,因人、因事、因境、因机而变,其中必有轨迹可循,必有下手之处。

"莲花导引",乃其入手之一。

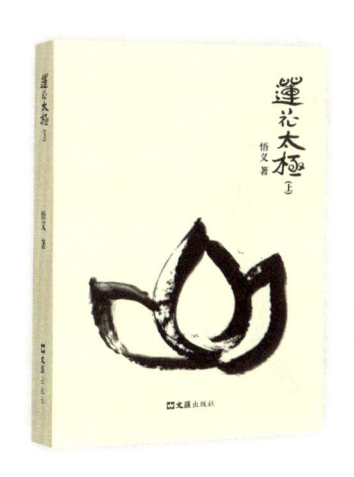

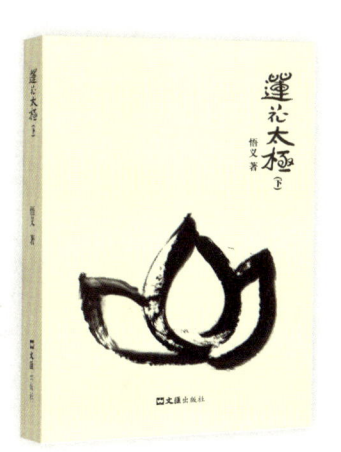

禅修系列
《莲花太极》上下册

　　禅者若想真正心契禅法，必重实证实修。文字、修法、语录，乃指月之手，非"中国禅"本身。而无文字、修法、语录，如何见月？

　　定中生慧，慧不离定。

　　"莲花太极"是帮助禅者契合禅法的助力。

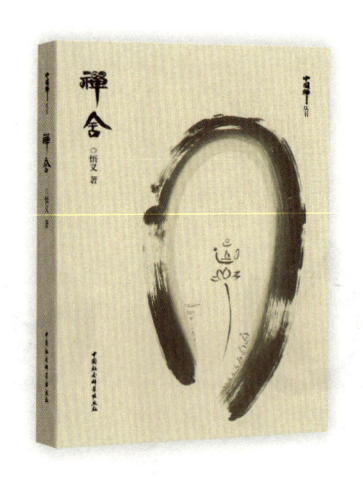

禅修系列
《禅舍》

《禅舍》似言房舍,实论禅"舍"之法。居"舍"禅修,由"舍"契禅。

"舍"是法,"禅"是心,舍它个无漏,无为为法,方契合无相禅心。"舍",是最大的藏,藏生于法,藏意于心。藏天下于天下,藏财富于生意,藏生命于众生。

灯无尽,藏无尽,灯灯无尽,唤醒生命。

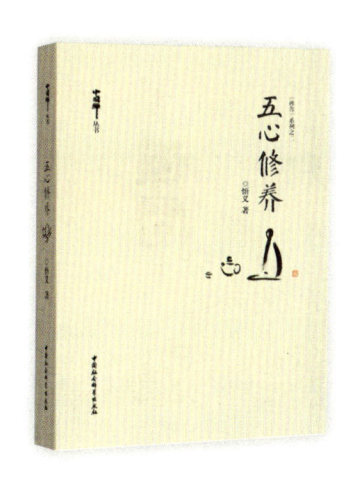

禅修系列
《五心修养》

开篇作者以博大恢弘的视角，全方位追溯了中华文明五千年的历史渊源与辉煌，以及中华文明的古老智慧所具有的当代意义。

"五心修养"是将人之习气分为地、水、火、风、空五类，从而对应地、水、火、风、空五种修养法，是"中国禅"修养者的共修法。

其实质是通过六根清净法净化身心，借用禅法之力帮助初修者卸载冗繁的旧有程序，重启生命自净化系统，唤醒生命的活力。

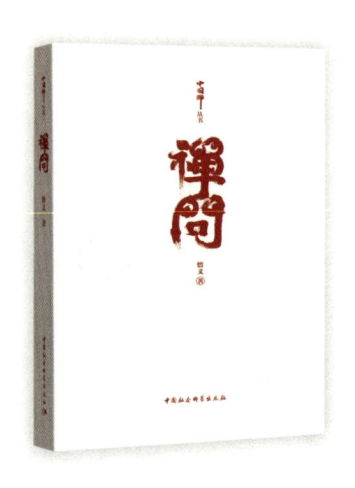

"中国禅"讲座系列
《禅问》

修者参禅问禅；

师者应机破机。

答非答，问非问；

答亦答，问亦问。

此书是2016年腾格里沙漠月亮湖等三次"中国禅"讲座问答之汇编。

全书三十六问答，浅入深出，理趣含密；答在问中，无前无后；任取一页，当有所会。

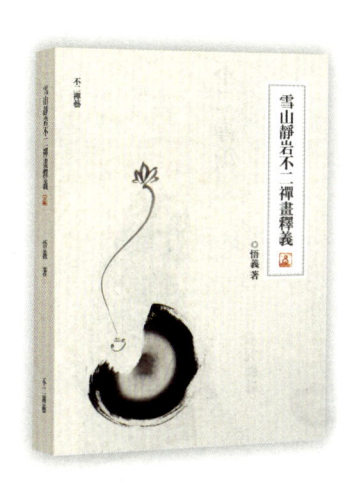

禅艺系列
《雪山静岩不二禅画释义》

一支如椽大笔,世出世间不二。

一点浓淡水墨,时空任运往来。

禅,不可说;却,可画、可意、可道、可契、可印心。

禅艺系列
《不二禅颂》

　　从禅颂印度起源,至中国之演化,到日韩之发展,史海钩沉,本文梳理禅颂渊源、脉络,直契禅颂声法的根底,将这一微妙的修法呈阅修者。

　　生命能量与宇宙能量如何连接?气机如何生发、转化?音声的无量无尽奥妙如何表达?何为如沐春风?声法的震动与人体的关系如何?

　　愿各位有缘听闻不二禅颂的善知识,循声得度,自利利他!